Speculative Realism
An Introduction

思弁的実在論入門

Ray Brassier
Ian Hamilton Grant
Graham Harman
Quentin Meillassoux

グレアム・ハーマン

訳
上尾 真道
masamichi ueo
森 元斎
motonao mori

人文書院

思弁的実在論入門　目次

思弁的実在論入門

はじめに

思弁的実在論（Speculative Realism: SR）は、ここわずか一〇年で、アート、建築、人文学でもっとも影響の大きな哲学潮流のひとつとなった。思弁的実在論の一部あるいは全体を扱った本がすでに何冊か書かれている。ピーター・グラットン、スティーヴン・シャヴィロ、トム・スパロウの著作が思い浮かぶ[1]。しかしこのテーマをめぐってはまだまだ論じる余地がある。くわえて、そうした本は最初の四人の思弁的実在論者らの誰によってもまだ書かれていない。そこで、このテーマで新たな研究書を企画したポリティ出版がそれにふさわしい執筆者について助言を求めてきたとき、私みずからがすすんでこの仕事を引き受けたのである。そうしたことはこれで二度目だ[2]。

すすんでこの任務を引き受けたのはいいが、二つの厄介な状況が懸念されるため、まずはそれらを切り抜けねばならない。第一は、私が本書の著者であるだけではなく、本書の主題のひとりでもあること

(1) Peter Gratton, *Speculative Realism* ; Steven Shaviro, *The Universe of Things*〔邦訳：シャヴィロ『モノたちの宇宙』〕; Tom Sparrow, *The End of Phenomenology*.

(2) 第一のそのようなケースはプルート出版の以下の拙著に結実した。*Bruno Latour: Reassembling the Political*.

だ。最初のＳＲワークショップの四名の登壇者（私の他はレイ・ブラシエ、イアン・ハミルトン・グラント、カンタン・メイヤスーである）のひとりであり、また、この潮流と密接に結びついた書き手のひとりなのである。その結果、時に私自身について論じねばならなくなるため、スキュラか、カリュブディスかを選べといった具合の窮地に立たされることになる。つまり本書のなか一貫して自分を、ぎこちなく一人称で参照すべきか。それとも、もっとぎこちないことになるだろうが、三人称で参照すべきか。私の選んだ解決は以下のとおりである。講演を行ったり本を執筆したりといった個人の活動を思い出す時には、実のところ一人称を選ぶほかない。ただし、そのかわり、このような著者としての存在感を示すのは最小限に留めるよう努力した。他方、もっと一般的に私の哲学的立場に言及する際には、これを非人称的に対象指向存在論（Object Oriented Ontology: OOO）として言及することにする。だが、そのせいでイアン・ボゴストやレヴィ・Ｒ・ブライアント、ティモシー・モートン(3)といったＯＯＯの傑出した他の著者仲間に、思いもかけず不公平な議論となることもあるだろう。彼ら三人とも、いくつかの論点では私とは異なる見解を有しているし、私としても本書で彼らを代弁しているなどとは、とうてい主張できない。しかし本書はＯＯＯではなく、ＳＲの立役者どうしのゆるいつながりを扱うものであるため、ブラシエ、グラント、メイヤスーと対置されるものとして、ＳＲ対象指向派の基本的前提を一般化して論じても構わないだろう(4)。

もう一つの厄介な問題は、本書の客観性に関わる。始めのＳＲのグループは、あまり長くは続かなかったうえに、いまやそのメンバーの何人かは哲学的に、さらに個人的にも激しくいがみ合っている。ＳＲのワークショップは合計二回行われたが、メイヤスーは二度目の会には出席しなかった。その時、彼の穴を埋めたのは、最初のゴールドスミスのイベントの司会役アルベルト・トスカーノだった。私が知るかぎり、メイヤスーが二回目の会を欠席した理由は、ＳＲという名称に組み込まれている実在論ではなく、唯物論を自分の立場として強調したかったということらしい。もっと大きな問題としては、Ｓ

Rのなかでもブラシエの一派と私の一派とのあいだに明確な対立があることだ。この対立の挙句、ブラシエは自身が「思弁的実在論」という名称を発明したその人であるにもかかわらず、いまやこの名称から拒絶している。彼の弟子ピーター・ウォルフェンダールに至っては、私の対象指向的立場が知的に無価値であることを証明しようと、四〇〇頁以上にもなる本さえ出版した。[5] この論争については長めの文章にまとめたことがあるが、ここでそれを続けるのはやめよう。本書は個人的な回想録[6]ではなく、思弁的実在論の入門書を目指すものだからだ。いずれにせよ本書は、ブラシエの立場についても、グラントやメイヤスーの立場と同じく公正に要約して紹介することを目指す。ブラシエの心酔者のうちに、私が彼の考えのいくつかを批判的に提示することを好ましく思わないひとがいても仕方がない。それは単に、知的生活にとってはありきたりの職業上の危険である。

＊＊＊

二〇〇七年の四月二七日、ロンドン大学のゴールドスミス校で興味深い哲学ワークショップが開催された。「思弁的実在論」と題されたこのワークショップには、大陸哲学（つまりフランス－ドイツ哲学）

（3）Ian Bogost, *Unit Operations*; Levi R. Bryant, *The Democracy of Objects*; Timothy Morton, *Realist Magic*.

（4）OOO自体のより包括的な理解のためには以下を参照されたい。Graham Harman, *Object-Oriented Ontology*.

（5）Peter Wolfendale, *Object-Oriented Philosophy*.

（6）以下を参照されたい。Graham Harman, "The Current State of Speculative Realism" および *Quentin Meillassoux: Philosophy in the Making*, pp. 77-80.

の伝統のなかで仕事を行う四人の著者が結集し、名字のアルファベット順に登壇して、それぞれ一時間の発表を行った。[7] ロンドン・ミドルセックス大学のレイ・ブラシエ〔現在ベイルート・アメリカン大学〕の後に、ブリストル・西イングランド大学のイアン・ハミルトン・グラントが続いた。昼食休憩の後は私の出番であったが、あいにくひどい喉の炎症で、痛みに喘ぎながらであった。この日の四番目にして最後の登壇者は、パリ高等師範学校のカンタン・メイヤスー〔現在パンテオン・ソルボンヌ大学〕であった。彼はこのワークショップで唯一、英語話者でない登壇者であった。思弁的実在論という名称は、このイベントの直前に、仕方なしの折衷案としてブラシエが発明したものである。彼のことは、その二年前に初めて会って以来、とてもよく知っていた。最初の出会いは、彼が私をミドルセックスに招聘した時のことで、私はそこで、不明瞭なことで悪名高いハイデガーの概念、大地、天空、神々、死すべき者ども[8]からなる四方界についての講演を行った。その翌年、旅行者としてロンドンに立ち寄った際、ブラシエは親切にも北ロンドンの彼ら夫妻の自宅に一晩、私を迎え入れてくれた。ブラシエが、私とグラントを呼んで共同イベントを行うという考えを最初に提案したのはその時である。彼曰く、私たち二人は互いに知的に申し分ない相手だと思えるとのことだったが、その頃、私自身はグラントの著作には不案内であった。数ヶ月後、短いパリ旅行から帰ってきたブラシエは、書棚で見つけたがまだ読んではいないと言いつつ、一冊の本を勧めてきた。メイヤスーの『有限性の後で』（二〇〇六年）であり、その後ブラシエ自身によって英訳されることになるものだ。[9] ブラシエと違い十分に空き時間のあった私は、この本をすぐに読み切った。私の肯定的な報告を判断材料に、ブラシエは、メイヤスーの名もこの共同イベントに混ぜ込んだ。企画者として盛り上がってきた私は、アイスランドへの旅行中にすぐさまグラントとメイヤスーへメールを打った。個人的な面識がないのにもかかわらずである。数日中に、二人から心のこもった返事を受け取った。すぐさまブラシエの長年の友人トスカーノが動いてくれて、翌年のゴールドスミスでのイベントを企画してくれた。どこかの時点でブラシエから、トスカーノも私たちのグループに入るように誘った話を聞いた。しかし、トスカーノは、私のよく知らない理由でこれを辞退したようだ。このイベントのための名前が必要だということで、私たちははじめ思弁的唯物論を考えた。メイヤスーが彼自身の哲学を呼ぶ言葉である。しかし、私自身の熱烈な反唯物論的立場を考えて、ブラシエが代わりに提案したのが思弁的実在論である。そしてご覧のとおり、この名前が最終的に採用されたのである。

　思弁的実在論なんてものが本当にあるのか。あるとしたら、それは何か新しいものなのだろうか。この問いの一方ないし両方に対して、多くの批判者が「いいえ」と答えようとしてきた。しかし私の見立てでは、答えは、はっきり両方ともに「はい」である。実在論から出発しよう。この言葉は人によってさまざまなことを意味するが、哲学でふつう言われる意味は比較的はっきりしている。つまり実在論者とは、人間の心とは独立した世界が在ることに賭ける人々だ。実在論を否定する簡単なやり方は、その反対の立場つまり観念論を採用することである。観念論にとって、実在は心と独立ではない（とはいえ後に確認するように、グラントはこの語のこうした定義を拒否している）。観念論のもっとも明白な事例は、ジョージ・バークリ（一六八五～一七八三年）の著作に見つかるものだろう。バークリにとって「存在することとは知覚されること」である。現在ではバークリを文字どおりに受け継いでいる人はわずかだが、しかし現代にはもっと人気のある観念論の流れがあり、これがいわゆるドイツ観念論だ。J・G・フィヒテ（一七六二～一八一四年）、F・W・J・フォン・シェリング（一七七五～一八五四年）、そして後世への影響著しいG・W・F・ヘーゲル（一七七〇～一八三一年）である。現代では、スロヴェニア

（7）Ray Brassier et al., "Speculative Realism."
（8）Graham Harman, "Dwelling with the Fourfold."
（9）Quentin Meillassoux, *After Finitude.*〔邦訳：メイヤスー『有限性の後で』〕

の多産な思想家スラヴォイ・ジジェク(一九四九年〜)が哲学的観念論者の良い例である。ただし彼自身は、このレッテルを貼られるのをよしとはしていない。独立世界の存在を肯定する実在論者、またこれを否定する観念論者に加え、実在論と観念論を「超えて」、より洗練された中間地を手にしたと主張する人々もいる。おそらく大陸哲学の伝統でのもっとも明白な例は、現象学者エドムント・フッサール(一八五九〜一九三八年)、そして彼の弟子にして反逆者のマルティン・ハイデガー(一八八九〜一九七六年)だ。両者にとって、外的世界をめぐる問いは単に「偽の問題」である。彼らの見方によれば、私たちはつねにすでに私たち自身の外側にあって対象へと向けられている(フッサール)。あるいは、前理論的な実践的活動を通じてつねに世界へと関わっている(ハイデガー)。どちらの観点からしても、互いに孤立した思考や世界を考えることは不可能である。というのも思考も世界も、相互的な相関においてのみ存在する一対のものとして、いつも取り扱われるからだ。分析哲学はつねに、実在論と(より小規模だが)観念論とは二者択一として通用するものと考えてきた。これに対して大陸哲学は、実在論vs観念論という問いは哲学的に真剣な注意を払う必要のないぶざまな偽の対立であるという、フッサールとハイデガーの見方をほとんど満場一致で採用してきた。最初の単著『道具存在』(二〇〇二年)で、私はこの学説を「アクセスの哲学」と呼んだ。というのもこれは、私たちによる世界へのアクセスのみを問題にし、そのものとしての世界には決して関心を向けないからだ。[10]そのすぐ後にメイヤスーは、この学説に対して「相関主義」という語を造り、その痕跡をイマヌエル・カント(一七二四〜一八〇四年)から、さらに先立つデイヴィッド・ヒューム(一七一一〜一七七六年)までたどった。[11]私は、自分の用語よりもメイヤスーの方を気に入っている。より簡潔で、語源的な基礎もしっかりしているからだ。そこで私は自分の哲学的語彙としても、この「相関主義」を採用することにしたのだ。

最初の思弁的実在論者たちは、相関主義を拒否するという一点において団結したのだと述べてもよいだろう。ただし批判者のうちには——私には誤りだと思われるが——相関主義など存在しないと主張するものもいる。主にこうした反対意見の結果として、思弁的実在論は、アメリカでは現象学・実存哲学会（ＳＰＥＰ）がその代表であるような大陸哲学のエスタブリッシュメントのなかで、いまだ少数派である。ちなみにその年次大会には、私は、大学院生だった一九九三年以来、一度も出席していない。イギリスにも、ヨーロッパ哲学会（ＳＥＰ）という名の同様のグループがある。ただ私の印象では、このグループの方が、アメリカの学会よりもＳＲに開かれているようだ。ＳＥＰは、二〇一一年のヨーク大会での基調講演のために私を招いてさえいる。

他の批判としては、相関主義の存在は否定しないが、ただ、相関主義に反対するだけでは、まとまった哲学運動の十分な基礎にならないと反駁するものがある。特にブラシエ派がそうだ。この態度は私には正当化されがたいと思われるが、ここで記録のために書いておけば、思弁的実在論を哲学的に企画した最初の四人は、そもそも性分がばらばらで、もう二年以上も一緒に集まることなどできなかったほどである。ジジェクは、このバンドの解散は不可避であるとさえ主張していた。「私たちが見極めることができるのは思弁的実在論の限界であり、この限界は、それがすぐさまグレマスの記号論的四方形をなす四つの方向性に分裂したという事実のうちに示されている。すなわちメイヤスーの「思弁的唯物論」［ハーマンによる引用の誤記を訂正した］、ハーマンの「対象指向哲学」、グラントの新生気論、ブラシエのラディカル・ニヒリズムである」[12]。しかしＳＲの側からすれば、この分裂が限界を示しているかどうかはまったく明らかではない。一般的に言って、思想でも芸術でもひとつのジャンルが強くなっていけ

（10）Graham Harman, *Tool-Being.*
（11）メイヤスーがかつて私に述べたことによれば、彼はこの語を二〇〇二年か二〇〇三年に考えついたとのことである。
（12）Slavoj Žižek, *Less Than Nothing,* p. 640.

ば、そのぶん多くのバリエーションが生まれてくるものだ。現象学や精神分析といった二〇世紀の重要な思潮が、これまで多大な影響力を発揮してきたのは、それらが多くの異なる仕方で実践されたからであり、その尊敬すべき創始者であるフッサールやジークムント・フロイトの権威によって厳密に統制されてきたからではない。一〇年の熟考の末、私がいまだに思弁的実在論に興味を引かれるのは、明らかに共通点の少ない――グループ全体でただのひとりも共通の英雄的哲学者がない――四つの哲学プロジェクトが、それでもなお、その生誕地である大陸哲学の相関主義的背景に匹敵するほどの明白な統一性を有しているからだ。四つの哲学のすべてが実在論である――ただしこの語はそれぞれの場合でむしろ異なる事柄を意味するとはいえ。また四つすべてが思弁的である――すなわち今までの常識的実在論とは違って、四つとも直観に反し、さらには率直に奇妙な結論へ至っているという意味で。

　努めて公平を期すために、二〇〇七年のゴールドスミスでの登壇者の並びと同じ、アルファベット順に従うこととする。さらに、私以外の三つのSRの流派のそれぞれに対して、おおよそ同じページ数を割くよう努めたい。OOOに関しては、あえて私の紹介は短めにしておく。すでによそで発表した考えを何度も繰り返すのを避けたいというのが理由のひとつである。客観的であることを目標にはしているが、それでも議論になれば、やはり他の三つと比べて自分自身の哲学をひいきしてしまうだろう。それゆえむしろ他の三派の批評はきっちりやる。中立な「神の声」を使って話すそぶりはしない。本書の読者の期待には、様々な思弁的実在論の立場について私の立場から率直な評価を示すことで応えたい。

　第一章は、レイ・ブラシエについて、まずは『ニヒル・アンバウンド』（二〇〇八年）を取り上げつつ、さらにいくつかの最新論考を通じて、まだ公にはなっていない彼の立場の新たな展開を探りたい。SRの黎明期には、ブラシエとその一派が追求する思想スタイルには、特定の名前はなかったが、近年は「プロメテウス主義」が彼らの選ぶ言葉となったようだ。また「加速主義」もしばしば、ブラシエの弟子ニック・スルニチェクとアレックス・ウィリアムズのまさしく政治的思想を指す際に使われている[13]。

第二章ではイアン・ハミルトン・グラントについて、まずは濃密ながら画期的な著作『シェリング以後の自然哲学』（二〇〇六年）から論じていく。この本には、彼がジル・ドゥルーズ（一九二五～一九九五）の哲学から受けた深い影響が反映されている。グラントの二作目にして、ジェレミー・ダンハムとショーン・ワトソンという才能あふれる若手との共著である『観念論』（二〇一〇年）では、一見すると驚くべき転回が生じている。しかしここで私たちは、グラントが「観念論」で意味していることは、実在論の反対物ではないことを確認したい。それはむしろ、特権的人間主体のありきたりの観念論ではなく、自然それ自体の生産力における観念の役割を端的に指すものなのである。とはいえ後に見るように、私がグラントの観念論の定義を受け入れているというわけではない。

第三章では対象指向存在論というテーマを取り上げる。これはハイデガーとブリュノ・ラトゥール（一九四七年～）の影響の混合から生じたものとして記述するのがもっとも簡単であろう。ＯＯＯは異論の余地なく、地球上でもっとも広く学際的な影響を与えてきた思弁的実在論の一潮流である。このことは、対象指向派の弱さではなく、明らかに強みであると私には思われる。

第四章では、メイヤスーの思弁的唯物論へと向かおう。彼は――少なくとも今のところ――多産とは言えないにせよ、頭脳明晰で力強い思想家である。まず重要なのが、彼の画期的デビュー作『有限性の後で』での基本的考えをひととおり取り上げることである。この本は明らかに、思弁的実在論から生まれたもっとも有名な個別業績であり、それゆえもっともよく引用され、また広く翻訳されている。さらに、奇抜ながら重要な彼の博士学位論文『神の非存在』から一部抜粋したものについても議論を行いたい。

（13） Alex Williams and Nick Srnicek, "#ACCELERATE MANIFESTO for an Accelerationist Politics."〔邦訳：ウィリアムズ＆スルニチェク「加速派政治宣言」〕

これらの章の後に短い結論を設け、四人の思弁的実在論の思想家が、そのあいだでどのような下位グループに分けられるかを論じよう。ここでは少し予告編を。私は、メイヤスーと〇〇〇とが対極に位置し、またブラシエとグラントが対極に位置すると主張したい。他の組み合わせ方の場合にはすべて、思弁的実在論のもっとも根本的論点の二つのうちのどちらかについて意見の一致が見られる。学生、その他の読者の役に立つよう、便利な練習問題を各節の終わりに設けている。

第一章　プロメテウス主義

レイ・ブラシエ（一九六五年〜）は、フランスとスコットランドの二つの流れを汲む家系に属する。彼はグラントと同じように、ウォーリック大学で博士号を取得した。ゴールドスミス・ワークショップが行われた時、彼はロンドン・ミドルセックス大学に勤めており、私もそこで二〇〇五年の四月に初めて彼に会った。二〇〇八年以降はベイルート・アメリカン大学の美しい海沿いのキャンパスで仕事をしている。彼には、おそろしく忠実な信奉者たちがいる。主には若い男性たちで、ラディカルな科学啓蒙主義とラディカルな恐怖小説とを道具に容赦なく探索されるべき冷酷非情のコスモスという彼の見方に魅惑された人々である。恐怖小説の主要な例はアメリカの〝おぞまし卿〟[1]トーマス・リゴッティ（一九五三年〜）であり、彼の本のひとつにブラシエは序文を書いたこともある。

他の三つの章と同じく、ここでもまずはA節で、二〇〇七年のゴールドスミス・ワークショップでのブラシエの発表を紹介することから始めよう。その後、B節では、難解ではあるがきわめて斬新な『ニヒル・アンバウンド』に目を向ける。ブラシエの二冊目の著書はまだ公刊されていないため、C節では、彼の最近の二つの重要論文を取り上げることで、彼の今後の行方を見きわめるよう試みたい。

（1）Thomas Ligotti, *The Conspiracy Against the Human Race.*

A　ゴールドスミスのブラシエ

ゴールドスミスでのブラシエの発表で、この会議は始まりを告げた。書き起こしでは三〇八〜三二一頁に採録されており、その後、一二頁分、フロアーからの質疑応答が載っている。その数年後、ブラシエはこのワークショップでの発表者四名のあいだに、いかなる重要なつながりもないとしたが、二〇〇七年の時点では、彼が集めたこのグループについて、もっと良い展望を抱いていた。「私たちが根本において共有していると思われるのは、カントによって決定的に定礎されたと、少なくとも大陸哲学の伝統のうちで仕事をする人々がみなしている、一群の哲学問題のすべてを問い直し、再開させようとする意志である」[2]。大陸哲学、そしてその分析哲学という変種との違い――ただしのちに彼はこの違いの存在自体を否定する――について、二〇〇七年の時点でブラシエはまだ、これを二つの異なる種類の美徳という観点から捉えている。

一方で、いわゆる「大陸哲学」の特徴であるような思弁的大胆さ。他方で、特に認知科学に直接的に関わるか、これと連続的とみなされるプロジェクトに取り組む英米の心の哲学の興味深い仕事、そしてその特徴である経験科学への実に見事なレベルでの参与。この両者のあいだに何らかのコミュニケーションが必要である。（三二〇〜三二一）

ブラシエは自然科学一般に大きな重要性を認めるが、とりわけ認知科学に惚れ込んでいる。彼にとっては認知科学こそ、思考と世界の近代的二元論を消去する鍵だからだ。ゴールドスミスで彼はこう述べている。「これぞ二〇世紀のもっとも重要な哲学的発展だと言えるものは、おそらく認知科学の出現だろうと考えている。すなわち、認知プロセスは、経験科学が研究する客観的現象の領域に再統合されうるという考えの出現だ」(三二〇)。ゴールドスミスまでの数年間、ブラシエはアラン・バディウ(一九三七年〜)の哲学に大きな望みをかけていたようで、バディウの著作のいくつかを英訳さえしている。しかし次第にバディウを参照することは少なくなってきた。当時の私の感触から言えば、このように徐々にバディウ哲学に冷めてきた一因は、『コラプス』誌一号でブラシエとロビン・マッケイが行ったインタビューに見られるようにバディウがあまり「認知科学」を重視しておらず、ブラシエがそれに失望したこともあるだろう(3)。

話を戻そう。ゴールドスミスでのブラシエの発表は、他の三名の思弁的実在論者の立場を、共感を持って要約している。ただしそのうちには、我々の仕事すべてに対する有益な異論も含まれている。私見では、グラントについての彼のまとめは、哲学的に興味深い。書き起こしの冒頭、ブラシエはグラントの思想の中心へとまっすぐ向かっている。「自然は自己組織化している。自然の観念的構造が思考の構造を生産する。しかし、もし認知が結果であり生産物であるならば——もし認知が各部分ごと他の自然現象と同じように条件づけられているならば——そのとき問題は、思考がある所与の瞬間、ある特定の歴史的状況において、実在の究極構造を描いたり、把握したりすることが可能であると想定すべき理由があるかどうか、である」(三二〇)。このグラントについての説明は正確だ。のちに見ていくとおり、グラントは、そのシェリング本や他のところで、思考を、実在全体を超越しうる特権的存在体としてではなく、自然のもう一つの生産物として扱っている。このため彼は、メイヤスーと特に相性が悪かろう。というのも、メイヤスーは、人間主体が物の一次性質を数学的に把握することを非常に重視しているからである。少なくともこの点では、ブラシエはグラントの側につく。「物質的実在の構造が思考

(2) Ray Brassier et al., "Speculative Realism," p. 308. 以下に記載するページ数はこの文献のもの。
(3) Alain Badiou, Robin Mackay, and Ray Brassier, "Philosophy, Sciences, Mathematics (Interview)"

の構造を生成する。しかしこれは、知的直観への依拠については一切あてにすべきでない、ということを意味する。つまり、思考は組織化と実現という己の物質的・神経生物学的条件を端的に超越することができ、また即自としての実在の叡智的《ヌーメナル》構造を把握できる、とする考えはあてにできない」（三一〇〜三一一）。ブラシエのメイヤスーへの第一の異論は、メイヤスーが実在への直接的なアクセスを得る方法として「知的直観」に訴えることを、問題にしている。またグラントについては、ひとつのリスクに言及している。もし私たちが思考を自然の生産物に変えてしまうなら、私たちは簡単に、最近はやりの理論、人間思考の構造は単に進化の歴史の帰結であるとする理論になびいてしまうだろう、と。「これは、自然化された認識論を大いに活用した主張である。しかし形而上学的に問題がある主張だと私は考える。なぜなら、進化適応が世界についての正確な信念のみを排他的に優遇するなどと想定する理由がないからだ」（三一一）。つまり「実在の顕著な特徴や深層構造を正確に追跡しうる認知装置が、進化によって間違いなく人間の有機体にもたらされると想定するいかなる理由もない」（三一一）。ブラシエが述べるように、グラントの斬新な解決法とは、人間の思考は自然自体にすでに現前している思考から生じる、と主張することである。「イアンの本の力は、彼が「超越論的自然主義」と呼ぶものを提案しようとしている点だ。その主張によれば、自然的《フィジカル》実在の観念的構造から、観念生成の構造の創発を説明することができ」、その結果として「観念生成は、観念的力動――すなわち単なる経験的実在や単なる物体的実在の裏に控える超越論的力動――の軌跡を追うことができるだろう」（三一一）。「単なる物体的実在」と言う時にブラシエの念頭にあるのは、グラントが「アリストテレスによる自然的実在の偏狭なモデル」（三一四）を非難していることであろう。他方でアリストテレスは、ＯＯＯにとっては偉大な哲学的英雄の一人に列される。

　グラントについてのブラシエの議論は、さらに二つのより重要な異論を取り上げる。この二つともに関係するのは、アリストテレスとカントをおそらくつなぐ「物体」モデルを、グラントが破棄している点だ。このモデルでは、個々の物体が宇宙の第一素材であるとみなされる。この代わりにグラントが提供するのは、力が第一であるような力動モデルであり、そこでは諸々の個体は、その力の派生的配置に過ぎない。ブラシエの言葉によれば、「思弁的自然学での力動論の身分とはどのようなものか。それは物理的下部構造に本当に適合的であろうか。あるいは俗流心理学的偏見に汚染されてはいないのだろうか」(三一四)。さらに、グラントが軽蔑するアリストテレス的「物体的」宇宙観が退けられるにあたって、ガリレイによる自然の数学化が決定的だったことを考えれば、「観念の力動構造とその形式化のために展開される数学領野との関係とは、どのようなものだろうか」(三一四)。質疑の際の応答では、グラントは直接この問いを取り上げず、かわりにブラシエができるだけ多くの虚構存在や俗流心理的存在を世界から消去しようと望んでいることを論難することに集中している。

ブラシエによるグラントへの最後の異論は、OOOからグラントへの異論とも一致する。それは、弁解の余地なく力動的な彼の宇宙モデルには、とりわけ非力動的に見える世界の諸側面のための余地があるのかどうか、ということだ。ブラシエが言うには、「これはプロセス哲学に関わる一般的論点だ。もし生産性を特権化するのなら、またもし、物質性を構造化し構成するこれら観念的で生成的な力動が、生産物に対する生産の優位という点から特徴づけられるのなら、その時こう問われる。いかに私たちはプロセスの中断を説明するのか。いかに私たちは、生産の連続性の内部の非連続性を説明するのだろうか」(三一四〜三一五)。あるいはもっと雄弁に語るところによれば、「どうやらつねにある種の概念的対立物を導入するか、措定するかせねばならないようだ。減速、中断、脱強度化の原理など、とにかく何かをだ。そうすることで、さもなくば何ら妨げのない生成変化と純粋プロセスの流れのなかに、安定性、連続性、一貫性が湧き出ることが説明されるのである」(三一五)。のちに見るように、グラントは彼のシェリング本でこうしたプロセスの中断を「遅鈍化」という一般用語のもと説明しようとしている。ただしそうすることがどのくらい成功しているかは、開かれた問いのままである。

二〇〇七年のブラシエは今より穏やかに、ＯＯＯがとる逆方向のアプローチに対応している。「グレアムは、非連続で自律的な対象どうしがいかに互いに関係を持てるかを示すことが問題なのだと示すことで、この同じ問いの周囲を回っている」（三一六）。しかし彼は私の考えに対して二点ほど異論も提示している。一つ目は、ＯＯＯが実在的特性と感覚的特性とを区別することに関わっている。これについてブラシエは次のように問うている。「任意の対象に対して感知可能な特性と感知不可能な特性とを区別する際の基準は何だろうか。何らかの認識論的偏見や定式化をこの対象に与えることなしに、こうした基準を提供することは可能だろうか」（三一六）。これと関連する二つ目の問いは、すべての種類の実在的な物と想像的な物が存在することを（ＯＯＯがするように）認めてしまえば、どうなってしまうか、ということだ。こうしたフラットな存在論からインフレに陥った帰結が招かれることを彼は危惧する。「ホビットとクォークとのあいだの区別はどうなってしまうのだろうか。これこそまさに形而上学的な問いだ！」（三一七）。続けて彼は尋ねる。いかに私たちは実在と感覚とを区別できようか、というのも「私たちは、処女マリアやヤハウェ、あるいはフロギストンといった想像的対象や虚構的存在体が、完全に実在的な効果を生産できることを知っているわけだから――これらの物は完全に実在的な効果を生成することができるのだ……人々がそれらを信じ、またそれらを信じることを土台として、この世界で物を行っているかぎりにおいて」（三一七）。

これらの異論は、ブラシエとＯＯＯが、哲学について、さらにより一般的には知的生活の目的について、それぞれ抱いているまったく異なった概念に由来しよう。ブラシエが、感知可能な特性と感知不可能な特性との区別を可能にする「基準」を求めるとき、彼が言わんとしているのは、物の経験において私たちは多数の特性に遭遇しているが、そのうちいくつかは真、別のものは真ではないと判明する、ということである。それゆえ私たちには、例えば木について、正確な科学的知覚を私たちの不正確な知覚や俗流心理的知覚から選り分けるための、何らかの知的道具が必要なのだ。しかし、これはＯＯＯによる実在と感覚の区別が問題にしていることではない。OOOが実在と感覚について論じるのは、世界の正確なイメージを偽物から区別するためではない。これは存在論的区別であり、認識論的区別ではないのだ。OOOにとっては、何かの知覚や何かとの関係はいずれも、事実《イプソ・ファクト》として感覚的性質から成り立っている。物の実在的性質についての「正確な」知覚のようなものなどない。なぜなら、実在的性質は、まさにその本性によって、私たちがアクセスできる何かへと翻訳されえないからである。問題はこんな風に述べることではない。つまり「私は馬を見る。それは私の心の外の実在的馬と対応している。しかし私はまたユニコーンを見る。それは単なる幻覚である。なぜならそれは私の心の外の何物とも対応しないからである」。そうではなく、幻覚のユニコーンばかりか、この馬についての私の知覚でさえも、単に感覚的性質から成り立っているのである。フッサールが考えるように、実在的性質は感覚ではなく知性によって獲得されねばならないというのでもない。知性は、感覚同様、実在への直接的アクセスを持たない——ブラシエはおそらくこの点には真っ先に同意してくれるだろう。というのも彼は、メイヤスーの知的直観に対しては慎重な態度をとっているからだ。またブラシエは、相互作用のために対象は互いについて何かを「知ら」ねばならないと主張するが、私たちはこれも受け入れない——少なくとも「知」が物への直接的アクセスのようなことを意味するならばである。かわりにOOOは、ソクラテスが自分には何についてにせよ知を得る能力がないと宣言するのと同じ理由から、実在との間接的接触について語るのである。ブラシエの二つ目の問いについては、どうして彼は、ヤハウェや処女マリアをフロギストンと同じ水準においてよいと確信できるのか疑問である。合理主義者が宗教を見下すことを踏まえて言えば、ここには、ブラシエの活動範囲内で今後も広く受け入れられていくような宗教経験に対する、いくらかの侮蔑が示されている。しかしこれは、アヴィラの聖テレサやブッダ、ジャラール・ウッディーン・ルーミー〔一三世紀ペルシャの神秘主義詩人〕のような人物の伝記と照らして、公正な振る舞いとは言えまい。こうした人物が、単に虚構的存在としか関っていないのだとしても、「にもかかわらず」彼らの生活には実在的効果がもたらされている。そうしたことはつねにありうるのだ。多くの宗教生活に組み込まれた確実性は、壊れやすいものだが、やはりひとつの実定的な存在論的現象である。ブラシエは、これを自分の無神論的確信をもとにただ無視しているのだ。

メイヤスーにかんするブラシエの興味深い指摘に目を向けよう。ブラシエは、世界の本質を直接的に把握する手段としての知的直観へのメイヤスーの関心から始めている。ブラシエが主に知的に傾倒するのは、数学ではなく自然科学である。そんなブラシエにとって、知は、実在との「類似性」が欠けているためにいつも間違いうるままである。ゴールドスミスでのメイヤスーは、世界を理解する上での数学的なものの必然的役割を控えめに扱おうとしているが、『有限性の後で』では、物の一次性質は数学化可能な性質であるとはっきり述べている。さらにはブラシエが述べるとおり、「［カンタンは］はっきりと、デカルト的プロジェクトの復興を望んでいる。そこでは数学的観念生成が、即自としての実在の客観的構造を正確に記述するのである。そうすることで、科学的認知の視界を現象領野に限定するカント的プロジェクトに対抗しようとしている」（三一九）。ここでブラシエは、絶対を把握することができるとされる数学の能力が、思考は自然のプロセスによって生じるという事実とどのように噛み合うのか、頭を悩ませている。しかしこの難問をより詳細にわたり理解するためには、『ニヒル・アンバウンド』でのブラシエの議論の発展に目を向けねばならない。

A節の練習問題

1　ブラシエにとって、認知科学の哲学的重要性とは何だろうか。

2　ゴールドスミスでのトークで、ブラシエは「知的直観」という概念に反対していた。こうした直観がありうるとする主張のどの点が、哲学的に危険だと彼は考えていたのか。

3　なぜブラシエは、人間の思考の構造が私たちの進化の歴史の最終的産物であると述べる最近の流行に慎重なのか。

4　グラントの極めて力動的な自然概念に対する警戒の理由として、ブラシエはどのようなことをあげているか。

5　なぜブラシエは、OOOに対して、実在的なものと感覚的なものとを区別する際の「基準」を求めるのか。それに対してOOOはどのように答えるか。

B　ブラシエのニヒリズム

ニヒリズムが、第二次世界大戦後の実存主義時代の古びた論点に聞こえることを、ブラシエは充分に知っている。しかし彼が正しくも書いているように、「実存など無価値だ」という主張を鼻で笑う職業哲学者の業界の外に出れば、この論点は依然、哲学しているアマチュア読者層の関心を大いに引くものである。単刀直入に書かれた序文のなかでブラシエはこう述べている。「実存など無価値だという一見すると陳腐な主張には、このトピックについて多数の学術書や論文が書かれているにもかかわらず、なおも哲学者たちによって測量されねばならない、隠れた深みが潜んでいる」[4]。彼の著作の序文の二頁目には、歴史家で『ラディカル啓蒙』の著者であるジョナサン・イスラエル（一九四六年〜）が肯定的に引用されており、ニヒリズムが思春期の甘えなどではなく、啓蒙のプロジェクトへの全面的傾倒の正当な帰結であるという彼の考えが示されている。ブラシエの不倶戴天の敵は、近代合理主義の穏健化や方向転換を試みる現代の思想家たちだ。合理主義者は、まさしく実在論者であるがゆえにニヒリストでなければならない。「ニヒリズムとは……心と独立の実在があるという実在論的信念の避けがたい派生

（4）Ray Brassier, *Nihil Unbound*, p. x. 以下に記載するページ数はこの文献のもの。

命題である。すなわち人間がどう仮定しようとも、私たちの実存と無縁な実在だ。また、これを受け入れやすくしようと私たちが「価値」や「意味」を覆いかぶせるなら、そこで忘れられてしまうような実在である」（xi）。しかし心と独立の実在の存在からブラシエが引き出す結論だけが、唯一可能な結論ではないことには注意したい。心の外に実在があるからといって、必ずしも心の中の実在には、ブラシエが主張するように、科学によって消去される以外の役目はない、とはならない。時に生の無価値さにかんする彼のレトリックは、純粋に論理的な論証の閾を超えており、情動的な断言に転ずることがある。「哲学は、人間の自尊心の痛ましい疼きへ浸ること以上のことであるべきだ」（xi）。次章で確認するように、イアン・ハミルトン・グラントの哲学は、実在論からまったく異なる結論を導き出す。彼は、観念と知覚は他のあらゆるものと同じく〈自然〉の生産物であって、それゆえ排除されるどころかむしろ哲学によって説明がなされるべきものだ、と論じている。すべてが等しく実在的だとするグラントの相対的にフラットな存在論とは対照的に、ブラシエには、心と独立の実在のすべてを言祝ぎながら、心の中の実在すべてをただのかりそめのもの、究極的には卑しむべきものとして扱うきらいがある。彼の哲学のこうした側面は私からすると大変疑わしいものである。

『ニヒル・アンバウンド』は七章に分かれており、それぞれの章がひとり以上の傑出した思想家に対する応答となっている。私たちの目的のためには、それに代えて、ブラシエがこれらの章を三部に分類していることに注意を払うのが有益だろう。彼による重要哲学者の読解の多くは、非常に独創的で、それ自体、詳しい検討に値する。しかしここでは選択を行い、各章のうち彼自身の哲学的立場が展開されている箇所に的を絞る必要がある。私が二〇〇五年にはじめてブラシエに会って議論した際に新鮮だったのは、彼が科学と分析哲学にオープンであったことだ。両方とも、大陸哲学の世界では極めて珍しいことであった。最近は、幾分はそう珍しくなくなっているが、それも部分的にはブラシエの努力のおかげである。このように釣り合いをとることが、『ニヒル・アンバウンド』ではまだはっきりと認められる。ただし近年、ブラシエはもう大陸的な思想の全体に、しびれを切らしてしまったように見える。

「明示イメージ（日常イメージ）の破壊」はブラシエの処女作の第一部のタイトルにふさわしい。最初の三つの章の内容を正確に記述しているだけでなく、彼の哲学プロジェクト全体の見事な導入となっているからだ。しばしば、思想家が何に主要に傾倒しているかを見極めることは、彼らが腹の底から嫌う対立的立場を調べることで可能となる。これまでの私的な会話や書いてきたものから判断して、ブラシエがひどく嫌っているのは、エドムント・フッサールの現象学とブリュノ・ラトゥールのアクター・ネットワーク理論（両者とも〇〇〇に枢要な影響を与えている）だと言って差し支えない。フッサールとラトゥールが同じグループに入れられることはそうないが、少なくとも二人には、ひとつの主要な類似点がある。二人とも、ただ現れるだけの存在の消去しがたさに傾倒していることだ。フッサールにとっては、意識に与えられた対象は、たとえそれらがのちに妄想と判明しようが、志向対象として真剣に受け取られねばならない。対象であるということは、何らかの志向する心に対して現前することである。ラトゥールにとっての基準はこれと異なっているが、ブラシエの視点からすれば、やはり同じく間違っている。「アクター」（対象に相当するラトゥールの用語）であることは、他のアクターに効果を及ぼすことと同義である。フッサールとラトゥールの両者にとって、ドナルド・ダックや祖母の家の屋根裏で見たぼやけた幽霊は、二つとも、化学薬品や原子に劣らず、哲学にとっての正当なペルソナである。たとえのちに非実在だと分かろうとも、それに固有の資格で探求されねばならないのだ。ブラシエはニヒリストである。というのも、こうした主張に出くわした時、彼の最初の反応は、そうした非実在的存在体を消去しようと試み、認識された宇宙からそれらが一斉に追い払われるよう求めることだからだ。たいていの哲学的態度と同じく、こうした態度には表と裏がある。表とは、ブラシエが事実に全幅の信頼を置いていることを示しており、また——大陸哲学には珍しいことだが——過去四世紀の人間的知に計り知れぬ貢献をなしてきた現代物理科学の確固たる帰結を擁護していることである。この点のみを取り出すなら、彼は、生まれながら科学崇拝に病みつきになった、単なる分析哲学の一兵卒だと呼ばれるかもしれない。他方、大陸の思想において、このことは潜在的な革命を誘発しかねないことである。ブラシエの立場の裏面は、思想史家ノックス・ピーデンによる『ニヒル・アンバウンド』の初期の書評で指摘された。ピーデンは全体として、彼の合理主義者の仲間ブラシエに好意的だ。しかし、このピーデンも認めるように、『ニヒル・アンバウンド』の短所のひとつが「時期尚早な論駁」[5]に向かう傾向である。ブラシエの本を読めば、彼にほとんどの哲学者の長所と短所をバランスよく説明する力があることがすぐにわかるだろう。しかし別の何人かの思想家――一般に自然科学の特権化された認知的地位を否定する思想家――については、どうも直ちに門前払いされてしまう。ときにこれが、諸々の学問分野全体に一挙に適用される。いちど私はブラシエが社会学の全体を非科学として告発するのを聞いた。また彼の書いたもののうちに、芸術の認知的価値を認めている箇所を探しても無駄であろう。メイヤスーは時々、数学をフェティッシュ化しているとして非難されてきたが、ブラシエの場合は、自然科学がつねに最高裁判所である。しかし言っておかねばならないが、大陸哲学は、ずっと前から、こうした種類の人物からの挑発を受ける必要があった。「科学は考えない」というハイデガーの悪名高い主張は、科学の思弁的役割を見損なおうとする大陸哲学のもっとも厚かましい試みのうちのほんのひとつに過ぎない。こうした態度を告発するとき、ブラシエはメイヤスー以上に頑なですらある[6]。

『ニヒル・アンバウンド』は読みやすい本ではないと言わねばならない。ブラシエは、他所と同じくこの著作でも、彼独自の思弁的才能を示しているが、少なくとも私にとってこの本の最良の箇所は、彼が自分の声で語り、世界について仮借ない悲観的見方を繰り広げているところである。この見方は、ブラシエの次の決め台詞に集約されよう。「私たちはもう死んでいる」。現象学やアクター・ネットワーク理論、また存在するものについてリベラルな仕方で考えているその他の哲学者たちが、自然科学の消去的な教訓に気づいていないというだけではない。それよりもっとラディカルな仕方で、科学自体が無慈悲な教訓を与えているのだ。地球が究極的には燃え尽きてしまうこと。星々は今も燃えており暗い塵に化していること。原子内部の粒子らが最後に散らす火花の後には、原子自体が跡形もなく消滅すること、だ。しかし、このことはブラシエに対し、少なくともふたとおりの仕方で難問を提起する。第一に、すべてのものに究極的に意味がないとすれば、彼には次のことを示してもらわねばならない。なぜ私たちは、快楽主義的精神での「その日ぐらし《カルペ・ディエム》」や、夕焼けや花々にうっとりしながら時間を潰すことにではなく、（彼がはっきりと擁護する）科学やニヒリスト哲学、また（もう少し曖昧な仕方で推奨される）政治革命に打ち込むべきなのだろうか。第二のこれと関連する問題は、ブラシエの哲学的野心の核心によりいっそう迫るものだ。彼は実在自体と実在の科学イメージの間に永久不変の裂け目があるとする点でグラントやOOOに同意しているが、にもかかわらず（グラントやOOOと異なり）、私たちはひとつの特権的言説――自然科学の言説――に全面的に傾倒せねばならないという考えにのめり込んでいる。ブラシエはこれを、「対応なき適合」（二三八）という言葉を通じて行う。『ニヒル・アンバウンド』の最後のページにもっとも顕著な仕方で登場する言葉だが、その究極の源泉は、ブラシエが正統とは違った仕方で読解したフランスの「非哲学者」フランソワ・ラリュエル（一九三七年〜）であろう。伝統的に哲学的実在論は真理の対応説と手を携えて歩んできた。この説は一般に、真理は何らかの仕方で実在に「類似する」ものだという考えを意味する。この概念は、一次性質についてのメイヤスーの数学主義的見方にも保持されているが、ブラシエは（グラントやOOOと同じように）これを痛烈に拒絶している。真理の基礎としての対応を誓って拒絶しながら、にもかかわらずブラシエは、いまだ「適合」について

（5）Knox Peden, "Ray Brassier, *Nihil Unbound: Enlightenment and Extinction.*"
（6）Martin Heidegger, *What is Called Thinking?*. P.8〔邦訳：ハイデガー「思惟とは何の謂いか」『ハイデッガー全集8』、一四頁〕

語ることは可能だと主張する。これが実質的に意味しているのは、他のどんなタイプの人間的思考よりも自然科学こそが、実在的なものとの密接で適合的な結びつきをもたらす、ということだ。OOOが認知の支柱と捉えている美学は、『ニヒル・アンバウンド』では一貫して、繰り返し退けられている。おそらく理由は、美学では、実在的なものとの適合という科学特有の形式をもたない、消去可能な現象が扱われるからだろう。私には、ブラシエの解決策は失敗しているように思われるが、他方、彼がいくらかの支持者を得たことは否定できない。ただし、ハードサイエンスの外のほとんどの学問分野を無視したがために、彼の仕事が持つ学際的な射程は切り詰められてしまっている。

『ニヒル・アンバウンド』の第一部は長いが、豊かで複雑である。メイヤスーについて書かれた第三章（四九〜九四）は、思弁的実在論に関心を持つ人なら必読だ。とりわけ合理主義と唯物論を知的直観を通じて和解させるメイヤスーの能力に、力強く異議を唱えている。第二章は、フランクフルト学派の理論家テオドール・アドルノ（一九〇三〜一九六九年）とマックス・ホルクハイマー（一八九五〜一九七三年）を扱っており、そこには、ブラシエの本の結論で主要な役目を果たす死と絶滅の主題が見事な仕方で仄めかされている。しかし私たちが注目したいのは第一章である。これは私の見るところでは、まさにこのころの彼の哲学的立場の中核を含んでいる。この章は表向きは、ウィルフリド・セラーズ（一九一二〜一九八九年）とポール・チャーチランド（一九四二年〜）の著作に見出される「明示イメージ」の議論にかんするものだが、ここで、ブラシエがこの明示イメージという現象学的概念、さらにはハイデガーが我々に存在自体を垣間見せることを主張するための非概念的方法について長々と攻撃する箇所を読めば、彼の思想についてさらに多くのことが学べるだろう。

セラーズは『ニヒル・アンバウンド』の冒頭に登場する。ただしここでは、彼がのちにブラシエの思想の中心に来ることをほのめかす、カメオ出演に過ぎない。ここでもっとも重要なのは、セラーズが日々の経験の「明示イメージ」と、私たちの日々のものの見方を修正すべくしばしば呼び出される「科学イメージ」とのあいだに区別を設けていることだ。セラーズには少なくとも、明示イメージについてなすべき二つの重要な指摘がある。多くの哲学者はこのイメージを、明白で直接的なものとみなしている。それは、誰もがいつでも理論的仕事より優位に立てるような人間の生得権である。しかしセラーズは、私はまったく正しいと思うが、明示イメージをつねにすでに理論的推論と認知的達成から織り成されたものとみなしている。ブラシエが述べるによれば「明示イメージは前‐理論的な直接性の領分ではない。反対に、それ自体で繊細な理論的構築物であり、人が初めて概念的思考の持ち主としての自分に出会うときの原初的枠組みを、訓練と批判により「精錬ないし洗練」したものだ。その点、この能力を持たない被造物と対照的である」（三二）。すなわち明示イメージは単に、歴史上のどこかの時点で入手可能な科学イメージの天然バージョンであり、またさらに言えば、私たちの現在の常識的な明示イメージは、現在ないし将来の認知的達成の光に照らして、根本的な修正を加えられうるものである。ブラシエにとってこの認知的達成というのが、何よりまず自然科学による発見のことなのだ。さらに、右記の点で明示イメージは科学イメージより劣っているが、しかし、それと同時に「科学イメージに対し、理論的でなければ、むしろ実践的な優位を享受している。なぜなら合理的合目的性規範にとっての源泉を供給するからである」（六）。この最後の行が意味するのは、セラーズにとって明示イメージが規範的身分、すなわち「規範的作用能力《エージェンシー》の座としての人格」（六）の身分を持つということだ。明示イメージは、それ自体としては存在論的身分を持たず、単に「機能的」身分しか持たないのである。OOOならば、これを「上方解体」戦略と呼ぶだろう。明示イメージはそれ自体では無であり、ただ社会‐文化‐規範的目的を持つものとみなされているからである。しかしブラシエは、セラーズの弟子の消去主義者チャーチランドと同様、明示イメージについて「下方解体」的にも把握する。なぜなら明示イメージは、人格下位の神経計算機的《ニューロコンピューテーショナル》成分から見た人間経験の説明にとって代えることができるからだ。ここにおいてブラシエは、明示イメージをそれに固有の資格で取り上げ続ける「多くの現代的哲学実践」と袂を別つ。大陸哲学の側でいえば、現象学や、実存主義、批判理論、解釈学、ポスト構造主義、分析哲学の側でいえば日常言語学派など、いずれにせよである。というのもブラシエは、明示イメージをそれに固有の資格で取り上げることを積極的に望まないからだ。かわりに明示イメージは、二つの方向に還元されるべきである（物理的説明へ向かう下方と文化・規範的説明へ向かう上方）。その中間物はすべて消去されねばならない。OOOの用語では、ブラシエが提案しているのは、日常経験の「二重解体」に他ならない。二重解体とは、ある現象を同時に下方解体しつつ上方解体する行為を指す。そこでは現象は、存在から離れ、同時に二つの方向に向けて還元されるのである（OOOについての第三章を参照のこと）。

　ブラシエは続けざまに、再び正しくも次のように述べる。明示イメージの支持者たちは、しばしば科学を日常的人間経験というお気に入りの領野に還元しようとし、そのために科学が行っていることを「道具的」ないし「プラグマティック」に解釈している。OOOの用語でいえば、こうした著者たちは、科学を単に人間実践として扱うことで、これを上方解体している。これは、単に二つの等しく不適切なアプローチのあいだで行き詰まっているということだと思われるが、他方でブラシエは、科学的態度こそが明示イメージよりもはっきりと好ましいと考えている。なぜだろうか。それは明示イメージの支持者たちが、「科学イメージの構造が［科学の道具主義ないしプラグマティスト的理論において］明示イメージの作用に還元される際に従う概念的基準を描写することを、あからさまに避けている」（六）からである。科学がこうした「概念的基準」を大量に提供するように見えることを踏まえれば、だからこそ科学が最高のアプローチなのだ。このためにブラシエは、セラーズ以上にチャーチランドが抱く、科学的手段によって明示イメージを消去しようとする意志を、まずは好意的に説明している——ただし、のちにブラシエはチャーチランドを厳しい批判にさらすことになるが。その批判の詳細はここでの論点ではないが、そこでブラシエが引き出す結論は興味深い。彼の最初の結論は次のようなものだ。自然主義——万物を自然的ないし科学的説明に基礎付けようとする種類の哲学——は、たとえ「哲学と「最良の科学による発見物」との矛盾をなくすための漠然としたおしゃべりがいまだに推奨されている」（二五）とはいえ、その形而上学のうちでは十分な一貫性を持っていない。ブラシエは、チャーチランドを超える自分自身の野望を語り、「目標は科学に値する形而上学を案出することだ」と主張する。この点で敵は、単にプラグマティスムだけでなく、さらに「経験論によって経験が玉座に据えられていること……〔同時に〕自然主義によって自然が実体にまで高められていること」（二五）である。ブラシエの主張によれば、これへの代案は「科学の減算的作動様式」に注目することである。「〔その様式のもとでは〕科学は経験から自然を引き去り、そうしていっそうよく存在の客体的虚無を暴き出す」（二五）。ここでブラシエは、主流の科学哲学から遠くへ逸れ出ている。バディウの減算概念に依拠しつつ、彼が考察しているのは、まさしく現われの背後にあるような、隠蔽された存在に他ならない。まさに『ニヒル・アンバウンド』の最終ページの遠宇宙的《ディープ・コスミック》悲観主義にぴったりのモデルである。ブラシエが主張するには、哲学の使命は、「科学による明示イメージの破壊を促進することであり、そのために、擬‐超越論的支柱で支えられているものや、さもなくば科学の形而上学的減算のもつ潜在的腐食作用を抑止しているものを、なんであれ蹴散らすことにある」（二六）。このために、チャーチランド――しばしばその論敵から人間の生に生きる価値を与えるものすべてをいかめしく科学主義によって片づける清算人として描写される――すら、ブラシエの手にかかれば、知の諸側面のなかでも、私たちの種の進化と生存を可能にする機能的側面だけに魂を売ったヒューマニストとして描かれるのだ。

　にもかかわらず、ブラシエはチャーチランドと、ダニエル・デネット（一九四二年～）の双方を褒め称える。彼らは「私たちの現象学的な自己把握と、そうした把握が生産される物質的プロセスとのあいだに、取り返しのつかない楔《くさび》を打ち込んだ」（二六）からだ。それゆえ、ブラシエが憤激をフッサールに向けるのも驚きではない。フッサールは同じような「取り返しのつかない楔」を物質世界と現象世界のあいだに打ち込みながら、正反対の結論に至っているからだ。チャーチランドやデネット、ブラシエがみな、明示イメージのうぬぼれを打ち壊そうと望むのに対して、フッサールはこれを、すべての実在の故郷、またなおさら《ア・フォルティオリ》にすべての知の故郷として扱うからだ。ブラシエは、現象学の「原理中の原理」にかんするフッサールの有名な一節を引用する。そこに述べられるのは、実在が直接的に経験において直観されうること、また、すべての知が私たちと世界との直接的出会いに根拠をおくかぎりで、こうした直観こそが認知的事象における究極的権威であること、である。もっと簡単に述べれば、ブラシエはフッサールを哲学的観念論者として扱う。この評価については、私もブラシエに賛成、現象学者たちに反対の立場だ。ブラシエが捉え損ねているのは、フッサールのうちでは観念論以上の多くのものが動いていることである。OOOがしばしば論じてきたように、フッサールの真の長所は、嘆かわしいこと確かなその観念論的存在論ではなく、観念的ないし現象的領域の内部での対象とその性質のあいだの抗争の発見にある。フッサールが持ち出す古典的な例のひとつ、郵便受けに私たちが出くわすとしよう。この郵便受けが外部世界に存在し、その固有の権利のもと現象として検証されうるかどうかという問いを、フッサールが「括弧に入れる」ないし「宙づりにする」のは事実である。フッサール観念論の根本は、〈郵便受け自体〉のいかなる可能性も彼が拒絶しているということだ。それに代えて彼が主張するには、郵便受けの存在は、事実上にせよ原理上にせよ、それがなんらかの心による注意の対象であることにのみ依拠している。この点でフッサールは単にアリバイのあるバークリに過ぎない。たとえ、彼の弟子たちが、世界で対象と出くわすのは「つねにすでに私たち自身の外側で」のことなのだから、フッサールは一種の「実在論者」なのだと声高に言い募ろうとも。要点は、これらの対象がフッサールの世界では決して互いに出くわすことがないということだ。対象であることは、心的行為の相関項であるということなのだ。

　私は、現象学を自分の背景とし、今なおこの運動に貢献したいとの情熱を持ち続けているが、にもかかわらず、ここではブラシエとメイヤスーに賛同し、フッサールは私たちを人間的思考の円環の内側に閉じ込めているという主張に同意する。しかし、この点がすっかり見過ごされているとしても、フッサールにはさらなる何かがある。フッサールにあってバークリなど経験論者に見当たらないものとは次の考えである。すなわち、経験に第一にやってくるものは対象であり、人間の心が恣意的に対象の型にはめこむセンス・データではない。これは、哲学史において決定的な前進である。ブラシエは言語道断に明示イメージを外部の闇に放逐しようと急ぐあまり、この点を見過ごしている。フッサールが注意を向けること——またここにあらゆる現象学に通底する洞察がある——、それは、私はひとつの単位として対象に出くわすということである。この対象は私にとって、その外的な現われ、つまり「射映」(Abschattungen)が瞬間ごとに大きく移り変わっても、同じ対象に留まるのである。それゆえ、対象とそれらの質のあいだに重大な緊張がある。OOOでは、これらを感覚的対象(SO)、感覚的性質(SQ)と呼ぶこととしよう。というのも、それらは観察者の相関項としてのみ存在するからだ。しかしまだ終わりではない。なぜならフッサールの哲学には別種の性質があるからである。というのも経験される対象のすべての性質が、偶発事の移ろいのなかに渦巻く感覚の万華鏡に属しているわけではないからである。むしろ、対象のいくつかの性質は本質的である。なぜなら、もしリンゴを眺めながら、そこにリンゴ的特性がないと決定する場合、たとえばじっさいはリンゴではなく梨を見ているのだと決定する場合、このリンゴをもはやリンゴとみなしていないことになるからだ。フッサールは「本質直観」について語る。不当にももっとも馬鹿にされる彼の概念であるが、彼は次のように言いたいのだ。適切な理論的作業をもってすれば、私たちは、リンゴをまさしく今あるところのリンゴにしているような性質を理解できるようになる、と。これにより心にとっては、リンゴの偶発的特性が撤廃され、その本質的特性がむきだしになることになる。フッサールの主張によれば、これは感覚ではなく知性によってのみ可能となる(ただしOOOの主張では、知性でさえこれを行うことはできない)。このとき私たちが手にするのは、知覚を知覚された対象で単に置き換える観念論だけではない。もちろん、これだけでも重大な問題ではある。それ以上に私たちが手にするのは、感覚的性質（「射映」）と実在的性質（「本質」）の双方と緊張関係を持つ感覚的対象なのである。フッサールの観念（理念）的対象は、実在的性質から成り立つという奇妙な特性をもっている。しかし、もしブラシエのように、明示イメージはただ科学によって絶滅させられておけばよいと主張するなら、こうしたことは一切、見えてこない。

ブラシエ自身の論証へと戻れば、彼はフッサールと分析哲学者ジョン・サール（一九三二年〜）を、次のように主張する点で非難している。現われるものがあるとき、現われこそがそこにあるすべてなのだから、この現われはそれに固有の資格で取り上げられねばならないと。ブラシエが不平を述べるには、この態度は「内蔵された循環論を隠している。［というのも］現われの自明な透明性にこうして依拠するならば、私たちに対し現れるものについて「それがどのようであるか」をすでに知っていると主張するだけで、正当化の必要を都合よく免れることができるからである」（二五）。これは間違いなく正しくない。フッサールはつねに、現象の様々な輪郭に頭を悩まし続け、生涯かけて己の発見を検証し確認する膨大な技法装置を発展させ続けたのだ。ブラシエがここで本当に言いたいのは、彼がすでに別のところでもっと明確に指摘した論点である。フッサールは、現象をそれらの物質的支えへと下向きに還元すべきではないと推定している、ということだ。これは正しい。ただしこれが適切なのは、前もって、明示イメージは天然の科学イメージに過ぎず、いずれ置き換えられるべきもので、自然科学の存在体のような説明すべき真正な実在の一部ではないとするブラシエの主張に同意する場合に限ってである。これとの関連で懸念されることは、ブラシエがドイツの神経哲学者トマス・メッツィンガー（一九五八年〜）の助力を仰いでいる点だ。私は彼の仕事については、ブラシエと比べてあまり評価していない。[7] ブラシエはこう述べている。「トマス・メッツィンガーは、まさしくもっとも単純、もっとも初歩的な形式の現象内容こそが、現象学的視点のもとでは信頼できる仕方で個体化されえないと指摘した。なぜなら私たちには、それらを識別する超時間的な同一性基準が欠けているからである」（二九）。メッツィンガーは、様々な現象が実在的に同一であるか科学的に決定するために、それら現象の「最小限に十分な神経的‐機能的な相関項」の同一性を特定して、こうした基準を獲得すべしと提案する。言い換えれば私たちは、フッサールが、リンゴを手のなかで回転させながら、性質が様々に配置を変えるあいだも見ているのは同じリンゴであると述べたこの報告を、信じるべきではないのである。かわりに為すべきことはフッサールの脳の分析であり、それによって、リンゴの様々な射映のすべてが神経的‐機能的に似ているか、それは黄昏の空気のなかでリンゴがその現われを変えていくあいだも真に同じ対象を経験していると結論できるほどか、判定せねばならないのだ。しかしこのアプローチには少なくとも二つの大きな問題がある。第一に、この実験を行う神経学者も、導線、メーターの読み取り、手帳への記入がどの時にも同一であるといちいち推定しなければ、リンゴが事実において同一だと神経科学で検証することはできない。ここで神経学者はフッサールと同じ立場に置かれている。現象的対象や科学的器具の現われが微妙に変わるあいだ、自分自身の同一性感覚を頼りにしているのである。私たちがフッサールの実験結果を検証するための正確な「超時間的同一性基準」を持つことを確認するために、神経学者の脳に二セット目の導線とメーターを取り付けるのは悪手であろう。なぜなら、今や私たちは、導線を使う人の脳をモニタリングする導線を使う人の……という悪しき無限後退の道に足を踏み入れているからだ。フッサールが使用する同一性基準は、科学者が使用すべきものと同じ基準である。ここにリンゴがある。それは、いま少し違って見えるけれど、私が五秒前に見たリンゴと同じリンゴである。ここに科学器具がある。それは、いま少し違って見えるけれど、私が五秒前に見た器具と同じ器具である。どんな神経学者も、自身の直接経験に対するこの同じ暫定的信頼をなしにはすませないのだ。第二の問題は、メッツィンガーが「最小限に十分な神経的‐機能的な相関項」に依拠すること自体が、彼の大著のなかでも

(7) Thomas Metzinger, *Being No One*; Graham Harman, "The Problem with Metzinger."

うまくいってない、ということである。彼の著作についての批判的論文で私が報告したとおり、メッツィンガーは章を移るたびごと、滑稽なほど定期的に、こう認めざるを得ない。私たちにはまだ、あれこれの現象に対する最小限に十分な相関項が何であるかはわからない、と。要するに、科学こそがこの太陽の下にあるすべての論点――それには科学が現象学と比べて大したことを提供できない論点も含まれる――について最後の言葉を持たねばならないとするプログラムに、ブラシエのように心から傾倒するのでなければ、メッツィンガーをフッサールと対立させる理由はないのである。

次に進む前に、フッサールの有名な元教え子ハイデガーもまた、ブラシエの本の最初の章で非難の的になっていることに触れねばなるまい。フッサールとは異なり、ハイデガーは、現われの透明性を信じてはいない。なぜならハイデガーの哲学全体は、むしろ反対の見方に基礎づけられているからだ。意識への現前は、存在体のより深層の存在を隠す、ただの手前の現前を意味するに過ぎない。ブラシエが憤るのは、ハイデガーにとって私たちをこの深層に導きうるのが科学ではないことである。なぜなら、〔ハイデガーにとって〕科学とは、物の性質を対象化し、その隠れた実在を無視することで、物を手前の現前へ変換してしまう別のやり方に過ぎないからである。これはどうあがいても、字義どおりでなく論証的でもない言語使用を必要とする。ブラシエは、こうした言語をつねにあけすけな侮蔑でもって扱う。「多くのポスト・ハイデガー現象学は、表象下の深層を測量するために、言語の比喩的次元を展開する試みに専念してきた。その主張によれば、そのような深層は、何か他の種の概念形成に対して、特に科学的概念化に対して本来的に抗うものである」(一一八)。なぜブラシエが、この点にこれほどまでに敵意を示すのかは、ハイデガーの詩的言語への入れ込みが、しばしば、顔をしかめたくなるシュヴァルツヴァルト風キッチュへと堕することを考慮に入れてさえ、よくはわからない。というのも、ハイデガー自身がやり過ぎるからといって、そこから、言語の論証的、概念的、命題的使用だけが、唯一、認知的価値を持つ言語使用だということにはならないからだ。ここでブラシエが忘れているのは、ソクラテスこそ何も決して定義するに至らなかったということ、愛《フィロソフィア》知は知を意味するのではないこと、アリストテレスは『詩学』で隠喩こそ最大の天分であると私たちに語っていること、である。ブラシエはまた、芸術のうちにいかなる認知的技量の余地も認めない。この人間経験の重要な領域について、ブラシエは何ひとつとして有用なことは言わないのだ。かわりに、比喩的言語を哲学からきっぱり追い出すことを、躍起になって求めている。「現象的経験の不可侵の内的聖域を守るために哲学の概念的資源を乗っ取るのでなく、厳密な意味《ストリクト・センス》での現象学的記述を目指すなら文学技巧のほうが役に立つと認めるべきだろう」（二八）。こうした見方が分析哲学ではいつも共有されてきたのに対して、ブラシエはおそらく、基本的に大陸哲学を背景とするところからは、初めてこの点について公言した著者である。しかし注意しておけば、専門職についての同じ問いを、逆向きの仕方で立てることができる。もしブラシエが諸科学の認知的優位性をそこまで確信しているのなら、彼の関心にずっと役立つのは科学上の業績を積むことだとはならないだろうか。なぜソクラテス的愛《フィロソフィア》知を乗っ取って、ソクラテス自身はいつも距離を取った自然主義的な知識もどきのために使おうとするのか。皮肉なしに、もう一度、尋ねよう。哲学を最適な形で追及したなら、科学が哲学の助けなしにすでに自力で発見したものについて、おべっかを告げることにしかならないのだとすれば、ブラシエはどうして哲学に何らかの価値があると思えるのだろうか。第三章のD節で、私はなぜOOOが特に隠喩を、哲学の極めて重要な構成要素とみなすのかについて説明したい。ここでそれ以上に重要なのは、比喩的言語に対するブラシエのアレルギーは、これもまた、ハイデガーのもっとも有名な言葉である「〈存在〉」の拒否から来ているということだ。存在とはあらゆる経験の背後の対象化不能で概念化不能な残り滓であると主張するハイデガーと手を組むよりも、ブラシエ曰く、私たちは「この非明示的次元が、科学特有の三人称視点からの記述を完全に受け入れることを承諾する」（三〇）べきである。じっさいブラシエが求めるのは、かつて宗教の侍女であったように、哲学が自然科学の侍女となることである。

これは、ブラシエがメイヤスーを論ずるその後の章にも再び見られる。そこでブラシエがついでに指摘するには、哲学は「適切な思弁的装甲」を科学に提供しようと大望を抱くのがよい。そう仮定しながら、ブラシエがこの節で攻撃しているのは、あのおなじみだが侘《わび》しい「分業」、すなわち科学が経験的領野を、哲学が超越論的領野を担当するものとされる分業である。しかしブラシエは、哲学をその牢獄から脱出させて、カント以前のように人間外的《エクストラ・ヒューマン》領域を探索させようというのではなく、むしろ科学がすでに行ったことを補うだけの従順な役目を哲学が引き受けるように望むのだ。このプロジェクトは、活躍中の科学者にとってさえ徐々に魅力的でなくなった。彼らの多くは、哲学からこれよりもっとましなことを期待しているのだ。ひとつの例を引けば、イタリアの傑出した物理学者カルロ・ロヴェッリに次のような発言がある。「世界の科学的概念把握に興味がある哲学者には、ぜひ現在の断片的な物理理論を論じて、これを洗練させることだけにとどまらず、果敢にもさらに先を見とおす試みに励んでほしい」[8]。

にもかかわらず、ブラシエがメイヤスーを論じている章は力強いもので、彼がこのフランスの思想家の思弁的唯物論に加える反論は正しく聞こえる。ブラシエによればメイヤスーが向き合う中心的問題は、「存在は数学化可能であるというガリレイ-デカルト的仮説を、存在を思考と独立に存立すべく捉えるための思弁的離接へのこだわりと適合させようと試みる」（八八）ことである。のちほど、こうした批判に対してメイヤスーが、デカルトとピタゴラスのあいだに区別を設けることで自己弁護していることを確認しよう。メイヤスーの主張によると、彼とデカルトは（ピタゴラスが行ったと見えるように）存在自体が数学的であると主張しているのではない。ただ数学は、よく知られたデカルトの「延長する物《レス・エクステンサ》」や、メイヤスーのいう「死物質〔無機物〕」のような思考外の実在の指示や指標であるのだ。しかしブラシエの考えでは、死物質より大きな魚を釣り上げるべきである。彼の見るところでは、バディウとラリュエル（ブラシエの本の四章、五章の主題）は、メイヤスーよりもさらに先へ行っている。前者の場合についていえば、メイヤスーは「私たちに非形而上学的で非現象学的なオルタナティブは提供していない――例えばバディウによる虚無の減算的概念把握に見つけられるようなオルタナティブは」（八八）。この点を敷衍しつつブラシエが付け加えて言うには、「バディウによる存在論的現前化の減算的概念把握は、存在そのものに分裂をもたらす。この分裂が、現象学的にであれ、形而上学的にであれ、存在を現前という点から直観することをあらかじめ妨げるのだ」（八八）。ラリュエルの貢献に関しても同様の方向から来るとブラシエは主張する。「私たちは、メイヤスーが祖先以前的時間にとって決定的だと考える隔時性〔通時性〕を、「一方向化」の構造のもとに再定義することになろう。……それが究極的には隔時性〔通時性〕を、存在と思考の分離可能性、すなわち相互の非相関として説明するのである」（八四）。さらに、ブラシエがいつも、科学的進歩の行進がメイヤスー哲学のいくらかの部分を時代遅れにしてしまうこともありうると断言していることも見つかろう。「異論の余地なく、〔認知科学〕はいまだ幼年期にある。にもかかわらず、その成熟の暁には、思惟と延長のデカルト的二元論を――さらにもしかすると、思弁的唯物論なるメイヤスーのブランドに存続するその残り滓をも、不要なものとする見込みがある」（八九）。

さてバディウとラリュエルを論じる章へと目を向けよう。ブラシエは、この二人のフランスの思想家から、自分の重要な武器を引き出している。彼はこの二人の著者と個人的にも知己を得ており、また、彼ら二人の仕事を論ずることのできる第一人者のひとりとして、幾度にもわたって評価を受けてきた。この二人にともに関心を抱くというのは、いささか普通ではない。というのも、バディウとラリュエルはお互いを、見たところ、あまり高く評価していないからだ。ラリュエルはじっさい『アンチ・バディウ』という本を出版している。一方バディウは、そこまで行かずとも、ラリュエルの仕事を理解しがた

（8）Carlo Rovelli, "Halfway Through the Woods," p.182.

いものとみなしていることが知られている。しかし、先述のように、ブラシエはどちらの著者とも、新たな形式の否定性を哲学に持ち込むのに有用であると考えている。それこそは、ブラシエがメイヤスーの仕事に欠けていると見ているものである。

特にブラシエはバディウを、大陸哲学のハイデガー的な行き過ぎに解毒剤〔文脈から原文の anecdote を antidote の誤植とみなし修正した〕を施すものと見ている。これは、バディウが存在論を数学と等しくみなすことで存在論を脱神秘化することによって生じる。ブラシエの大まかな要約によれば「存在論とはいまや数理科学の分野なのであり、〔ハイデガーに反して〕存在は本来的に有意味でもなく、真理の先触れでもないのだから、存在について沈思黙考することは一切、哲学的領分に属することではない」（九八）。このようにしてブラシエは、ハイデガー主義者が〈存在〉の意味の問いの超えがたい深遠さとして考えるものの重要性を消し去ろうとするのである。さて、哲学をあまりに数学との類比で捉えることの危険にブラシエが気づいていたことは先に確認した。ブラシエは、メイヤスーがデカルトとガリレイの数学主義と手を組むせいで、実在論までまとめて失う危険をおかしていると批判するのだ。じっさいブラシエは、バディウを観念論だと非難することで第四章を終える――ただし彼は他のほとんど誰でも同じ欠陥で非難するのだが。しかし、その点にたどり着く前に、彼はバディウの仕事から、いくつかの持続的な資源を引き出そうとしている。

バディウのもっとも有名な発言のひとつが、「〈一〉は存在しない」である。いくつかの帰結があるが、特にバディウはこれによって自分とドゥルーズを区別している。彼はドゥルーズを本質的に〈一〉の哲学者として扱うのだ(9)。しかしここで述べておく必要があるが、バディウは〈一〉に二つの意味を込めており、その上でこの二つを拒否するのである。〈一〉の最初の意味は、全体としての宇宙の統一性である。バディウはこの種の〈一〉を、ゲオルク・カントール（一八四五～一九一〇年）の超限数学に全幅の信頼を置くことで拒否する。カントールの発見によれば、無限には多くの異なるサイズがあり、己以外のすべてを包含することのできる最大の無限はない。この最初の意味において〈一〉はない。なぜなら世界は全体化できないからだ。しかしバディウが拒否する〈一〉の第二の意味は、もしかすると、彼の哲学にとってよりいっそう重大なものである。ここで私は、個的存在体として知られる多くの〈一〉に言及しよう。アリストテレスの伝統において、ある犬とは一つの犬であり、ある星とは一つの星であり、ある歌とは一つの歌であり、などなどである。ライプニッツが『モナドロジー』で教えるのは、存在するとは一であるということだ。それゆえ彼は「一」を意味するギリシャ語から引いた、モナドという語を使うのである。しかしバディウにとっては、「一」として数えられるような独立の存在体はない。私たちが「一つの」物と呼ぶものは、バディウにとっては「数えること」の遡及的な結果である。数えることから帰結する存在体のすべては、彼が「無矛盾的多性」と呼ぶものに属する。そして、それらは数えることの帰結なので、それに固有の権利において個物と同一とはみなされえない。これ以前にやってくるものを、バディウは「非無矛盾的多性」と呼ぶ。これは「多性」と呼ばれているにもかかわらず、どんな正確な数の個物も実在的にはいっさい含んでいない。バディウの非無矛盾的多性は、はっきりと反対象指向的である。彼の対象の取り扱いは『諸世界の諸論理』に示されている。『存在と出来事』の続編であるこの著作において、対象は、単に現われの世界に属するものとして取り扱われている。ブラシエの言葉によれば「バディウにとって存在論は「存在の概念」をめぐって整理されるものではありえない。なぜなら「存在の概念」というまさにその考えが、存在とは非無矛盾的多性であるとする主張と相入れないからである」（九九）。さらには「構造の必然性とは言説的現前化の法学的特性であり、存在自体の存在論的性格ではない」（一〇一）。

これは、あたかもバディウが「即自」と「私たちにとって」、ないし叡智界《ヌーメナ》と現象界《フェノメナ》の古典的対置に

（9）Alain Badiou, *Deleuze: The Clamor of Being.*〔邦訳：バディウ『ドゥルーズ 存在の喧騒』〕

ついての自身の見方として、非無矛盾的多性と無矛盾的多性を提案しているかのごとくに見えかねない。ブラシエはこれを否定する。「というのも、数えられる無矛盾性と、数えられない非無矛盾性とのあいだの分裂、すなわち構造と存在の分裂は、構造（つまり数えること）がないことと、非無矛盾性（つまり存在自体）がないこと、この両者の密かな同一性の指標なのである」（一〇一）。このため「〈一〉の非存在〔non-being〕、すなわち構造の単なる法学的身分は、漸近的に、非無矛盾的多性の無存在〔being-nothing〕へと収斂する……」（一〇一）。ブラシエにとって、これが、思考と存在は同じであるというパルメニデス（前五一五～四五〇年）の格言をバディウが採用することの意味である。「思考と存在は二つともに無なのだ」（一〇一）。

　ブラシエの読みによれば、バディウにとって「現前化の法則は、思考と存在のあいだの、文字どおり空的な同形性を保証するものである……」（一〇二）。このことは深刻な帰結をもたらす。「［バディウが支払う］代価は、特殊な種類の言説的観念論である。そこでは、存在論的言説の観念的秩序の実在的中断として呼び起こされる、非無矛盾性という補填さえも、それ自体、構造化されない思考の一例に過ぎない。すなわち決定不可能なものを運任せに決定することとしての出来事であり、そこでは思考自体が非無矛盾性を具体化することになる」（一〇二）――いわば「出来事」として。この帰結を集合論から引き出すバディウにとっては、どんな状況も、公式にそこに所属する以上のものを含んでいる。ひとつの明白な例は、政治におけるプロレタリアートであろう。彼らは公式には、現行の情勢のうちで考慮に入れられていないのだが、にもかかわらずそこに含まれており、それゆえ革命的出来事において予期せぬ仕方で噴出してくる。ただし、この革命的出来事が出来事の資格を持つのは、主体がこの出来事への遡及的な忠誠を保持するかぎりにおいてのことである。バディウにとっては、たいていの現代哲学のように、すべての人間が「主体」として数えられるわけではない。主体であることとは、バディウが出来事的だと認める四つの領域――政治、芸術、科学、愛――のひとつで出来事が生じたなら、そこにおのれの全実存を賭けることである。ゼーレン・キェルケゴール（一八一三～一八五五年）の反響は見逃しがたい[10]。出来事への忠誠には、帰結を顧みない、出来事への絶対的献身が求められる。革命への忠誠には、投獄、亡命、カイロの街頭での死が求められるかもしれず、同様に愛への忠誠（バディウはこれをヘテロセクシュアルな見方でのみ取り上げる）は、長年の夫婦生活、家族生活の終焉を意味するかもしれない。ブラシエは、バディウの出来事概念をそれほど絶賛しておらず、この章の後半（一一四）では次のような失望を表明している。『諸世界の諸論理』では存在の減算的概念への強調が薄まり、かわりに、いかに特定の具体的出来事が構造化されるかについて、冗長だが時に美しい省察が行われている、と。ブラシエは、バディウが究極的には彼の哲学の否定性の側面を徹底することができていないと挑発する。なぜなら「減算苦行のために世界の充実を放棄することを選ぶ哲学こそが、減算のブラックホールに突入するために用意されねばならないからだ」（一〇〇～一〇一）。この極端な減算苦行という仕方で、どうやらブラシエは、自分自身の哲学的仕事を理解しているようだ。

バディウとブラシエの見解が大きく一致するのは、すでに確認したとおり、次のような主張においてである。あたかも「存在が、「絶対的に〈他者〉」として、つまり合理的思考の構造からは言表も現前もアクセスも不可能で、それゆえ上位形式や創始形式をとる非概念的経験を通じてしか接近できないものとして提示される」（一〇七）ような、何か間接的な仕方で得るべき存在の隠れた神秘的次元などない、とする主張である。ブラシエが示唆するには、〈大いなる誘惑〉と呼ぶこの誤謬、謬見に対しバディウが差し出す薬は、「存在への直接的で非言説的なアクセスはない」という彼の原理である（一〇七）。しかし「直接的」や「非言説的」という言葉の結合のために、ここで大きな多義性が生じている。ブラシエはこれら二つの言葉を、同義語として使っているのか、あるいは独立した項として述べているのか。

（10） Søren Kierkegaard, *The Essential Kierkegaard*.

もし独立した項であるなら、この二つが不当な仕方で結合している時のみ問題が生じるということだろうか。私がこの点を指摘するのは、「言表も現前もアクセスも不可能」なものを批判した右記の一節が、ブラシエが望むような仕方でハイデガー批判として効いているかが不明だからだ。というのも、ハイデガー、特に後期ハイデガーが、非概念的経験を非常に高く評価していたのは確かだとして、他方で、存在は直接的にアクセスされうるとハイデガーが考えていたかはまったく明らかではない（私はむしろ誤りと言いたい）からだ。そうした論じ方は、ハイデガーというよりもむしろプロティノス（二〇四〜二七〇年）や新プラトン主義に似ている。[11] いずれにせよ、ハイデガーが存在自体の直接的で神秘的な経験を主張していたことがなんとか証明されるとしても、非概念的経験に余地を認める哲学すべてから、このことが必然的帰結として導かれるわけではない。しかしブラシエのここでの主要な論点はバディウだ。「現前化の法則は、無矛盾性の権威化と非無矛盾性の禁止を、現前不可能な中間休止のうちで結合する。そこにおいて構造の発展と減算とが一致するのである」（一〇七）。これは、バディウ派の外からきた読者にとってはややこしい言い回しだが、その意味は相対的に言って率直である。あたかも目に見える現象の裏に秘密が眠るかのごとく、現前化から隠されているものなどない、ということである。ブラシエにとって、バディウ的な現前化は「反現象」である。無矛盾的構造と非無矛盾性の見かけ上の対立が、完全に出会うことなく出会うような現場なのである。ブラシエもまたこれを「裂けた叡智界」と呼ぶ。ただしこれは、カント的な叡智界のように私たちから遠のくことにしくじったものだ。それはじっさい、ラリュエルの〈一〉がまさにそれだと証明されるような内在的叡智界である。ブラシエは、彼の望む結果にたいへん近づきつつある。天然の明示イメージよりも深い叡智界があるが、それは隠されているのではない。それゆえ、原理上は、数学や自然科学の明示的な概念道具によって探求されうるのである。

とはいえバディウがこの点に賛同すると言っているのではない。先に見たとおり、バディウは、ブラシエをあのとおり熱狂させている初期「認知科学」にほとんど興味はない。バディウの場合は、彼以前のデカルトや彼以後のメイヤスーの場合と同じく、思考は世界をなす建具の一片であり、その物理的支柱から直接的に説明されえない。もっと一般的に言えば、ブラシエは章の終わり頃、バディウを観念論として批判するに至る。この観念論は、バディウが「出来事」に過剰に傾倒することのうちに認めることができると言われている。ブラシエが、どんな現前化のうちにも概念化されない剰余を「内在的間隙《ヒアトゥス》」として考えようとするのに対して、バディウの出来事は、それを「存在論的無矛盾性の超越的闖入」に変えてしまう。これはブラシエの意見では、「生来的無根拠さ」(一一三)に特徴付けられる。ここからブラシエは、バディウについて最後の批判的判決を下す。「彼の哲学は単に、言説と実在の、論理的帰結と物質的原因の、思考と存在の、同型性を規定している。思考だけで十分に世界を変えることができる。これが、バディウの観念論の究極的な要点である」(一一三)。ブラシエはバディウの出来事理論を低く見積もるのだが、私はこれには与しない。私の考えでは、バディウの理論にはいまだ重要性をそなえた洞察が含まれている。しかし他方で、バディウ的出来事の限界については、私も完全に心から同意するところだ。バディウにとって、出来事の四つのタイプのどれもが関わるのは、ただの人間存在ではなく、思考者としての能力を備えた人間存在である。「それゆえ、ビッグバンやカンブリア大爆発や太陽の死滅は、世界の道行きのなかで起こるただのしゃっくりにとどまる。彼はそれにほとんど、あるいはいっさい関心を持たないのだ」(一一四)。ブラシエが加えて言うには、問題なのは人間中心主義ではなく、叡智〔ヌース〕中心主義である。というのもバディウが人間に関心を持つのは、私たちがたまたま思考する存在体であるかぎりでのことだからだ。彼は正しくもさらにこう述べる。バディウの哲学は「物理科学の実在論的公準と衝突する。その公準では、対象は実在的物理構造に由来する原因特性を表にあらわし、またこの構造は現前化の観念的法則からまったく独立に得られると仮定さ

(11) Plotinus, *The Six Enneads.*〔邦訳:プロティノス「エネアデス」『プロティノス全集1~4』〕

れている」（一一六）。それゆえバディウは、メイヤスーに私たちが見出すよりも、さらにいっそう危険な数学主義に陥りかねない。「しかし、こう主張できるだろうか」とブラシエは修辞的質問を提出する。「存在は数学的に登録されているが、かといって、この数学的登録と独立には何も存在しないということを意味する訳ではない、と。これは、パルメニデスのテーゼ……思考と存在のあいだにはあらかじめ打ち立てられた調和があるとするテーゼからの、もっとも極悪な帰結のひとつであるように思われる」（一一七）。にもかかわらず、ブラシエは、隠された〈存在〉の神秘をバディウが剝ぎ取ることについては受け入れ、見紛いようのない彼の観念論の気配は拒否するのだ。

第五章でブラシエはラリュエルに目を向ける。彼は極めて読解の難しい哲学者だが、彼の仕事こそ知性の未来への架け橋だとみなす熱狂的な支持者が国際的な規模でついている。私はほとんど「哲学の未来」と書きそうだったが、これは混乱を招きそうだと懸念された。というのもラリュエルは自らの仕事を哲学とはみなしていないからだ。彼は自分が行っていることを「非哲学」と名付けている。ブラシエはこの自己記述については差し引いて考え、ラリュエルを単に非相関的な哲学者として読もうとしている。ラリュエルに対するブラシエの態度は、複雑で、かつ興味深い。一方で彼はラリュエルの仕事が、ほとんど理解を受け付けないジャーゴンの「いけ好かない殻」で覆われていることを認め、ラリュエルにも近年のフランス思想の常習の二つの悪癖があることについて同意している。「非哲学的異他性にうんざりするほど夢中になりながら、曖昧な術語群にだらだらとなだれ込む」（一一九）。同時にブラシエは、ラリュエルの哲学的達成を「まさしく非凡なもの」（一一八）とみなし、「彼の概念の（もし過剰な広さでなければ）深さは、ヘーゲルの弁証法の論理のそれに並び立ち、かつ競うほどである」とさえ主張する（一四八）。まさかの大絶賛だ。ブラシエがラリュエルのうちに見つけた、それほど興味をくすぐるものとは何なのか、もっとそばによって見てみよう。

ラリュエルについてブラシエがこぼすもっとも一貫した不満のひとつは、彼があまりにも慌てて、

「哲学」のすべてがたったひとつの本質を持つと主張していることだ。本当はただ、いくつかの個別の哲学があって、そのそれぞれが独自の特徴を持っているというのにである。ブラシエが注記するように、ハイデガーやデリダは、似たような過度の一般化を行う点で糾弾されるのも無理はない一方、少なくとも、何千ページも緻密に読解を行って、歴史的宿題をこなしている。それはラリュエルが行っていないことである（一二二）。哲学そのものの本質などないという論点は、ブラシエの主張としてはいささか奇妙である。ブラシエは普段、この種のローティ的なハイパー唯名論には嫌悪を示すからだ。例えば、ブラシエはどんなところでも、様々な科学分野や実践の多様性を「科学」という一単語を使って一括することに、異議を唱えてはいない。じっさい彼はしばしば、科学＝真《トゥ・クール》の認知＝善であるような一種の科学的本質主義に耽溺している。ともかくラリュエルは哲学それきっかりを、カント哲学のように「三つの基本項――内在、超越、超越論――を結び合せる……決断」（一二二～三）の構造からできているとみなす。それに対しラリュエルが提案する代案は「ラディカルな内在」である。彼はこれをしばしば、内在的「〈一〉」として記述する。バディウを苛立たせること請け合いの概念である。残念ながらラリュエルは、非哲学という彼の視点を、読むのも苦痛な難解極まる散文のうちで展開しており、もし数日間もこれだけに一気に集中するなら、文字どおり頭痛の種となるかもしれない。ラリュエルの見方によれば、哲学は超越とみなされるものと内在とみなされるもののあいだに切断を入れる。「それは、思考と経験の諸可能性を統合し構成するものとしての超越論的総合に特有の実在である……」（一二六）。反対に、非哲学の仕事は「超越、内在、超越論の決断的複合体が、究極的には、ラリュエルが「実在的なもの」と同一視する、対象化不能な内在に規定されている様を［示す］」ことである（一二七）。

　私たちは、なぜブラシエがラリュエルに興味を持つのか、そしてなぜラリュエルとその見かけ上の論敵バディウのあいだの密接なつながりを主張しているのか、すでに感じ取ることができよう。この二人のフランス思想家のどちらも、ハイデガーやエマニュエル・レヴィナス（一九〇六～一九九五年）のような人々がこよなく愛する隠蔽の領野から、即自を抜き取り、これを内在の領野に植え替えるのだ。そこでは即自は実在的かつアクセス可能なのだが、そのあり方をブラシエはすぐさま科学イメージと両立可能なものとみなすことができる。事実、ブラシエがラリュエルに対して抱える個人的な不満がもっともあからさまになるのは、ラリュエルがハイデガーに近づいていく時だ。例えば、「[ラリュエル]は非哲学的ラディカル性を主張するにもかかわらず、ハイデガーが有限性というポスト・カント的パトスをラディカル化したことを、いまだにありがたがっている」（一二七）。とりわけ「ラリュエルは、実在的なものの対象化不能な内在を、「人」や「人間」と同一視することに固執する。「人はまさしく哲学から排除されているあの実在的なものである」」（一二七）。そして再び曰く、「主体‐対象の二元論は捨て去られたといういまやおなじみの主張にもかかわらず、ラリュエルの〈一〉の対象化不能な内在は、対象の側ではなく、むしろ主体の側にきっちりと位置付けられているようだ」（一二七）。ブラシエはついにはこのように述べる。「実在的なものと人間個体とのこの究極的に恣意的な同一視のために、ラリュエルの誇るべき非哲学的ラディカリズムは、超越論的個人主義へと還元されかねない。それは、非哲学として説得力をもって記述されるには、あまりにもフィヒテ的唯我論を彷彿とさせる」（一二七）。

にもかかわらず、ラリュエルは、ブラシエが有用と考えるいくつかの論点を指摘するにあたっていまだ価値を有する。たとえばラリュエルは、実在的なものは「反対物や対立を持たない」というその主張のために、「無存在」というバディウの減算的概念把握の同盟者とみなされる（一二七）。最終的にラリュエルが重要であるのは、ブラシエにとっては退屈な非哲学の身振りのせいではなく、むしろ次の理由による。すなわちラリュエルは「思考がその対象を志向したり反省したり表象したりせず、むしろその対象化不能な不透明さを真似る際の条件を[定義している]」。ただし、この不透明さが、同一化から「排除された」実在的なものと〈最終審級において同一〉であるかぎりにおいてのことだ。これが、ラリュエルが「最終審級における決定」と呼ぶものである（一二八）。ブラシエがこの点の解明を試みる際の説明によれば、「[思考]は非定立的となり、それゆえ、対象自体のうちに、対象化不能なものを運ぶ媒体となる。対象は自らの決定の受苦者と同時に作用主となる」(一三九)。このことは思考と物のあいだの「一方向的二元論」に行き着く。それは「実在的なものを観念的なものの内に合併することなく、両者の非相関的な適合性を明示するものだ……」(一三九)。ブラシエに公正であろうとすれば、次の点も指摘しておくべきだろう。ブラシエによるラリュエルについての説明が理解しがたいのと同じくらい、ラリュエルによる元々の論証も、かなり不明瞭な仕方で表現されている。しかしおそらく次のように述べるのが、この論点についてはより明確な定式化であろう。「対象は、対象化行為の相関項としての対象として明示されるのではなく、主体となって己の対象的な明示行為を規定する。対象は、みずからの超越的対象化を一方向化する思考の作用主のなかに、またそうした作用主として取り込まれる」(一四一)。読者がこの思考の線を簡単にたどっていけるかどうかはともかく、ブラシエにとっての有用さは明らかであろう。というのも、そのおかげで彼は、思考‐世界の相関から独立した対象を抽出することができるようになるからだ。それも、相関主義から逃れるためにその下に隠された神秘的な実在的対象を探すべし、とするハイデガー的主張に従うことなしに、である。科学イメージにかんしてブラシエがつねに主張するのと同じく、ラリュエルにとっての対象は、深層に隠されたなんらかの実在と対応せずとも、知の目的に対し適合的となる。またここでブラシエは、バディウの読解と同様、現象的で科学的な世界を非存在で飽和させることができるのであり、それだけいっそう、人間的実存の意味と究極的価値を問いに付す事ができるようになるのだ。

ブラシエがこの章の締めくくりとして確言する見方によれば、「私たちがラリュエルの仕事から引き出した一方向化についての説明は、バディウにおいて検討した減算の論理を堅実にし、深めるものである」(一四七)。ぜひ思い出しておきたいところだが、この結びつきはまったく自明でなく、このつながりがありえそうだと思わせるためには、ブラシエは膨大な量の仕事をこなさねばならないだろう。ラリュエルの一方向化は、彼の見るところでは「超越論的総合の身体に対する外科的介入である。項を関係から切り離し、相互性を切断して、片方をいっそう鋭くするのだ。総合はすべて諸刃であり、それゆえ表裏を返すことができる。しかし、総合を一方向化するとは、裏返すことのできない片刃の切断を成し遂げる能力を、総合に付与することを意味する」(一四七)。『諸世界の諸論理』でバディウは、対象の絶対的に新たな概念把握を達成したのだと誇っているが、彼はこれを現われの論理、すなわち本の題が示すとおり、「諸世界の諸論理」へと閉じ込めてしまう。ブラシエが見るところでは、ラリュエルもまた対象の新たな概念を提供する。これは「もはや実体としてではなく、むしろ存在論的総合の織物の非連続的切断として理解される」(一四九)。これと平行して、「もはや思考が対象を決定するのではなく、対象こそが思考を捉え、思考に対象を考えるように、あるいはもっとよく言えば対象と調和するように強いる。私たちが見たように、この対象による決定は、対象が主体を通じて思考するような一方向的二元論の形式をとる」(一四九)。私としては、ブラシエがバディウの無存在やラリュエルの一方向化に向かったからといって、実在論的大義が見事に提供されているとは思わないのだが、彼ははっきりと、これら二つの概念を前例のない仕方で総合しようと英雄さながらの努力に励んでいるのである。

『ニヒル・アンバウンド』の第六章は「死の純粋で空虚な形式」と題されている。ただしこれはほとんどハイデガーとドゥルーズの詳細な読解からなり、この二人が観念論者であるという始めから言えそうな結論が引き出される。しかしこの話題に赴く前に興味深いことをあげておくと、ブラシエはこの二人の哲学者を、ある種の審美主義にかんしても批判している。ご存知のように、彼が嫌っているそのものだ。ハイデガーの場合、実在についてただ直接的に真なる命題を述べるだけでは済まず、いまだ隠れた実在を解釈せねばならないという解釈学的必要性が、ブラシエにとっては最初から煩わしい。ハイデガーの忠義は「偏りない説得力に対してではなく、適切ないし「正統」な解釈の要求に対して捧げられる。解釈にかんしては才能が厳密さより重みがあり、手腕が説得力を威圧する」(一六三)。ブラシエが哲学において手腕と才能に肯定的な役割を見ていないことは、私には奇妙に思われる。しかし、この態度はしばしば大合理主義者たちに見られるものだ。彼らの見方では、思考とは、容赦ない厳密さでもってルールと判断基準に従うということである。だがそれならば、機械のプログラムでも同じことができるだろう。芸術批評や外国語翻訳のように、明らかにルールに厳密に従うことが問題ではないような人間の知的生活の領域にかんして言えば、一般にそうした合理主義者の応答は、これらが「偏りなく説得力のある」科学と同じほど偉大な認知活動であることを否定することである。これだけでもすでに、科学自体がどんな結果に達するかを非健全に示すものだ。ブラシエはこれに同調しつつ、さらに、ハイデガーは単に〈存在〉と存在者の存在論的差異を、この点を論証せずに「条件規定」しているに過ぎないという、正当化されない主張を加えている（一六四）。ハイデガーはさしあたり私たちにとってそれほど中心的ではないので、ブラシエの主張への反駁もやりがいのあるものとならないだろう。ただ、この論点に触れておくと、ハイデガーがおそらくブラシエにとってもっとも重要な引き立て役であることがよくわかるだろう。

　ドゥルーズの場合、ブラシエは意地悪にも、輝かしい色と貴重な宝石を褒めそやす『差異と反復』の一節〔邦訳『差異と反復』下、二〇二頁〕について不満を語る。私は個人的に、ブラシエがアンリ・マティス（一八六九～一九五四年）の絵画をその美しい色彩ゆえに貶すのを聞いたことさえある。もちろんモダニスト絵画の中軸的人物のひとりとしてのマティスの身分が問題にされているのではない。このことを述べるべき理由は、ブラシエが、まさしく美という概念を、少なくとも哲学的文脈にはそぐわないと見ているようだからだ。彼が見るところ、「美、きらめき、貴さ、鮮やかさは、認知的形容というよりは、美学的形容である。ここで考察されている変貌には、超越論的審美主義の視座がほの見えている」（一八九）。フィヒテとニーチェという二人の哲学者は、私たちのそれぞれがどんな哲学を選ぶかは、客観的論証の要求すべてを超え、私たちがどんな人間であるかに左右される、という趣旨の有名な発言を行った。この点で、おそらくブラシエを説得して、才能や手腕を語るのをやめ、美やきらめき、貴さ、鮮やかさの認知的重要性を見るよう仕向けることは不可能である。こうした現象への彼の反論は、世界を頑迷に字義どおりに取り上げようとするアプローチに基づいており、翻っては、言説的な命題言語にパラフレーズできない何かがあるという考えに対する敵愾心に基礎付けられているようだ。これは私には、何が実在的とみなされるべきかの概念把握として、うら悲しく思われる。しかし時には、哲学者らの限界がそれに付随する徳を生み出すこともあろう。たとえばフッサールの嘆かわしい観念論が、彼による現象世界についての重要な新発見を可能にするように、である。しかし美や楽観主義にかんする何かはブラシエを怒らせるようで、その理由は私には謎めいている。

　また別の点を挙げれば、この章は主に、ハイデガーとドゥルーズの観念論的傾向を証明することに関わっている。ハイデガーの場合、これはほぼ異論の余地はない。ブラシエはハイデガーが時間を、客観的な時計-時間を犠牲にして、人間存在（現存在）にとっての時間へと還元する際のひねりのないやり方に論点を絞っている（一五六、一五九）。ドゥルーズの場合、この主張はもう少し争われる余地がある。この裏切もの哲学者を愛する多くの人々が、彼を唯物論者と見ているからだ。少なくともマヌエル・デランダ（一九五二年〜）を、ドゥルーズをまったくの実在論者とみなす傑出した専門家のひとりと考えてよい[12]。ブラシエは、ほとんど正反対の意見だ。もしかするとバディウの場合以上にドゥルーズの哲学には、「物理的条件取得と分割は、生物学的種別化と組織化と同じく、単純に思考の行為を通じて消去されうるという素晴らしい含意が隠されているように思われる」（一八八）。ドゥルーズは単に実在論者でないというだけではない。その実在論が欠けているがために、ドゥルーズは「完全に説明されないままにいる、実在の広大な領域を「立ち去る」」こととなる（一九九）。彼にとって「筋肉と水は現勢的経験の領域のうちに含まれるが、銀河と電子はそうではない」（一九九）。しかし、ブラシエが銀河と電子を実在の領域のうちに含め、芸術作品やサンタクロース、よどみない葬送の祈りを含めないことについては、私たちこそ不平をこぼしても良いだろう。とにかく、ブラシエは真っ当にも、「ドゥルーズが潜勢的観念性の権利を是認する際の思弁的大胆さを理由に、［彼の］経験論的前提の興味深いほど保守的な本性には目をつむるべきではない」（二〇〇）と主張する。結論はもっとあからさまで、いわく「ドゥルーズにとって……存在は思考におけるその表現から分離されているのではない。じっさい、それは端的にこの表現であるのだ」（二〇三）。

ようやく『ニヒル・アンバウンド』の結論部、第七章にやってきた。そこでブラシエは、彼のダークなビジョンを全面展開している。彼がこの章で私たちに示すのは、おそらくアルチュール・ショーペンハウエル（一七八八～一八六〇年）やエドゥアルド・フォン・ハルトマン（一八四二～一九〇六年）以来の西洋哲学でもっとも徹底した悲観論である。この章においてブラシエは、明示イメージや科学イメージの無性の背後にいかなる隠れた存在もないことを巡る議論から、そうしたイメージに不可避に生じる物理的破壊を宣言することへと移る。彼はこの章を、普通なら彼が好まない著者であるニーチェから引いた、長いエピグラフで始めている。そのエピグラフとは、コスモスの内部での人間知性の完全な無意味さと儚さについてのものだ。ブラシエの見るところでは、ニーチェからの引用は「ニヒリズムのもっとも不安を掻き立てる暗示を完璧に抽出している。すなわち有機的感覚者が最初に出現してから、人間科学の最後の絶滅までのあいだ、「なにも起こらなかったということになるだろう」、ということである」（二〇五）。

私たちはすでに死んでいる。これはブラシエの哲学の中心的主張である。この最後に、彼はジャン＝フランソワ・リオタール（一九二四～一九九八年）の『非人間的なもの』を引用する。「リオタールが指摘するように、地球の地平は、およそ今から四五億年後、太陽が消滅し、「原初の箱舟」［地球を指

（12） Manuel DeLanda, *Intensive Science and Virtual Philosophy.*

すフッサール用語〕が焼かれ、自己閉鎖〔ハイデガー〕は跡形もなくなり、「脱領土化されたもの」〔ドゥルーズ〕が蒸発するときに、きれいに消え去るであろう」（二二三）。やがてくる太陽の破壊から私たちを守る手段として別の惑星への植民を擁護しがちな人々に対して、ブラシエは、彼らは単に最後の審判の日を繰り延べにしているに過ぎないと答えるだろう。というのも、さらに読み進めたところで、ブラシエは私たちに、もっとも見事な一節でこう述べるからだ。「空虚な宇宙に散らばる天体は、つかの間の素粒子嵐へと蒸発するだろう。原子そのものは存在することをやめるだろう」。また、ダーク・エナジーと呼ばれるいまだ説明不可能な力が「消滅した宇宙をさらに深く、深く、永遠にして計り知れない暗闇のうちへと押しやり続けるであろう」（二二八）。間違いなく、こうしたダークなコスモロジー思想は、それに比べれば些細な私たちの個人的問題に、より広い視野を与えてくれるだろう。しかし、ブラシエはもっと徹底的で逆説的な結論を引き出す。思考‐世界の相関がやがて絶滅する以上、それはすでに絶滅して*いる*（二二九）。あなたがそのつかの間の実存の後に、地球上に何を遺したいと願ったとしても、それはやがて、宇宙全体の退化的崩壊のうちで無に帰すだろう。この悩ましい帰結は、この前のページでもっともはっきり断言されている。そこでブラシエが書くには、「コスモスの消滅は、生物学的死と同じくらい、哲学にとって拒むことのできない運命である——ただし興味深いことに、哲学者たちは、生物学的死の方がコスモスの消滅よりも重要だと想定しているようである。まるでなじみ深さが哲学的重要性の判断基準であるかのように……」（二二八）。

しかし、今日の哲学的営みの一要素として、やがてくる宇宙の死を挙げるブラシエの議論には、問題もある。すなわち、宇宙の死は「なじみがない」というより、むしろ的外れなほどに遠い話だということだ。ブラシエは、哲学は、何十億年後の将来のコスモスの消滅の上に己を基礎付けるべきだと主張しているが、この消滅は、たかだか一〇〇年経つかの宇宙理論が、科学革命からほんの四世紀後の時代に提示したものである。ビッグバンが本当に起こったかどうか、宇宙の死滅は本当に避けがたいのか、さらには物理学者リー・スモーリン（一九五五年〜）がその興味深い著書『宇宙はみずから進化した』（原題『コスモスの一生』）で示唆するように、ブラックホールのそれぞれのなかに完全に新しい宇宙がありはしないのか。すでにそのような問いが、科学の周縁部分で生じているのである。宇宙は確かに遠い将来に消滅してしまうかもしれず、また、このことが人間の生にもたらす含意を熟考することも興味深いだろう。しかし私たちが直面しているのは、生存に対するもっと直接的な脅威なのだ。これは、目下の私たちが生物学的に死すべき定めを負っているという、コスモスの消滅と異なって日常的に観察可能な事実のことだけではない。不安定化する気候、超疫病、小惑星衝突、ＡＩの暴走によって人間が近いうちに消え去る可能性も含まれていよう。たとえこれらの黙示録的事件のどれも起こらないとしても、さらに避けがたく、かつ直接的な危機がある。Ｈ・Ｐ・ラブクラフトは書簡のどこかで、私が今まで読んできたなかでもっとも見事な仕方で、死の定めの受け入れについて論じている。以下のような趣旨だ。私たちが年をとるにつれ、実在は、自分の世代にとってますます居心地悪く変化し続け、そうしてついに世界は、もはや生きたいと思えないようなものとなるのだ、と。私としてもやはり、虎や象が絶滅し、主要なタンパク源として広く昆虫を食すことが行き渡り、私のよく知る大好きな幾つかの町が核で破壊されているような未来にまで生きていたいとは思わない。これらの近未来予想を聞くことは、あらゆる原子がいずれ崩壊するという仮説を聞いてもそうはいかない仕方で、私をゾッとさせ、また私の実存を挑発する。

さらに、背後にいかなる隠された意味も持たない、現前化のうちの内在的否定性というブラシエの見方が、彼が考えるようにきちんと悲観的結論へと至るものかどうかと問うてもよいだろう。バークリは悲観論者ではなかったが、私たちが経験するすべてのことは、〈神〉の調整した一群のイメージに過ぎないと主張した。バディウは人間種にかんするその展望において、いっさい諦めている様子はない。たとえ彼が間接的にブラシエに、いくつかの主要な悲観論的道具を提供しているのだとしても、である。

じっさい減算的アプローチの帰結は、ブラシエが主張するとおり、私たちの科学イメージさえ究極的には虚無の空虚さに依拠しているということかもしれない。しかしこの本来的虚無とやがてくるコスモス破壊の空虚さとのあいだのつながりは、それほど明白ではない。このつながりが成り立つのは、ただひとが、虚しい現前化の他には何もないという主張に失望するとき、世界に向けてもっと多くを提供せよと一度でも求めたときのみであるように私には思われる。ブラシエが、コスモスの消滅の言語道断の冷酷さに浴する一方で、ニーチェの永劫回帰は、ニーチェがそう意図しているとおり、現実にいっそう恐るべき考えである。ブラシエのいう、絶滅した宇宙のための終わりなき眠りは、ぶつけた小指、退屈な会議、痛い手術、失恋、口内炎など私たちが一度は耐えねばならなかった事柄のすべてが、終わりなく反復することに比べれば、ずっと好ましく聞こえる。いずれにせよ、私たちがいつか死ぬという事実は、明らかに、私たちがすでに死んでいるということを意味しない。この主張で前提されているのは、直接的な経験は、何にせよその後に続くもののうちに持続的な痕跡を残すのでなければいっさい価値がない、ということである。石器時代の事件の多くは、歴史から永遠に失われている。しかし、だからそれらは起こらなかったのだとか、なんの価値も意味もないのだとか、述べるのは間違っているだろう。

B節の練習問題

1　ブラシエの現象学批判の概要をまとめよ。

2　「存在と思考は同じである」というパルメニデスのテーゼを、アラン・バディウは受け入れ、ブラシエは否定する。このテーゼがバディウ哲学にもたらす否定的な帰結を、ブラシエはどのようなものだと考えているか。

3　フランソワ・ラリュエルの概念「一方向化」を簡潔に説明せよ。またブラシエはなぜ、これを有望な概念と考えるのか。

4　私たちは「すでに死んでいる」と言うとき、ブラシエは何を言わんとしているのか。
5　ブラシエは、一方で、科学理論はつねに誤りうると主張する。他方で、やがてくる宇宙の消滅――これ自体は比較的最近の科学理論だ――を確信しており、それによって人間的実存の無意味さが証明されると考えている。これら二つの論点に矛盾はあるか。あるいはなんらかの仕方で二つを和解させることはできるだろうか。

C　これから先の道

『ニヒル・アンバウンド』の次の本が出版されるまでは、ここ一〇年間のブラシエの論文を見ることで、彼が向かっている方向にあたりをつける必要がある。二〇〇七年のブラシエが現代フランス哲学（バディウ、ラリュエル）と分析的な心の哲学（チャーチランド夫妻、メッツィンガー）との独特な総合の試みを行っていたのに対して、ポスト思弁的実在論のブラシエは、その超悲観的コスモロジーにもかかわらず、以前より主流派分析哲学者らしい口ぶりとなっている。フランス哲学者への言及はなくなり、彼の関心はますます強くセラーズの仕事に集中するようになった。じっさい大陸哲学界隈で改めてセラーズに注目が当たっているのは、ほとんどすべて、ブラシエがいくつかの方面に及ぼす強い影響力のおかげである。最近の二つのブラシエの論文が、知的な側面における現在の彼を理解するための鍵であると私には思われる。そのそれぞれをこれから手短に論じよう。ただし時系列ではなく、テーマに沿って取り上げたい。まずは「プロメテウス主義とその批判者たち」（二〇一四年）から始めよう。ブラシエと彼のサークルは、自分たちのグループのブランド名の候補として「プロメテウス主義」を提案しているからだ。そのあとで、論争的だが情報豊かなブラシエの論文「概念と対象」（二〇一一年）に目を向けよう。これは疑いなく、二〇〇七年以後に出版されたうち、彼のもっとも重要な仕事である。

先に見たように、ブラシエは彼の哲学を、啓蒙のプロジェクトのラディカルな延長として考えている。その目的は伝統と迷信を、〈理性〉の解放的発見に置き換えていくことだ。啓蒙の重要な側面のひとつは、際限のない改良がそこに投射される地平として、未来に焦点を合わせることである。このプロジェクトはつねに保守派に見咎められるが、一方で、ここ数十年のあいだに、政治的進歩主義者にとってさえ、モダニズムがまだ実行可能な選択肢であるかどうか問われることは普通になった。モダニズムへの異議はいくつもの論点に影響しているが、ブラシエが「プロメテウス主義とその批判者たち」で最初に引用する論点は政治である。政治的啓蒙を批判する最近の進歩主義者たちは「次のように主張してきた。私たちに可能な最大の希望は、政治的、認知的野心をラディカルにスケールダウンすることによって、市民正義の領地をつかのま局地的に打ち立てながら、普遍的な不正義の小規模な修正を達成することである」、と。[13] こうした慎ましさの根幹には、ひとつの特殊な歴史的経験がある。「左派であれ右派であれ、こうした語りは、ポスト・ガリレイ的合理主義とそれによる自然の合理化の擁護論から、一直線に全体主義という悪にまで行き着く」（四六九）。ここで暗黙に参照されているのはヒトラーではない。そもそも誰も彼を啓蒙の人物と呼ばないだろう。そうではなく、二〇世紀の政治左派の癒しがたい傷、スターリニズムである。さらに、バディウがおおっぴらにその復権を試みた毛沢東主義について話すこともできるだろう。これらの運動の行き過ぎは脇に置きながら、ブラシエは私たちに「物はあるべきようにあるのではないという主張の規範的身分を擁護する」（四七〇）よう促す。こうして彼は、論文の題に登場するキーワードの定義を行う。「プロメテウス主義とは端的に、私たちが到達しうるものや、私たちが自分や世界を変容させるその仕方に、予め決められた限界があると想定する理由は一切ないという主張である」（四七〇）。言うまでもなくブラシエにとってこれが意味するのは、前進するための道は科学的合理性によって指し示されねばならないということだ。メッツィンガーをこだまさせつつ、彼は、プロメテウス主義には「自己なき主体性」（四七一）が必要だとも述べる。

ブラシエは物怖じすることなく自分の道を塞ぐ思想家たちを名指ししていく。彼の究極のターゲットはハイデガーとその「主観主義的な主意主義の批判」（四七二）だ。特にブラシエは、リベラル政治哲学者ハンナ・アレント（一九〇六～一九七五年）や、彼女の崇拝者ジャン＝ピエール・デュピュイ（一九四一年～）に見られるような、ハイデガーの横領を批判する。デュピュイのエッセー「ナノエシックスの哲学的基礎づけにおけるいくつかの落とし穴」が、そこそこ長く取り上げられる。デュピュイが主張するには、ナノテクノロジー、バイオテクノロジー、情報テクノロジー、認知科学（まとめてNBICと呼ばれる）は、これらの発展が及ぼしかねない諸結果についての私たちの無知という観点から「認識論的に」誤読されてきた。彼によれば、そうではなく、NBICはこうしたテクノロジーが善でありかつ悪であるという「存在論的」状況を指し示している。ハイデガーとアレントに大きく依拠しながら、デュピュイは人間には、本性〔自然〕よりむしろ条件が、すなわち私たちに特有の超越によって定義された条件があると見る。このために私たちは絶対的に動物や他の何物とも異なるのだ。ブラシエがデュピュイの立場を記述する言葉によれば、それゆえ「人間的実存を均一化し、経験論的な諸特性の固定された一覧表にしてしまうなら、人間存在がそうなるのにふさわしいものと、ふさわしくないものとの実存的差異は私たちに見えなくなってしまう……」（四七三）。デュピュイの場合も、アレントと同じく「人間的条件は、贈与物と制作物のほどきがたい混合である」（四七四）。さらにこの混合は、危ういバランスあるいは平衡状態に特徴づけられ、これが乱されるなら私たちもまた危険に晒される。ブラシエの場合、彼は「制作物と贈与物の「危うい平衡状態」を尊重するべきだというこの主張を、プロメテウス主義に対する哲学的批判にとっての根本と〔みなす〕」（四七四）。プロメテウス派がマルクスと手を組んで、人間を世界と己に自由かつ意識的に手を加える技術者とみなすのに対して、ハイデガーから深い

（13）Ray Brassier, "Prometheanism and its Critics," p. 469. 以下に記載するページ数はこの文献のもの。

影響を受けたデュピュイにとって、この態度は「人間的実存の形而上学的物象化であって、まさに有限なる超越として理解される」（四七七）のであり、またそれゆえに、贈与物と制作物のバランスを守護する牧人であるとみなされるのである。このバランスが脅かされるときこそが、プロメテウス派が「制作物と贈与物の平衡を〔破壊する〕ときである……プロメテウス的な侵入とは、贈与物を制作することにある」（四七八）。

「バランス」要求がしばしば、文明の主要な側面をそのままにしておこうと望む反動的形式をとるかぎりで、ブラシエには強く論じたい主張がある。とりわけ彼は、苦痛、病、死を人間的条件の根絶し得ない特徴であり、「あらかじめ決められた限界を超えて寿命を伸ばし、健康を高めるのを望むことは「非合理的だ」」（四七九）とする、哲学者イヴァン・イリイチ（一九二六～二〇〇二年）の見方に言及している。プロメテウス主義は、恐ろしい病は可能なかぎり根絶されるべきだという意味においては、確実に支持されるに値する。一九世紀に麻酔反対論を唱えた人々は、今の私たちには当然、馬鹿げた人々と映る。現在で言えば、子供に落ち着きを教えるために天然痘やポリオの蔓延が戻ってくることを望む人のようなものだ。「バランス」党の支持者が陥る常にかわらぬ危険とは、彼らがたまたま立っているその地点に、進歩を凍結させることを恣意的に望んでしまうということだ。二〇一七年〔の現代〕に生き、いまだ死すべき定めと直面する私たちは、様々な仕方でこの予想を扱うすべを学んできた。ハイデガーが主張するように、やがてくる死へと自らを企投すれば、そのおかげで私たちは、自らの存在の潜在性についてもっと本来的な感覚を得られるかもしれない。かといって、物理的な死が人間的条件の本質的要素として保存されるべきである、ということでは明らかにない。私たちのほとんどが、近い将来、生命と健康を医学的に無際限に拡張することが可能になると聞いて、狂喜乱舞することだろう。たとえ私たちが、そうしたテクノロジーを拒否し、今日までの他の人間たちと同じく勇敢に己の死に向き合うことに決めても、私たちの仲間の多く、またはほとんどは、新たな生命拡張テクノロジーを受け入れ、さらに何百年、何千年と伸びた生活を有意義に楽しむ方法を見つけるであろう。熱心な無神論者ブラシエは、プロメテウス的な諸可能性に対する不適切な態度を広めたかどで、宗教を非難している。「あらゆる宗教の根には、苦悩は有意味だという主張がある……その意味は、苦悩とは何か解釈されるべきもの、意義を与えられるべきものだということである」（四八一）。これはもちろん、宗教の機能のひとつが、堪え難い苦痛の前に慰めを提供することであるかぎりで、正しい。もちろん、宗教はしばしば反動的なこだわりに対する基礎ともなるというのも、同じく本当だ。そうすると、たまたま現在（あるいは自分の気に入っている昔の時代、たとえば一九五〇年代）の条件となっているものについて、それこそが自然の平衡であり、私たちは決してそこから離れるべきでない、と言われるのである。にもかかわらず、宗教はやはり、完全にプロメテウス的未来においてさえ、究極の不確実さを扱う方法として場を得ることであろう。いくらブラシエが、文明の進撃によってこれを消去したいと望んでいても、である。

いずれにせよブラシエは、デュピュイが暗黙裡に次のようなハイデガー的立場をとっていることに疑いを向ける点で正しい。すなわち「人間存在がもはや別種の差異——実存——ではなく、単に別種の存在者、ただの特別に複雑な自然メカニズムに過ぎないとなれば、そのとき私たちは、自己説明や自己理解の試みの指針となる目標や目的を投企するために用いてきた意味形成の資源を失ってしまう危険がある」（四八三）。タイプライターに対するハイデガーの奇妙な敵意を思い出すだけで、いかに現存在の本質的有限性に訴えることが、なんらかの装置——単に生をもっと便利で愉快にする装置であっても——を禁忌扱いするのに利用できるか、見てとれよう。しかし私たちは、こんな風に言い出す仮説上の反プロメテウス派に対するブラシエの態度に賛成すべきではない。「マルクス主義は……制作されるものと知られるものの差異を省略した点で罪深い。人間的に制作されるもののみが、人間的に知られうるというのだ」（四八四）。ブラシエは人間的制作物と贈与物の両方が同じく知られることができ、それゆえ、両方が人間による自由で意識的な操作に従うべきだと論じているようである。むしろ私は、人間的制作物も贈与物もともに知られることはできないが、それでも両方が——なんらかの条件のもと——何かしらの操作に従うのだと論じたい。この理由から、私は「たとえ私たちが生命を創造する力を得たとしても、私たちはそうすべきでない」という反プロメテウス的主張にブラシエが懐疑的に反応していることには賛成ということになる。メアリー・シェリーの『フランケンシュタイン』の教訓は、正常な人間的範囲での創造を超えたものを創造するべきではない、ということではない。単に、創造は、プロメテウス派であろうとなかろうと人間存在には予想も予防も不可能な帰結をもたらす、ということだ。反プロメテウス派が「あなたは存在に平衡の乱れを導入したのだ」(四八五、強調削除)と唱えるとき、私たちは落ち着いて、どんな創造も平衡の乱れをもたらすのだと応答すべきなのである。最近の記憶の範囲でも、新聞、郵便サービス、レンタルビデオ屋が、新たなテクノロジーのせいでお役御免と成り下がった。それらは、マルクスは祝ったけれども、多くの現代左翼たちが習慣的に嘆き悲しんでいる、そんな種類の破壊である。ブラシエは賛成の意を込めて、J・G・バラードの指摘を引用する。「すべての進歩は野蛮で粗暴である」。ブラシエが加えて言うには「確かに合理性のうちで繰り返される野蛮さがある。しかしあらゆる野蛮さが等価であるという強い主張には、ある種の隠れたセンチメンタリズムがある……」(四八六)。それから彼が、十分正しくも攻撃を仕掛けるのは、「諸現象を制限し、限界づけ、操作しようとするすべての試みは、本来的に病理的であるという頻繁に繰り返される主張……」(四八六)である。最後に彼は、マルクスとバディウの「私たち自身と私たちの世界をもっと合理的な基礎のもとでもう一度エンジニアリングするプロジェクト」(四八七)に祝砲を鳴らすのである。

しかし、ブラシエがプロメテウス主義に、あまりに柔軟で安易な目標を与えていることには、ひとつの意味があろう。ブラシエのような読者層が付いている著者には、宗教に砲撃を浴びせることは難しくない。苦しみや死の定めはそれ自体で意味があるため人間存在の傲慢によって除去されてはならない、という主張に反駁することもわけはない。にもかかわらず、モダニズムがその途上で邪魔ものに出くわすのにはもっともな理由がある。ブラシエは、少なくともこのエッセーでは、それらの理由にあまり面と向き合ってはいなかった。政治的プロメテウス主義のアイコンとして彼がバディウをすかさず褒め称えている以上、見かけはウルトラモダニストかつウルトラプロメテウス派の中国文化革命、あの数えきれぬ非道をもたらした文化革命をバディウがいまだに支持している件について、ブラシエに問いを向けるのは公平であろう。この点を指摘するからといって、生ぬるい思慮に浸って、全体主義の批判者の多くのように、最大善が最大悪に翻る危険に怯えて、敢えて最大善を目指すことさえやめてしまうように求めているのではない。単に、啓蒙自体に本質的なひとつの過剰の可能性を指摘するのである。その可能性は少なくとも三つの危険を孕んでいる。

　第一の危険は、私が外挿主義と呼ぶものである。ブラシエは感嘆しながら近代史を振り返り、啓蒙が、腐敗した聖職者階級、まやかしの宗教、低級な科学、圧政的旧体制《アンシャン・レジーム》、多くの恐ろしい病、おおっぴらに制度化された奴隷制を一掃するのを確認する。これらの闘争の結果が好ましいものであるのは極めて明らかであるため、ブラシエは、単にこの系列を想像のうちで拡張し、前方にも投影しているのだ。「物はあるべきようにあるのではない」とは、彼にとって次のような意味である。すなわち私たちは、物をはるか遠くに押しやるべきだったその時に、十分遠くまで押しやりきれなかった。過去に誰かが敢えて消し去ったとき以上にもっと素朴で非科学的な信念を切り倒すために、私たちにはいっそうのラディカルな啓蒙が必要なのである。私たちはすでに進歩のためのモデルを知っているとブラシエは考える。今や私たちは、あらゆる反動的な異議に抗して、これをより遠くへと押しやる勇気をただ必要としている。問題は、歴史は決してこの方向に無際限に動くわけでなく、それゆえブラシエが提案する仕方で外挿されることはあり得ないということだ。明らかに――哲学や政治や他のところでも――以前は内気で気乗りしなかった方策をラディカルに外挿することこそが、まさに必要なことであるような時期がある。しかしいつかは、刺激的な新たな観念もその限界にぶつかり、まっすぐこれに抵抗するものに直面するようになるときが訪れるのが常だ。近代哲学はだんだん観念論のうちで奇抜になっていくが、やがて——ブラシエこそ真っ先に賛成するだろうが——それもはや解放的観念ではなくなるような地点へと到達する。地球全土の探検は、ヨーロッパの社会集団の自己把握を革命的に変えていくが、いずれ地球は完全に地図に写されて、帝国が己の勝利と搾取の沼にはまり込むようになる。産業発展は世界経済をラディカルにし、ついに気候温暖化と獰猛なハリケーンが、私たちが住む環境の限界を教えるようになる。モダニズムの住宅プロジェクトは、住みがたいものとなって犯罪にたかられる。計画都市は交通渋滞の悪夢と化す。人民による革命は大量絶滅のプロジェクトとなる。ブラシエの仕事に足りないと思われることのひとつは、観念が実在と衝突するこうした契機について教訓を得ている形跡だ。かわりに彼は、こうした論点を、停滞した既得権益を持つ臆病な宗教的資本家だけが立てる偽の問題として暗黙裡に却下しがちである。

このことから私たちは、ブラシエが直面する第二の危険へと導かれる。彼には、政治をひとつの知の形式とみなす傾向がある。知はいずれにせよ「適合」であり、「対応」の形式ではあり得ないと気づいているにもかかわらず、である。すなわちブラシエは原理上は、我々の政治的観念は政治的実在への正確な対応物でないことによく気づいているはずなのだが、それでも彼はどこかで、実在との政治的「適合」が可能だと確信しているように見えるのだ。とりわけ懸念されるのが、彼が最近の政治モデルを、普遍化可能な革命的出来事への絶対的忠誠を是認するバディウのうちに求めていることだ。それはブラシエがバディウを、思考の努力とは異なるものを把握することが苦手な「叡智《ヌース》中心主義的」観念論者と見なしているにもかかわらず、である。どんな政治的教義であれ、政治についての私たちの根本的無知を、適切な分量の警告を添えて具体的に描き出すのでなければ、たとえそれが目を輝かせた若者の耳にどんな立派に聞こえたとしても、政治的観念論と化してしまう危険を持っている。

最後にして第三の問題は、ブラシエが政治について語る際にはいつも、自由に構築を行う人間主体の主意主義の観点からそうしていることである。しかし政治は単に人間主体からのみ成り立つのではない。人間社会の安定剤として作用する、数えきれぬ無生物の物体からも成り立っているのだ。世界の「危ういバランス」に注意すべしという考えをブラシエが攻撃するのは時に正当な根拠があるが、他方、あからさまな実在として、今まさに私たちが特に危ういバランスと直面しているという事実がある。人間にほとんど制御できないバランスだ。それは、ただこの状況の責任を資本主義や「新自由主義」に求めて非難するためではない――この恐ろしい環境被害は、ブラシエが賞賛を口にするマルクス主義によってさえ作り出されたのであるからには。どんな政治理論も、ただ世界を気にいるがままに無際限に形づくる人間のことしか語らないのであれば、少なくとも私たちの環境的限界の問いを取り扱わねばならない。たとえそれが仮説として、死や病や無意味な苦しみすべてを終わらせようと誇りをもって励んでいる場合でも、だ。

ここで二〇一一年の「概念と対象」論文に目を向けよう。これは、共著となるゴールドスミスの書き起こしを除けばブラシエのもっともよく引用される論文であり、また疑いなく『ニヒル・アンバウンド』以来のもっとも重要な彼の成果である。この論文の主要な功績は、哲学の基本的な問いについて歯に衣を着せずに主張しているところだ。すなわち「思考は、存在への保証されたアクセスではない。他方、存在は生来的に思考可能なものではない。概念を経由せずして、実在的なものに認知的に入ることはできない。しかし実在的なもの自体は、それを私たちに知らしめてくれる概念とは混同されえない。哲学の根本問題は、いかにこれら二つの主張を折り合わせるか、理解することだ」[14]。このうちに私たちが見いだすのは、ブラシエの思考の中心にある逆説である。思考と存在のあいだには、私たちがメイヤスーやもっとも科学的な実在論者のうちに見いだすような、いかなる同形性もない。にもかかわらず「思考

（14）Ray Brassier, “Concepts and Objects,” p. 47. 以下に記載するページ数はこの文献のもの。

から存在へ説明のために橋をこしらえることは、概念的な合理性に行き着く」(四七)。ブラシエは、なぜ概念的合理性のみがこの重荷を背負わねばならないのか、私たちに教えてはくれない——とはいえ彼の道具箱には他に使えるものはほぼないのだが。とどのつまりブラシエにとって「概念的合理性」は、単に数ある中のひとつの種類の合理性ではなく、唯一の種類の合理性なのだ。彼がもっとも頻繁にそれと区別する思潮を観察することで、先の文章をよりよく理解できるようになろう。つまり現象学である。これにはハイデガーが追求する解釈学的現象学も含まれる。フッサールのように実在を何か直接的に見るよりも、むしろ解釈せねばならぬものとして取り扱う現象学である。この点についてブラシエは述べる。「存在の形而上学的探求は、探求者の存在や探求者が物のあり方を理解する様々な方法についての解釈学的《ハーメニューティカル》解釈へなだれ込むことはできない」(四八)。彼がさらに私たちを急き立てるのは、「意味と存在のあいだの現象学的なごまかし［を避ける］」ことである。現象学の先天的欠点に対して、完全に有効な実在論的返答である。ブラシエの反撃は、実在論のひとつの良き基本公式に基づいているが、彼はそこに次の主張を追加している。すなわち私たちは、実在的なものを知る私たちの能力を予め査定することによって、実在論的存在論のための道を整えねばならない。「何かが、私たちによるその存在の概念や理解、解釈とは独立に存在するということがどういうことなのか、私たちは適切な理解に達さねばならない。しかしこれは、物とは何かについて概念把握し、理解し、解釈する私たちの能力の起源、射程、限界をしっかり摑んではじめて成し遂げられよう」(四八)。しかしブラシエがついでにドゥルーズを批判しつつ証明しているとおり、概念的実在にとって解釈学的現象学がその唯一の敵ではない。「存在を差異とみなす普遍的な概念把握——そこでは概念把握は存在における差異のもうひとつに過ぎない——の提案者たちは事実上、「どんな差異が実在的か」という形而上学的問いを、差異の実在性の肯定にすり替えているということになろう。すなわち差異化が、実在性の唯一で十分な指標となるのである」(四八)。ドゥルーズの「内在」と「存在の一義性」に傾倒するなら、「思考と意味と存在の〈批判〉以前的な融合」という大きな代償を支払うことになる。その帰結は汎心論であり、そこでは認識論的諸問題——ブラシエはこれを非常に高く評価する——は全体としての差異の戯れに吸収されてしまうのだ。

こうした批判的な議論を予め行った上で、ブラシエは二つのより一般的な主張を行う。どちらも、その後すぐに取り掛かるラトゥール批判に関わるものだ。彼がまず述べるのは、ドゥルーズによる「「すべてが実在的だ」という主張はけた外れに情報がない」(四八)ということである。じっさい、こうした主張がどんな哲学においても最初の一手に過ぎないということはあるが、情報を持たないということは一切ない——また「けた外れに」ということは確実にない。万物を同じ足場におくフラット存在論から出発することは、少なくとも、合理主義的偏見から譲り渡された普通の世界分類——特に思考と世界の区別——を攻撃するひとつのやり方である。だがドゥルーズの一義性に反論する際、ブラシエが強調するのは右の区別なのだ。ブラシエも無論この点を悩ましく思っているのだろうが、私としては、最初から思考と世界の絶対的差異を想定し、この二極が変容として生じてくるより深い層を同定する仕事を行わない哲学を指す言葉として、「俗流分類学的」より良い言葉を思いつかない。ブラシエの方は、思考を世界における一介の出来事に過ぎないと捉える論敵に対し、尽きることなく悪態を浴びせる。だが彼は、なぜ特にこれら二つの領域のあいだにかくも信じがたいほどの溝がなければならないのか、その理由をうまく説明することはない。もう一度、ラトゥールへの批判を先取りしながら彼は述べる。「知は情報ではない。知るとは、目的とは無関係に、単純なる真理規範に応答できるひとつの主張を是認することである。これと対照的に、情報の伝達や変換は、是認を必要としない。なんらかの目的に対して適合的ないし非適合的であるが、決して「真」であったり「偽」であったりはしない」(四九)。ここに見いだされるのは、端的に、情報と知のあいだの、種における存在論的差異の断定である。疑いなく、重力の方程式と格闘するアインシュタインと、ハリケーンの嵐にたわむヤシの木のあいだには重要な違いがある。その点にはみな同意するだろう。しかしブラシエは、両者の差異以上のものを擁護しようとしている。彼は、存在論の基礎づけそのものに組み込まれねばならないほどに根本的な差異を擁護しているのだ。しかし、自分が相続したこのモダニスト的偏見をうまく理由づけて述べてはおらず、単にこの問題を違う仕方で見る人々（ドゥルーズとラトゥールを含む）を嘲弄するにとどまっている。さらに紛糾している点としては、ほとんどの科学的実在論者とは異なり、ブラシエが真理の対応説の考えを拒絶していることだ。それゆえに彼は「知」の特殊な存在論的身分を、対応なしの適合を通じて解明せねばならない。この論点は『ニヒル・アンバウンド』の重要な箇所で取り上げられているが、やはりそこでも本当には明らかにされていない。ブラシエのここでの唯一の実のある論証――それは哲学者がなすには大した論証ではない――は次のようなことだ。科学は、世界についての特権的な種類の真理を私たちに与えるものとして広く承認されているということ、また、この真理は、もし知と他の種類の力の伝達との間に深い深淵がなければ危うくなるということ、である。

ブラシエによるアクター・ネットワーク理論批判に向かう前に、さらに二つの論点が控えている。第一は、彼の矯正し難い自然主義的バイアスに関わる。例えば彼曰く、「意味は、実在の起源的構成要素としても……世界へのアクセスの起源的条件としても、呼び出されはしない。……それは、人格下位レベル（神経計算機的レベル）と人格上位レベル（社会文化レベル）で同時に作動する、無意味だが制御の容易なメカニズムを通じて発生した、条件現象として認識されねばならない。これは自然主義的命法である」（四八‐四九）。それは自然主義的な命法かもしれないが、かといって、前もって自然主義は真だと想定するのでなければ、それが哲学的命法であるわけではない。さらに述べておけば、この文章に見られる二方向の還元主義こそは、OOOが「二重解体」として批判するものの好例である。すなわち物を下方のその成分へ、そして上方のその効果へと同時に還元し、他方で物自体はこれらの外部では何ものでもないと想定するのである[15]。ブラシエが断言するには、意味とはハイデガーがそう考えているものではない。意味とは、人格下位の神経計算機的プロセスと人格上位の社会文化プロセスの結合である。

これほどにはっきりと、自然主義が真正の実在論ではなく、単にニューロンと社会をその中間にあるものより特権視する俗流還元主義であることを示す証拠はあり得ないだろう。この点に触れずにいられないのは、私には、（ブラシエとその仲間が代表であるような）大陸自然主義は、労少なくして、比類なき哲学的厳密さの誉れに与っていると思われるからである。肯定的な面を取り上げれば、ブラシエがカントの叡智界に感謝を示していることは称賛に値しよう。たとえばブラシエは、いかに「即自の清算のために……相関主義が認識論的節制から存在論的放蕩へとずれてしまったか」（四九）を嘆くのである。

いよいよラトゥールのアクター・ネットワーク理論に対するブラシエの批判へ目を向けよう。これは、五ページにわたり、極めて論争的に書かれている（五一～五五）。ここで、ブラシエがどのような文脈でラトゥールを取り上げるのか、述べておくことは重要だ。ブラシエは、ただ『フランスのパストゥール化』という本の重要な補論「非還元」を通じてのみ、ラトゥールの哲学を知っているようである。ブラシエによるラトゥール批判は、ラトゥールに影響されたOOOへの代理攻撃としてのみ理解されよう（ただしOOOは、五一頁の注八で、嫌味を込めて言及されるのみである）。ラトゥールに真剣に取り組んでいないこと、またOOOをついでにこっそり批判しようとするその狙いを考えれば、ブラシエの指摘は結局、役立ついくつかのこととそれほど役立たないこととの玉石混交である。いくつかの局面では、ラトゥールの哲学的立場の弱点が正当に説明されているが、別の局面では、ラトゥールがその仕事の裏に隠れた動機を潜ませているのだとして、思弁的な批判がなされている。いくつかの論点ではブラシエは、暗黙裡にラトゥールとOOOとを一緒くたにする。果てはラトゥールと「ポストモダニズム」までもが、公にはっきり両者が意見を違える論点でも、ひとまとめにされている。この数ページの別の部分では、ブラシエは、アクター・ネットワーク理論の「詭弁術《ソフィストリー》」に対抗する科学的認識論の重要性を、赤裸々に

（15）Graham Harman, "Underming, Overmining, and Duomining."

主張している。ただし彼による科学的認識論の弁護はあまりに実然的なので、すでに宗旨替えした人に向けたサービスとしての意味しかないように見える。

　ブラシエによる批判は、ひとつの論点から開始する。ＯＯＯは普通はラトゥール寄りだが、この論点については部分的にブラシエに同意しよう。ブラシエが主張するには、ラトゥールの哲学においては「叡智的《ヌーメナル》なものを知るべしとする形而上学的命令が、ポストモダン的「非還元主義」によって放棄される。非還元主義は、日没からサンタクロースまであらゆる現われの実在を救うために、むしろ現われと実在のあいだの認識論的区別を捨て去るのである」（五一）。ラトゥールが叡智的なものを拒絶していることは間違いない（ただしそれを「知る」べしというブラシエの主張は、叡智的なものについて話すには奇妙なやり方である）。ラトゥールのアクター・ネットワーク形而上学において、物とは単にそれが為すところのものである。これは、アメリカ・プラグマティズムやアルフレッド・ノース・ホワイトヘッド（一八六一〜一九四七年）のみならず、アルジルダス・グレマス（一九一七〜一九九二年）の記号論の影響を受けている。ＯＯＯは繰り返し、ラトゥールが物自体を排除している点について批判してきた。よくわからないのは、なぜブラシエが、ラトゥールによる叡智界の拒否を、例えばヘーゲルやバディウによる同様の身振りよりけしからぬものとみなしているのか、である。これはおそらく、ラトゥールの反叡智的態度そのものではなく、むしろラトゥール哲学のそれ以外の側面から説明されよう。ともかくラトゥールにいかなる叡智的領域もない理由は、彼が世界を、ネットワーク状にすべてひとつなぎとなっている諸々のアクターから成り立つとみなしているからだ。これらのアクターのいずれも、目下の作用《アクション》を超えた剰余を含んではいない。このように誇張された作用の存在論は、ラトゥールに社会諸科学のための強力な方法をもたらしており、この領野で彼は現在、世界の主要な研究者のひとりとなっている。どんな状況を見るときにも、あらかじめ何が重要で、何が重要でないかについて決めず、ただ「アクターを追いかけるべし」。にもかかわらず、この方法は、アリストテレス『形而上学』第九巻のメガラ派論駁にまで遡る、哲学における「現実主義《アクチュアリズム》」批判に抵触する。(16) ラトゥールの反叡智的視座が、尊ぶべき哲学的立場であることには変わりない（ただし私はそれは失敗していると考えるようになっている）。したがって、これを浅はかなレトリックの策略として単に無視するのではなく、その真価に応じて批評する必要がある。残念ながら、ブラシエによるラトゥールの説明は、前者の良い実例だ。「ラトゥールが、何かを証明しようとするどころか、特に巧みなレトリックの展開を通じて、非還元主義的世界観を採用するように多感な者を説得することにかまけていることは明白である。これはソフィストの伝統的なやり口である」（五三）。右記の二ページ前では、明快さと才知でつとに知られるラトゥールの文章が「柔和なお追従」（五一）として記述される。ここには少なくとも二つの問題がある。第一に、「美学」を頻繁にあざけることからも、ブラシエが、哲学における（単に「明快な」だけではなく）生き生きした書きぶりのもつ重要な認知的役割を理解し損ねていることはわかるが、それを踏まえるなら、彼は端的に、良い散文文体についての信頼に足る審判ではない。第二の問題は、ラトゥールの見事な文体は、時々「柔和」かもしれないが、そこには「お追従」などさらさらない。悪口をランダムに生成するプログラムから出てきた言葉かと感じるほどだ。ブラシエはセラーズの仕事をたいへん重視しているが、私ならセラーズは、他にどんな美点があるにせよ、分析哲学界の最悪文体のひとりと呼ぶ。そして大陸哲学において類を見ない下手な書き手は、絶対的にラリュエルである。ブラシエ自身も認めるところによれば、ラリュエルが「デリダとドゥルーズの、つまり脱構築主義的不毛さと構築主義的非常識さの最悪の組み合わせ」(17) として無視されるのも無理はないのである。

(16) Aristotle, *Metaphysics*, Book Theta, chapter 3.〔邦訳：アリストテレス「形而上学」『アリストテレス全集12』、二九四頁以下〕。
(17) Brassier, *Nihil Unbound*, p. 119.

ラトゥールを「ポストモダン」と呼んでいる件については、ラトゥール自身がポストモダニズムを容赦なく批判していることを考慮に入れないのなら、不誠実な戦術にとどまる。この批判は、彼のもっとも知られた著作『虚構の近代』〔原題『私たちはモダンであったことなどない』〕に見つかる。ブラシエはこの本を、申し合わせたように引用し損ねており、もしかするとまだ読んでもいないのかもしれない。ここでのラトゥールの基本的なアイデアは、ポストモダンは単にマイナス符号の付いたモダンであるということだ。モダンと同じくポストモダンは、主体を対象からモダンに純化することを支持するのである〔ブラシエ自身も支持することである〕。より実体的な哲学的問題が生じているのは、ラトゥールが日没からサンタクロースまで絶対的に万物を保護したがっていることに、ブラシエが不満を抱いているためである。しかしやはりそれでも日没は人間経験のうちに存在している――たとえブラシエが二重解体的置換――人格下位の神経計算機的プロセスと人格上位の社会文化的文脈の混交――を優遇して、日没を消去したいと望んだとしても。もちろんサンタクロースについても同じことが言える。ブラシエがほとんど偽の現われ〔明示イメージ〕から相対的に真の現われ〔科学イメージ〕をふるいにかけることに、特に意気込みをかけていることは事実である――心が世界と対応することは不可能だと認めてもいるにもかかわらず、だ。しかしこの事実から、存在論の全体が、個人的な美の経験や、クリスマス時期のキャラクターをすべて排除する必要があるということにはならない。哲学がそれを特定科学や他の領野から区別する何らかの痕跡を有するなら、確かに哲学は、文字どおり万物を覆う、可能なかぎり最大の網を投げることができる位置にあるだろう。日没については、それらが脳プロセスと関わるという事実以上に、たくさんの言うべきことがある。サンタクロースについては、その「社会文化的」側面以上に、たくさんの言うべきことがある――社会とニューロンの両方が今度はサンタクロースによって姿形を与えられていることを特に踏まえるならば。

こうして私たちは前述した嫌味な脚注にやってくる。むやみに恩着せがましいところはあるが、この注はある意味、ブラシエの哲学を理解するにあたって、本論文中でもっとも有益な文章である。

> たとえば「対象指向哲学」のような仕方で、現われと実在の形而上学的区別を引き合いに出すだけでは十分ではない。というのも、見かけと存在の溝の正確な度合いを測定し特定するための、あるいは対象の外的特性と内的特性を区別するための信頼に足る認知的基準がないために、全体として、即自についての恣意的主張がまかり通っているからだ。（五一）

本書の第三章で見ることになるように、ＯＯＯは、「実在的」と呼ぶものと「感覚的」と呼ぶものとのあいだに絶対的区別を設けている。実在的対象と実在的性質は、それらが現在ないし過去に関わったどんな関係からも、きっぱりと離れて存在するものであるが、感覚的対象および感覚的性質は単にそれらを経験する誰かないし何かの相関項としてのみ存在する。あらゆる点において、ＯＯＯの実在的対象は、ブラシエが非常に高く評価するよう求めるあの叡智界である。さて、ブラシエが対応の不可能性を認め、したがって概念と対象のあいだの永久的非対称性を認めるかぎりにおいて、彼はＯＯＯと同じ船に乗っている。ＯＯＯにおける実在的／感覚的の区別が「形而上学的」であることは事実だが、それはブラシエ自身が好む区別、明示イメージと科学イメージのあいだのセラーズ的な溝についても言えることだ。世界は私たちの持つ世界の概念と同形ではないこと、またそれゆえ世界自体は「叡智的」であることをブラシエは認めているにもかかわらず、二つの種類のイメージのあいだの単純な区別を採用するときには、いっさい叡智的なものに余地は与えられない。セラーズにおける明示的と科学的のあいだの葛藤がどれほど深いと考えられるにせよ、どちらもイメージである。このため、二つをどんな「基準」で区別するとしても、依然、私たちはイメージのレベルに置かれる。ブラシエが「スピリチュアリスト」として嫌う思想家、アンリ・ベルクソンの『物質と記憶』と変わるところはない。確かに、ブラシエはその後、科学イメージが「誤りうる」という条件を追加することになるだろう。しかし、古い科学イメージに代えていくら新しい科学イメージを置いたところで、依然それはひとつのイメージ以上のものではない。それゆえ、科学イメージでさえ――ブラシエ自身の認めるところでは――実在的なものと両立不可能なのである。しかしこれは、ブラシエのいう対象と概念のあいだの溝が、OOOにおける実在と感覚のあいだの同様の区別と一分としてたがわず「形而上学的」であることを意味する。ブラシエがさらに「基準」を要求するかぎりにおいては、単に悪いイメージから良いイメージへの移動が許されるに過ぎないだろう。サンタクロースは悪いイメージ、量子理論は良いイメージというわけだ。たとえ量子理論が、それが記述する実在と同形的ではないことが認められたとしてもである。またブラシエは、OOOには即自についての「恣意的」主張しかあるまいと断言するが、一方で彼自身の主張は、もし即自についてのあらゆる命題を、彼自身はモグリの様々な科学領野に下請けさせるのでなければ、同じく恣意的に現れるだろう。

さらなる論点としてブラシエは、ラトゥールが還元主義を告発しながら、とにかく「脇目も振らず」これに取り組んでいることを、行為遂行的矛盾として非難している。再びブラシエを引くと、「ラトゥールは理性を仲裁へ、科学を慣習へ、知を操作へ、あるいは真理を力へと還元して物怖じするところがない。彼の非還元主義的な発想の真の対象は、還元そのものではない……説明である。とりわけ科学的説明に授与された認知的特権である」（五一）。第一に注記すべきは、ブラシエの意に反して、ラトゥールの用語「非還元」は、「不還元」を意味するのではない。これは単に正しくない。ラトゥールの要点は、何ものも別の何かから説明されえないということではない（というのも、もちろんこれはいつでもありうることだからだ）。そうではなく、どんな還元も代償を伴うということだ。ラトゥールは、あるひとつの種類の還元を、別の還元よりも好ましいものとして取り扱っており、彼の哲学ははっきりとその代償を払っている。宇宙にある万物をアクターすなわち作用体に還元することである。ラトゥール的存在論の世界においては、日没もサンタクロースも、科学がそうするのと変わらず、別のものに作用するのであり、それゆえにすべてが等しく実在的である。私はなぜブラシエが、タロットカードや魔女術と比べて量子理論の社会的威信を保護したがるのかは理解できる。だが、なぜこの威信のために、科学を作用体の観点から再解釈することが禁じられねばならないかは定かではない。まさにこの一手によって、ラトゥールと彼の同僚たちは、科学的事実の生産をめぐる有益な問いを問うことができる。ときに擁護できない社会構築主義へと迷い込むことがあるからといって、それらの問いを禁じる必要はないだろう。ブラシエと私は二人とも熱烈な実在論者であり、それゆえ私たちは二人とも、結核は当時まだ発見されていなかったのだからラムセス二世は結核で死んだのではないとするラトゥールの主張には同意しない[18]。しかしこのことが私たちに示すのは、ラトゥールの存在論の行き過ぎだけであり、修正が必要であるということだけだ。そしてブラシエ自身の存在論も——他のすべてと同じく——それ自身の行き過ぎを抱えている。

彼の存在論の第一の行き過ぎは、私の見解では、良いイメージと悪いイメージの区別の取り締まりへの強迫観念に見出される。どうすればイメージを超えた実在に対し、イメージが適合的となりうるかについては、少しも述べることができないにもかかわらず、である。ブラシエの見るところでは、ラトゥールは、「フレーゲからセラーズを経て現代のその後継者に至るまで哲学的伝統全体の関心を占めてきた」（五二）こうした関係を無視しており、また「デカルトからセラーズまで展開されている認識論的問題系」を「清算」（五二）しようと試みており、最後に「本当に知りたいとも思っていない人々を安心させるために［書いている］」（五二）がために、非難されるべきである。だが、ここでブラシエが忘れているのは、ソクラテスは何も知らなかったこと、またまさにその理由により、科学者ではなく哲学者であったことだろう。

(18) Bruno Latour, "On the Partial Existence of Existing and Nonexisting Objects."

ブラシエは、いくらかラトゥールとOOOをひとまとめにしながら、ラトゥールを非難している。すなわちラトゥールは「一連の暗示的隠喩を〔説明の代わりに用いている〕。それら隠喩の認知的重要性が、意味論的共鳴の機能となっている。「アクター」、「同盟」、「力」、「権力」、「強度」、「抵抗」、「ネットワーク」。これらがラトゥールの非還元主義的形而上学の主要隠喩である……」（五一）。これらの用語のどれかについて何が余分に隠喩的であるかを見るのは難しい。もっともおおまかに語源を把握する場合でさえ、すべてでなくともほとんどの単語が、隠喩的なルーツを有することを示すだろう。例えば「窓」（「風の目」）のような日常語でもそうだ。ラトゥールの専門的な語彙に特別に不正確なものは何もない。例えば彼が、諸アクターはネットワークを通じて同盟を組み、そうすることで強度の試練に耐える能力を増大させる、と述べるときに、彼が言わんとしていることは、完全に明らかである。繰り返せば、このような形而上学に反対するために言えることはある。例えば、アクター・ネットワーク内の将来の変化を説明できないという、その現実主義的無能力である。しかし、この形而上学について不明瞭なことがあるわけではないのだ。ブラシエが、「同盟」や「交渉」のような隠喩が無生物に用いられるときに、その「擬人化」に対してピューリタン的にアレルギーを抱くということはありそうだ。しかし、ラトゥールには汎心論者の側面はないし、これらの用語は、いずれに劣らずきちんとしたものである。したがってブラシエが、ラトゥールによる「表象が説明的理解となるための実在的区別すべてを閉塞させるつまらない隠喩術」（五二）を罵倒するとき、自分こそが路頭に迷っているのだ。何も「つまらない」ものなどないのである。ラトゥールのモデルは、「社会」や「資本主義」のような曖昧な抽象物よりも局所的アクターに新たに注意を向け、無生物的対象の社会的作用能力《エージェンシー》を擁護することで、社会科学におけるひとつの革命のようなものをもたらした。ラトゥールが暗示的隠喩を使用することにブラシエが不平を言うとき、彼は、「暗示」と「隠喩」の両方を専門用語として使用するOOOを狙いながら、中傷を向け損なっているようである。しかし、この論点について、OOOはラトゥールと何も共通のところはない。と言うのも、OOOのいう暗示と隠喩の意味は、退隠した物自体のみを指しているからだ。この概念はラトゥールがいっさい追放しているものである(19)。

これらの指摘をまとめるにあたり、私たちは、ブラシエの論文における人身攻撃《アド・オミネム》のもっともひどい事例を取り上げるべきであろう。「冷笑家《シニック》なら気兼ねなくこう結論づけるだろう。ラトゥールの政治（ネオリベラル）と宗教（ローマ・カトリック）こそが、彼が合理性、批判、革命に向けている反感を究極的に動機づける諸力のもっとも雄弁な指標を提供している、と」（五三）。ブラシエが自身のシニシズムを認めているからといって、いくらか好ましく聞こえるかといえばそんなことはない。しかし、この種の反映や動機はつねに哲学の外のことだとみるメイヤスーの見解にも私は同意しない。ラトゥールの哲学を理解するにあたって、彼が実践的なローマ・カトリックであるのを知ることは、事実において有用である。もちろん、ブラシエのようにシニカルに却下するのとは別の仕方によってである。ラトゥールの読者（とりわけ好意的読者）がしばしば気づいてきたように、ラトゥールは媒介者に惚れ込んでおり、その由来はかなりのところカトリック教会の精神である。つまり告白者や、聖人による介入、幾多の間接的な礼拝行為など、神と直接向き合うプロテスタンティズムとは無縁のものである。個人史をシニカルに説明することで誰かの哲学的観点を却下することが抱える本当の問題は、そんなことは関係ないということではない。むしろ自分自身の個人史も、同じような検査にめったに耐えられないということだ。ブラシエの哲学的観点を、個人史上の偶発時や、特異な気性からたどっていくことも同じく簡単なのである。ただし、そのような説明の有意義さには限界があるが。ラトゥールが「ネオリベラル」だという主張については、この語が典型的な仕方でずさんに使われている。この語はそもそも、オーストリア＝

(19) 以下で比喩を語る際のラトゥールの失敗について議論をしているので参照されたい。Graham Harman. *Immaterialism*, pp. 101-4.〔邦訳：ハーマン『非唯物論——オブジェクトと社会理論』、一二七－一三〇頁〕

シカゴ学派経済学のいう自由市場政策を指すはずだが、近頃は、ほとんど「ばかもの」という意味で使われている。[20] ラトゥールを政治的リベラルと呼ぶことは公正であろう。だが彼はもちろん、制限なき自由市場主義者ではない。そのことは、様々な存在様態にかんする彼の著作の最終章で、彼が経済学の解体を試みていることからも明らかであろう。[21] このように、「ネオリベラル」という記述は的外れである。「革命」を気まぐれに持ち上げている点については、今のところこれは美徳のひけらかし以上のものではない。政治についての一貫した考察をブラシエの著作に読み取ろうとしても無駄である。

ラトゥールに対するブラシエの取り組みは、あまりにも嫌味であるため、それほど実りあるものとなっていない。だが、いくつかの局面では、彼が示す反対意見を手掛かりに、ブラシエ自身の立場をより明快に描き出すことができる。例えば、「ラトゥールが物を概念に（対象を「作用体」に）還元することは、彼が概念を物に（「真理」を力に）還元していることと一致している」（五五）と彼が嘆くのは、完全に公正であろう。しかし、ブラシエの意に反して、この身振りはラトゥールを、ただある種の「ソフィスト」として性格づけているのではない。これは端的に、ある哲学が叡智的なものを排除し、そのために存在体をその現われや対他関係と等しくみなす場合に支払う不幸な代償なのである。実在と、私たちによる実在の概念とのあいだにある溝を強調する点でブラシエは正しい。しかし、彼はひどくこの溝を低く見積もっているように私には思われる。「私たちは、諸物が何であるかを知ることで、それらの現象面と叡智面とのあいだの溝を、またそれらの外的特性と内的特性との差異を、測定しようとせねばならない」（五五、強調追加）。概念と対象の著しい両立不可能性を考えれば、このような溝が果たしてどうすれば「測定」されるのか、分かりかねる。「ある物が何であるのか（強く科学的な意味で）知ることは、これを概念化することである。これは、物がその概念と同一的だと言うことではない」（五五）。もちろんブラシエは、諸物が実在的に存在する仕方へ私たちを導くときに、他のものと比べてより適合的なイメージがあることを直観している点で正しい。問われねばならないのは、概念と対象の隔たりを私たちは、「だんだん暖かくなってきた」、「だんだん寒くなってきた」と言えるような測定可能な連続体に沿うものとして概念把握できるのか、どうかである。今のところブラシエは、ある概念が別の概念と比べて、双方と両立不可能な実在に対し「より近い」あり方を言うための理論を発展させることには、それほど興味もなさそうにすら見える。これは彼が、知の形而上学的問題よりも、彼が非合理的と考えている人々を黙らすために科学の機能を強化することの方に、いっそうの興味を抱いているためであろう。ブラシエがもっともよくこの問題を定式化したものすらやはり不適当であり、本来の解決というよりも、言葉遊びに基づいたウィッシュリストのように見える。例えば「概念的同一性と非概念的差異――すなわち私たちが抱く対象の概念と即自としての対象――のあいだの溝は、修復不能な他性の言い表せない隙間や印ではない。それは概念的にひとつの同一性へと転換されうる。このとき、概念はこの同一性の概念であっても、同一性は概念の同一性ではないのである」（五五）。「概念はこの同一性の概念であっても、同一性は概念の同一性ではない」という、彼が軽蔑するらしい比喩的で修辞的な言語を思い起こさせる謎かけのような文に、私たちは再び、ブラシエが、ラリュエルの一方向化の概念に依拠していることを確認する。ブラシエが次のように付け加える時ほど、有益なことはほとんどないだろう。「概念的なものと概念外的なものとの差異は……知解や概念把握の行為にすでに与えられたものとして前提されうる。ただし、措定されることなく前提されるのだ。これは、科学的表象の顕著な特徴であり、またこれこそが対象へ向かう態度を支配する」（五五）。新たな科学理論のための、有望な出発点であろうか。時間が経てばわかるだろう。しかしかといって、ブラシエが誰かを、「知りたいとも思っていない人々」のためにのみ物を書く「ソフィスト」としてお払い箱にできるほどには、これは説得的ではな

（20）以下を参照。Jamie Peck, *Constructions of Neoliberal Reason.*
（21）Bruno Latour, *An Inquiry into Modes of Existence.*

い。彼が焦《じ》らし気味に次のように加えて述べる時にも、同じことが言える。「対象の実在性と、概念的に範囲画定されたものとしてのその存在とのあいだには内在的だが超越論的な隙間がある……」（五五）。ここでもまた、「内在的だが超越論的」は、裏の取れない見込み捜査のほんの最初の一歩である。こうした捜査は、どんな哲学でもその境界地帯では行われている。というのも、どんな哲学も、すべてをその手の届くところに収めて支配することはできないからである。しかし、科学が明示イメージ、科学イメージ、そしてそのどちらによっても決して適合的には表現されない対象の三つをまとめあげる仕方について、ブラシエにまだかなり初歩的な概念把握しかないことからしても、彼は、敵対者と張り合うにあたって、ピーデンが「時期尚早な反駁」と呼んだ傾向を省みて、いつも以上の慎重さと忍耐強さを示す方が良かったろう。科学が「顕著な認知的達成」（六五）を享受してきたからといって、哲学者がこれらの達成の栄光を借りて他者を拙速に物笑いのタネにしてよい、ということにはならない。科学の認知的達成は、ブリュノ・ラトゥールの達成でないのと同様に、レイ・ブラシエ自身の認知的達成ではない。それゆえ、なぜブラシエが自分を、お墨付きを得た科学のスポークスマンのように考えているのかは、明らかではないのである。

　しかしついでながら、ブラシエがポスト・ガリレイ的科学より遡って、中世思想のうちに自分の考えの興味深い先駆者たちを見出す新鮮な瞬間についても記しておきたい。「対象の概念的実在とその形而上学的実在のあいだの区別は、スコラ派における対象的表象と形式〔形相〕的表象のあいだの区別と類似している」（五七）。しかし、論文の最後の方になると、ブラシエは、このスコラ派用語を使用することに尻込みする。その理由は、私には間違っているように思われるが、それでもやはり教えられるところがある。「どのようにすれば、科学的概念把握が、次のような問題含みの形而上学的想定に依拠することなく即自を追求していると認めることができようか。すなわち、そのような追求は、即自の「本質」（あるいは形式〔形相〕的実在）を概念的に範囲画定することだ、という想定である。というのも私たちは、科学は、実在と実体的形式〔形相〕とを等しく結ぶアリストテレスの等式に頼らずに実在を知る、と主張できるようになりたいからである」(六四)。ブラシエは、なぜ実体的形式が「問題含み」であるのかは言わない。単に近代科学にとっては、こうした形式の代わりに量化可能な延長や運動を使えば、簡単にそれら形式なしで済ませるからだろうとも考えられる。しかし、なぜ自然科学のうまいやり方が、形而上学における真理と等しくなるのかについては、科学主義がそれ自体で目標となっているのでなければ、その内在的理由などない。いずれにせよブラシエは、実体的形式を、「実在の構造に含まれているが、ばらばらに個体化された対象からなる構造によっては汲み尽くされない」(六五)意味であるとして、こじつける。ある意味ではこれは明らかにOOOへの暗黙の批判であるが、同時にその標的は、セラーズが諸対象に対抗するプロセスを認めていることにも及んでいる。かつてゴールドスミスのワークショップでは、ブラシエはグラントのプロセス主義に憂慮を示していたにもかかわらず、である。

さらに、オーストラリアの偏屈哲学者デヴィッド・ストーヴ(一九二七〜一九九四年)——ブラシエはしばしばこの哲学者に巧みな仕方で言及している——にちなんで名付けられた「ストーヴの宝玉」〔ストーヴが世界最悪として取り上げる種類の論証。以下に述べられるような相関主義的論証を指す〕についても一言述べるべきだろう。[22] というのも、ここに私たちは、ブラシエとOOOが共有するもうひとつの論点を見出すからだ。すなわち相関主義的円環をともに拒絶しているということである。メイヤスーはこれを乗り越えることを主張するが、ただし、これは、その想定された概念的厳密さを深いところで評価することに従ってのみ可能であるとする。この宝玉は、率直な観念論的論証というよりは相関主義的論証でなければならないが(「それを考えることなく思考の外で何かを考えることはできない」)、バークリの主要論証がやはりもっとも明快な例である——すなわち何かを思考したり知覚したりせずに思考した

(22) David Stove, *The Plato Cult and Other Philosophical Follies*.

り知覚したりできないのだから、この何かは思考されたり、知覚されたりせずには存在できない。ブラシエはこう注記する。「バークリの前提はトートロジーである。というのも何かについて思考せずに思考することはできないという主張は、合理的存在なら誰にも否定できない主張であるからだ。しかしこのトートロジー的前提から、バークリは非トートロジー的結論を引き出す。すなわち物が存在することは、それが思考されてあること、ないし知覚されてあることに依存するのであり、我々がそれらを思考したり知覚することから離れては何ものでもない、と」（五七）。にもかかわらず、この宝玉は今日まで広く受け入れられており、「一方ではグッドマンやローティから、他方ではラトゥールやフーコーに至るまで、二〇世紀後半の相関主義の亜種のほとんどいずれにとっても信頼すべき補助線」（五九）として役立っている。ストーヴがこれを、これまでになされた最悪の哲学的論証として退けているにもかかわらずである。しかし、宝玉がどれほど間違っていたとしても、ブラシエが、その幅広い受容は「感情」、「心理」、「政治」の要因からしか説明できないとするほどにこれを貶すのは、行き過ぎである。なかでもラトゥールが私たちに教えてくれたように、もし私たちがこれらの要素を使って敵対者の視点を説明するのなら、そのとき私たちは、これらを自分自身の視点の説明にも使う覚悟がなければならない。ブラシエがこのような試験を、他の誰よりもうまく通過できているかは明白ではない。さらに、たとえ宝玉が間違っていても、かといって、これが馬鹿げた間違いであることにはならない。フィヒテやメイヤスーのような勤勉な思想家が宝玉を使ってきた。メイヤスーがこれを好むことについては、ブラシエと同じく私もたじろぐのだが、彼の相関主義的円環の擁護は形式的厳密さを欠いているわけではない。メイヤスーの個人心理の屈折に根を持つ「感情的」要因によっては、とうてい説明できはしないのだ。ここでまたもや出会うのは、科学が権威を一掃し続けていることをせっかちに確かめようとしながら、論敵の心理を熱狂的に悪魔扱いしがちな、相も変わらぬブラシエの悪癖である。他方で少なくともメイヤスーは、相関主義と科学の祖先以前的データとのあいだの緊張を忍耐強く検討している。そうはいっても、宝玉に反論するブラシエの論証は、見事に明快で力強いものであることも確かである。たとえば「〈空虚な一角〉〔アラビア半島ルブアルハリ砂漠の別称〕について思考することなく思考することはできない、というのは確かである。しかしこのことから直ちに、〈空虚な一角〉にそれについての私の思考が住みついている、となるわけではない」（六三）。さらに良い例としては、「フィヒテの凄みのあるチュートン民族主義に軽薄なバークリの宝玉が隠されていることにいったん気がつけば、バークリ的非唯物論に反駁することと同様、フィヒテに反駁することも不可能ではなくなる」（六三）。

　論文の終わり近くにある一節は、ブラシエの哲学的立場全体を表す見事な文章であるように思われる。「私たちのうち、科学的表象を、実在への認知アクセスのもっとも信頼すべき形式とみなす人々にとって、問題は、最大限の（しかし注意されたし——手に負えなくはない）権威を世界の科学的表象に対して授与するということ、また他方で、何があるのかを科学が述べるときに科学も心変わりすることがあるのだと認めることである」（六四）。この難問に挑むにあたって、いわゆる構造的実在論は、時とともに科学理論がより優れた理論のために放棄されるような時でも、なんらかの数学的な核が不変のまま残るのだと主張している。しかし、ブラシエは、これまで時に構造実在論者と仲睦まじくしたこともあったが、今に至るまでに何かがあって、おおっぴらに彼らの仲間に入ろうとすることはなくなっている。彼が構造的実在論者を、メイヤスーに認めているのと同じ数学偏愛の罪を抱えたものとみなしているせいかもしれない[23]。他方で、即自への対応も一致もできない科学がそれでも即自を追求する仕方について、自分の理論を展開してもらえるよう、ブラシエに必要な余地を与えるのが公正であろう。しかし、その間にも彼は科学に「最大限の権威」を授与したいと望むのであり、このことこそ、彼の哲学のどこが

（23）以下を参照せよ。James Ladyman and Don Ross. *Every Thing Must Go.* また彼らに対する私の応答として以下。Graham Harman, "I Am Also of the Opinion that Materialism Must Be Destroyed."

もっとも不愉快な側面なのかを明らかにしてくれる。すなわち、普通なら大陸哲学者よりは分析哲学者のうちに見出されるような過剰な科学崇拝の傾向である。これは、彼の哲学のスタイルと内容にも影響をきたさないわけではない。たとえば、美学や修辞学、隠喩に対して彼があからさまな侮蔑を述べていることにも見て取られるとおりだ。またこれは、学際的な読者たち――哲学者の影響範囲という面では非常に重要である――が、それほどたくさんブラシエに集まって来なかった事実を説明しているようにも思われる。おのずと集まった攻撃的科学主義と左翼主義の若年男性を超えて自分の読者層を広げるためには、彼はハードサイエンスで陳列されるのとは別のタイプの認知能力に対してもっと多くの共感を示していく必要があるだろう。

C節の練習問題

1　プロメテウス主義は人間への贈与物と人間による制作物との「危ういバランス」を揺るがすという非難に対して、ブラシエはどう応答するか。

2　論文「概念と対象」において、ブラシエは、現象学、ドゥルーズ、ラトゥールという三つの異なる敵に対抗するために「概念的合理性」に依拠している。これら三つの潮流のそれぞれについて、彼はどのような異なる――しかし関連のある――不満をぶつけているか。

3　ストーヴの宝玉とは何か。ブラシエはこれを、メイヤスーによる相関主義的円環の擁護に反論するために用いているが、それはどのようにしてか。

4　認識論（知の理論）の主要な役割をブラシエが強調する際の哲学的な争点は正確にどのようなものか。

5　あるところでブラシエは、スコラ派における形式（形相）的実在と対象的実在の区別を、肯定的に取り上げている。この区別は、彼自身の思考のどのような側面と似ているのか。

第二章　生気論的観念論

イアン・ハミルトン・グラント（一九六三年〜）はブリストルにある西イングランド大学（ＵＷＥ）の哲学講師である。二〇〇七年にゴールドスミスのワークショップが開催された年も、彼はこの同じ大学に勤めていた。ブラシエと同じく、グラントもウォーリック大学で博士課程を終えた。また、そこで彼はサイバネティック文化研究ユニット（ＣＣＲＵ）と繋がりをもったが、そこの代表は、はじめサディ・プラント（一九六四年〜）が務めた後、あの論争を呼ぶ男ニック・ランド（一九六二年〜）が引き継いでいる。九〇年代に、グラントもまた、二冊のもっともカリスマ的なフランス・ポストモダニズムの書籍を翻訳した。ひとつはジャン＝フランソワ・リオタールの『リビドー経済』であり、もうひとつはジャン・ボードリヤール『象徴交換と死』である。グラントがその哲学的キャリアを捧げて行ってきたのは、シェリング哲学、およびより最近のフランス思想家ジル・ドゥルーズとフェリックス・ガタリ（一九三〇〜一九九二年）に特に依拠した、生気論哲学の発展である。後者二人は、グラントとブラシエがともに知的に成年に達した九〇年代、英国で支配的な影響力を持っていた。しかしグラントにとって特に重要なのがシェリングである。年上でかつ名前もより知られる同級生ヘーゲルよりも早熟で、多彩な天才児だ。以下に私たちは、シェリングを自然哲学者とみなすグラントの解釈について議論し、ここから彼が現代哲学のために引き出している帰結をたどろう。しかしまずは二〇〇七年四月二七日、思弁的実在論者の初の会合が開かれたロンドンでグラントが言わねばならなかったことを考察しよう。

A　ゴールドスミスでのグラント

ゴールドスミスでの彼の発表は短く、書き起こしの三三四～三四五頁に掲載されており、そのあとにもっと長く聴衆からの質問への応答が続く。だが、この一一頁のみからでもグラントの知的作業の甘露を抽出することができよう。またそれは、彼の現時点での二つの毛色の異なった著作、単著『シェリング以後の自然哲学』（二〇〇六年）と共著『観念論』（二〇一一年）のあいだの統一性を先取りしておくことにもなるだろう。彼のシェリング本の議論の際に詳しく見ることになるが、グラントが懸念するのは、カントの三大著作[1]から一〇年後の一七九〇年代に様々な重要な反応が現れたことで始まったポスト・カント期のあいだ、哲学がまったく前進していないのではないか、ということである。グラントが見るところでは、シェリングの広大なアウトプットは、私たちがそれを真剣に受け取れるようになりさえすれば、カントの制約から私たちが遠くへ進むための永久不変の哲学的かがり火となる。グラントが、このような主張を初めて行ったというわけではない。シェリングはいつも、モーリス・ブランショ（一九〇七～二〇〇三年）や晩年のモーリス・メルロ＝ポンティ（一九〇八～一九六一年）の文章とよく似て、手つかずの鉱物に満ちあふれた「未来の哲学者」とみなされている。グラントがシェリングを読むときの特別の関心は、詳論の際に見出されることになろう。

哲学におけるポスト・カント期の標準的な説明は、ざっと以下のとおりである。カントが現われと物自体のあいだの、あるいは「現象界」と「叡智界」のあいだの、橋渡し不可能なギャップを宣言した。人間には、時空間の純粋直観および人間悟性の一二のカテゴリの外では、直接的に何かを知覚することはできないため、哲学は有限的人間認知に現れるかぎりでの物を議論することに甘んじなければならない。才気煥発の酔いどれ放浪人ザロモン・マイモン（一七五三〜一八〇〇年）を筆頭に、喧嘩上等の天才フィヒテから、ヘーゲルに至るまで、もっとも才能あるカントの追随者たちは、物自体の役目をどんどん軽んじていくことによって、カント哲学を発展させた。というのも、因果性は単に悟性のカテゴリのひとつであり、他のと変わらず、叡智的世界に適用されないと述べているカントが、どうして物自体が現われ「の原因となる」など言えるだろうか。もっと一般的に言うなら、もし私たちが思考を超えたところにある物自体の存在を知っていると主張しても、この主張自体が思考であるのだから、内的矛盾のためにこの主張は破綻してしまう。唯一、一貫した応答は、いわゆる、歯を食いしばってこらえること、そして私たちが話題にしうることすべては、思考の向こうのどこかにあるのではなくて、思考で満たされているのだと受け入れることである。この段階になって、私たちはドイツ観念論の世界に入った。カントがいう現象界と叡智界の二重世界に対するフィヒテの応答は、自然をすっかり、彼にとっての哲学の主要テーマに吸収することである。すなわち人間自由に基づく倫理だ。その後ヘーゲルが、「自然」と「精神」の両方を対等に扱おうと努力する。ただしこの努力はいまだカントの物自体の放棄を前提としており、現象界と叡智界の区別を、現象界の内部のものとしている。ヘーゲルの書物『精神現象学』は、実在の全体について語ろうと主張するが、精神の彼岸に叡智界があり、それについて別のところで議論されねばならないということを認めようとするものではない。だから彼には決して『自然叡智学』という名の対となる本は書けなかった。シェリングがこの筋書きのうちにどのように当てはまるか、その答えはこの問いを向ける相手によるだろう。というのもほとんどのヘーゲル派や主流派歴史家にとっ

（1）Immanuel Kant, *Critique of Pure Reason, Critique of Practical Reason,* and *Critique of Judgement.*〔邦訳：カント「純粋理性批判」『カント全集4・5・6』、「実践理性批判」『カント全集7』、「判断力批判」『カント全集8・9』〕

て、シェリングは、行き過ぎて哲学的に不健全となった御し難いロマン派であって、ヘーゲルとそのより成熟した体系にとって代わられる移行期の人物だったからだ。他方、ハイデガーのような重要人物も含まれるシェリング支持者たちにとって、ヘーゲルの弁証法は、人の手で作られた牢獄に己を閉じ込めるものである。対してシェリングは、こうした牢獄の壁を超えて、自然の磁力、電力、化学力へ、人間自由の本質へ、そして苦悩する神の盲目なる回転駆動へと向かう道を私たちに示している[2]。

グラントも、シェリングをポスト・カント期の哲学者のうちもっとも重要でもっとも未来のあるものと捉える人々のひとりである。さらに彼は、多産なシェリングがその生涯で複数のフェーズ——歴史家ごとにいくらか違う仕方で分類される——を通過したという学者らの通常の見方に反対している。例えばアンドリュー・ボウイはシェリングの生涯を（1）超越論哲学、（2）自然哲学、（3）同一哲学、（4）世界時代の哲学、（5）積極哲学に分けている[3]。しかしグラントは、自然哲学こそがシェリングの唯一のフェーズであるとする正反対の見方を主張して妥協することがない。カントの二世界存在論に今なお哲学的に閉じ込められ続ける現代からの脱出を望むものは、ただ自然哲学のような何かを追求することによってのみ、これを抜け出せるのだとグラントは主張するのだ。

それではゴールドスミス・ワークショップでのグラント自身の発言を取り上げよう。他のすべての思弁的実在論者と同じく（それぞれに異なる仕方でだが）、グラントも、人間は世界についての知にいかにアクセスできるかだけに際限なく取り組むことから逃れ、世界自体を哲学することへ戻ることに熱意を燃やしている。彼が述べるによれば、「もし自然哲学が一貫して追求されるならば、その結果、私たちが有するアクセスを査定するためではなく、思考を生産するための唯一の手段として思弁が必要となる」[4]。すなわちグラントは、近代におなじみの思考と世界の対立から始めるのではなく、いかに思考が世界によって生産されるのかを示そうと望む。表面的に見るならば、これは別種の科学主義にも聞こえかねない。結局、認知科学と神経哲学もまた、思考の起源を科学的言説によって説明することで、思考の特殊な近代的身分を剝ぎ取ろうとしているのである。しかし質疑応答の際のトスカーノ（三四五〜三四八）やブラシエ（三六四〜三六六）への応答から推測されるように、グラントはそのような見方をしない。グラントは、生物学的個体における基盤層を必要としない形式的パターンとして思考を捉えるトスカーノの考えには居心地悪そうにしている。また、思弁哲学は、実は存在しない存在体を消去し、経験的研究を基礎として形而上学概念を修正することに関わらねばならないとするブラシエの見方については、あからさまに拒否しているようだ。おそらくより重要なこととして、グラントの自然概念は二つの重要な点で、他とは異なっている。彼は自然を、思考の一枚岩的〈他者〉ではなく、多層の王国とみなす点で、ほとんどの観念論者とは異なる。グラントの言葉を使えば「私たちは思考に先立つ何かがあること、そして思考に先立つもののあいだには複数の依存関係の層があることを受け入れ「ねばならない」」。それは単にひとつの物ではない。諸々の出来事からなる複合的セリーの全体である」（三三四）。科学を好む主流派哲学者たちや、しばしば「自然主義者」と呼ばれる哲学者たちも、いま引用した文章に同意するだろう。しかし彼らは、次の段階、より思弁的な段階に至ってはすぐさまグラントを突き放すだろう。というのも、自然の認知下位的プロセスと、思考レベルにおけるそれらの出力とのあいだの直接的な因果連関を引き出そうと試みても、すぐに次のように言われるからだ。すなわちグラントにとって「こうした課題は、単に事実上ではなく、原理上やり尽すことはできない。というのも、生産されるひとつの出来事の土台となる条件は、同時に他のいくつもの出来事の生産の土台でもあるからであ

（2）Martin Heidegger, *Der deutsche Idealismus (Fichte, Hegel, Schelling) und die philosophiche Problemlage der Gegenwart.*
（3）Andrew Bowie, "Friedrich Wilhelm Joseph von Schelling"
（4）Ray Brassier et al., "Speculative Realism," p. 334. 以下に記載するページ数はこの文献のもの。

る」（三三四）。私がこの文章を正確に読めているならば、グラントが語っているのは、多くの自然主義者が好むような機械論的で線形的な意味での因果連関ではない。現実にたどられたのとは別の多くの道が自然においてはたどられたかもしれず、そのような潜在力として原因は語られるのである。因果性へのこうしたアプローチには、ドゥルーズ的な「潜勢」の影響がかぎとられる。またロイ・バスカー（一九四四～二〇一四年）やマヌエル・デランダ[5]のような著者に見られる反経験論的な因果性の見方と比較することもできよう。グラントの読者には、科学哲学における「自然化」の立場との両立可能性を主張するものもいるが、これは両者のあいだの決定的な違いを無視する場合にのみ可能である。グラントにとって自然は、万物がそこに還元されねばならない基底ではなく、万物がそこから生産される基底である。クォークと人間的情動のあいだにはあまりに多くの複層的な実在があり、そのためグラントは、日常的に気分で語られていることを「俗流心理学」だとして拒絶することにも関心を持てずにいる。また原因の層ごとにどれほど多くの物が違った仕方で展開しえたかを考える以上、グラントの知的宇宙には、結果をそれらの究極的物理的原因に還元するまっすぐな道もない。グラントは自然主義者ではなく、自然の思弁的哲学者なのだ。彼は万物が自然生産の連鎖から発生すると主張するけれども、しかし、いわゆる俗流心理学のような派生的な層を「消去」するために、この連鎖を巻き戻し、最初の説明的な原因へと遡るための簡単な道はないのである。

グラントはここで、ゴールドスミス講演の主要論点の二つ目を取り上げる。のちに共著の著作で詳しく論じられることになる観念論の問題だ。期待どおりなら、グラントは思弁的実在論者である以上、どんな形式にせよ哲学的観念論には反対することだろう。結局のところ哲学における「観念論」は、伝統的に、世界の存在はその観察者に依存するという見方を意味してきた。これはもちろん、直接的に自然を取り上げようとするグラントの野心にとって凶兆であろう。グラントは、この逆説の解決として、観念論に通常とは異なる意味を与える。じっさいこの新たな意味における観念論こそ、彼が大事に育んでいるものである。「私は、観念論がいわば、そう思われてきたものとはどうも違うらしいことを示すことにとても関心がある。これがそのとおりであることをはっきり確認したいと思っている。なぜなら、観念論に組み込まれてきた思弁的道具は広大な物だからだ」（三三六）。グラントは観念論を、心の外に世界がないことを言う教義ではなく、単により広い形式の実在論とみなす。「観念論はあらゆる物に関わるひとつの実在論に相当すると私には思われる。自然と〈観念〉に等しく適用される実在論だ」（三三八）。思考をめぐらしながら彼は尋ねている。「一九世紀転換期［すなわちシェリングの時代］にそうだったように、このことは、カント主義の狭窄からの出口を提供するのか。それともしないのか。もちろん私は提供すると考える。それは、内部性がどんな役目を果たすことも否定することによってである」（三三九）。

「内部性」をグラントが拒絶する際、何が争点になっているのだろうか。内部性のもっとも簡単な例は、次のような信念だ——私がひとつの思考を有しているのであり、それゆえ思考は私に属し、かつ私によって包含されている。グラントはこの考えを却下して、代わりのモデルを提案する。そこでは私による思考の生産は、自然による力、種、動物、植物の生産と同じタイプのものなのだ。どんな生産物でも——物理的であれ心的であれ——それに先立つものへと還元されることはない。というのも、たとえすべてのものが原因を必要としても、その原因は、その生産物がのちにどのような姿をとるのかを決定するのに十分ではないからだ。

〈観念〉はそれを有する思考に対して外的である。思考はそれを有する思考者に対して外的である。思考者は、思考者、思考、〈観念〉を生産する自然に対して外的である。思考者、思考、〈観念〉のあ

（5）Roy Bhaskar, *A Realist Theory of Science*; Manuel DeLanda, *Intensive Science and Virtual Philosophy*.

いだに一連の外部性がある。それは、その出来事を生産するのに必要な――ただし必要だが十分ではないことは、強調すべきであろう――自然の様々な層なのだ。(三三九)

さらに感動的な含意のひとつは以下のようなものだ。「思考の生産のうちに自分がいると認めることを可能にしている内部性を、私たちはもはや持たない。それはただ、思考を持つことがどんな感じであるかを私たちが知っているという凡庸な偶発事に過ぎない。そのことは大した意義を持たない。重要なのは思考のほうなのだ」(三四〇)。ここにはいくらかラトゥールの翻訳の形而上学からの反響がある。これは、彼が広く展開するアクター・ネットワーク理論(ANT)の基礎にあって、対象指向存在論にもインスピレーションを提供してきた。[6] ラトゥールは私たちに忘れがたい実践的な例を示している。「産業について学んでいる学生が、サウジ・アラビアの深い地層に貯留されている原油と、フランスのジャリニの小さな村の古いガソリンスタンドで自動車のタンクに入れるガソリンのあいだに、多数の変形と媒介項が存在していることを主張しているとしよう。そのときガソリンの実在性を求める主張はいささかなりとも損なわれることはない」[7]。真理の「対応」説と「整合」説のあいだの伝統的論争を前にして、ラトゥールは代わりに「産業」モデルを提案する。サウジ・アラビアの原油にも、ジャリニ村のガソリンにも存在するような本質的「形式」などなく、ただ、プロセスの各段階ごとの一連の変形があるのである。もちろん違いはあり、ラトゥールが科学とテクノロジーの哲学者であって、いかに人間がこの変形を行うのかを主な関心とするのに対して、グラントは自然哲学者であり、彼にとって人間とは、私たちに先んじる人間下位のプロセス全体と比すれば相対的に後半の段階のものである。にもかかわらずグラントは、メイヤスーのように心は世界から数学的形式をきっちり抽出することができ、それによって物の一次性質を知ることができると主張するひとよりは、ラトゥールに近い。グラント自身の言葉を使えば、「いわば思考とそれに先立つものとのあいだに、必然的な非対称性がある。この非対称性は、思考がつねにそれに先立つものから異なっていること、また同時につねにそれに先立つものを必要な根拠として要求することを意味している。その根拠は必要であるが、ただし十分ではない」(三四三)。ＡＮＴやＯＯＯについてグラントに言わせるなら、生産や翻訳という中間的ステージはあまりに数が多く、またあまりにも変形的であるので、ステージ相互にどんな対応も同一性も保証することはできないということになる。このようなわけで、ジジェクは正確にも、ブラシエとメイヤスーが思弁的実在論の「科学」陣営に属するのに対して、グラントとＯＯＯはその反対陣営をなすと見ているのである。

先にグラントの立場と主流派自然主義との違いについて語った。彼は、ゴールドスミス講演の終わり近くで再びこのテーマを取り上げる。そこでは、主流派自然主義ではしばしば見逃されている思弁の精神が褒め称えられる。「私は、思弁は自然的生産性によってもたらされると主張したい」(三四三)。グラントが思弁によって意味しているのは、根拠と生産物のあいだにある暗い溝を探求するタイプの思考である。カントは、この溝を探求することはできないと考えている。グラントは再び言う。「私たちには、逃げ帰ってこんな風につぶやくためのあの安全地帯はない。「ほらごらん、思考を可能にする、いや、ただ可能にしかしないあれら条件の全体を、私たちは回復したのだ」と」。この問題は単に仮説上のことではない。というのもこれは、思考と世界の関係についての私たちの通常の概念把握に抵触しているからだ。グラントは続ける。「〔これは〕また、きわめて世俗的なレベル、すなわち参照のレベルにおいて、認識的には非常に奇妙なことがらを意味している。私たちが物について思考を持つ時に起こっているのは何なのか。二つの事が起こっている。物があるということ、思考があるということだ。それらの関係の基礎は何だろうか」(三四四)。この関係の重荷を背負うのは思考者ではない。なぜなら思考

(6) Bruno Latour, "Irreductions"; Latour, *Pandora's Hope*.〔邦訳：ラトゥール『科学論の実在』〕
(7) Latour, *Pndora's Hope*, p. 137.〔同、一七六頁〕

者とその思考は自然自体によって生産されるからである。このため、この関係において話しているのは世界の方であり、私たち自身ではないのだ。グラントにとって、無数の層が世界と世界を考える存在体とのあいだに散在している。しかしここでもまた、グラントにとっては（ほとんどの近代哲学者と異なり）思考が何か特別なものであるわけでもない。ティモシー・モートン（一九六八年〜）のエコロジー論のひとつから取られたと言ってもおかしくない一節で、グラントが論じるによれば、「もし自然が思考するのならば、その結果として自然は、自然が「山」為すように、自然が「川」為すように、自然が「惑星」為すように、あるいは、あなたがあるところを為すように、思考するということになる。これらの物は、あらゆる意図と目的において同一である。言い換えれば、思考があるごとに新たな生産物があり、このことが根拠の問題を創造するのである」（三四四）[8]。私たちはグラントのシェリング本のなかで、再びこの根拠の問題と出会うことになろう。というのも、それは、OOOが対象や存在体に対し認める優先権を彼が拒否することに関連しているからだ。グラントはこれを「物体主義」の名で批判するのである。

　ゴールドスミスでのグラントのむしろ簡素な講演の要約を締めくくる前に、彼の政治的な見解について問うてもよいだろう。というのも政治は今日、多くの読者の心のうちで主要なテーマとなっているからだ。彼の講演に続く質疑応答の時間の終わりの方で、グラントは、最近の政治的唯物論の否定的側面についていくつか引用しながら、近年の流行に抗っている。彼が述べるには「批判的唯物論は唯物論ではない。根本的に、これは批判によって方向づけられ、つき動かされ、操縦され、デザインされた唯物論である。言い換えればそれは、他は差しおいて、僅かな批判のために利用したい人々が主張した、物質の理論なのである」（三六〇）。グラントが「批判」を掘り下げるのは、明らかにカントをターゲットのひとりにしてのことだが、ワークショップの際には私もまた左翼主義の批判理論に疑念を抱いていた。このため、英国の知的生活において久しく力強い存在感を放つマルクス主義に対する彼の立場について、話してもらおうと水を向けた。グラントの返事は、この学派へのたっぷりの攻撃であった。

［マルクス主義唯物論］は大好きだとも！　いやいや、あれは単に間違っている。物質についていわば矮小化された領野に訴えかけることができると考えている。作用主のいくつかの型に沿った経済的、目的論的意図にそぐわないものはすべて「単純な天然物質」の領域、どんなものも絶対的に効果を持たない領域に押し込めることができると考えている。そこでは哲学問題にせよ、政治問題にせよ、一面のみに取り残される。こうした考えは、私には政治的災害をもたらすように思われる。（三六〇）

マルクス主義の哲学的基礎に対する懐疑をグラントとＯＯＯは共有するが、他方でメイヤスーは、マルクスに対する公然の共感を表明している。また私たちが見たとおり、ブラシエ——その政治哲学は、これまで曖昧に忠義や拒絶が述べられるときにだけ表現されてきたけれども——は、少なくともある一節では「革命」を肯定的に語っている[9]。この差異がもっともよく説明されるのは、政治的本能における基本的差異からではない（グラントとＯＯＯは両者とも中道左派ではあろう）。むしろ、ジジェクが早々とＳＲについて指摘した中で述べたことによってであろう。つまりブラシエとメイヤスーは公然と合理主義を受け入れているのに対して、グラントとＯＯＯはそれに懐疑を抱いているという点である。

（8）Timothy Morton, *Ecology without Nature*〔邦訳：モートン『自然なきエコロジー』〕, *The Ecological Thought*, and *Hyperobjects*.
（9）Ray Brassier, "Concepts and Objects."

A節の練習問題

1 アクセスとしてではなく、生産としての思考に関心があると述べるとき、グラントは何を言わんとしているのか。この含意とは何か。
2 グラントと哲学的自然主義とはどのような点で似ているか。またどのように異なっているか。
3 グラントにとって、思考に先立つ多くの異なる自然の層があると述べることは、なぜ重要なのか。
4 グラントは、自然、思考者、思考、観念のあいだに「一連の外部性」があると言う。その哲学的含意とは何か。
5 グラントはなぜ、自然にかんする思弁がそれほど重要かつ必要であると考えるのか。
6 グラントの「観念論」の概念は、この語の通常の哲学的意味とはどのように異なっているか。

B　グラントの『シェリング以後の自然哲学』

グラントのシェリングについての本は、もともと二〇〇六年に刊行された。ドイツ観念論研究の重要著作であると同時に、独創的な哲学プログラムのアウトラインでもある。シェリングが本書の中心であることははっきりしているが、シェリングを生涯にわたる自然哲学者と読むグラントの読解は、カント、フィヒテ、ヘーゲルの斬新な解釈を基礎としてのみ可能となっている。グラントはさらに、鍵となるプラトン対話篇として『ティマイオス』に重きを置くこと——何世紀も前には一般的な考えだったが現在はそうでもない——によって、プラトンを再解釈してもいる。さらに、ノルウェー・デンマークの思想家ヘンリック・シュテッフェンス（一七七三〜一八四五年）のような、シェリングやヘーゲルとおおよそ同時代の自然哲学者数名と議論を行ってもいる。議論の全体を導くのは、グラントがドゥルーズとガタリの仕事に寄せる愛好である。この二人は現代の哲学者のなかでもグラントのお気に入りのようである。私たちの目的にとって、グラントの本のうちの重要な歴史的主張のすべてを追うことは実践的ではない。かわりに、彼のもっとも重要な哲学的テーゼを、火山の噴火口からダイアモンドを掬い出すように、掘り出すことに注力しよう。

思弁的実在論者らは、時々言われるほどには反カント派ではないが、全員の賛同するところでは、カントはいまだ現代哲学の地平を定義しており、それゆえに、哲学新時代の到来のためには必ず克服せねばならない者である。グラントは本の序章で、いささか落ち込ませる仕方でこう述べている。「ポスト・カント主義は、まさしく一九世紀にそうしていたままの仕方で、現代哲学の地平を印付けている」(10)。このポスト・カントとは、「単にカントの後に続くという歴史的意味で言われるのではない。哲学的な意味、すなわちカントが設定した哲学活動の座標によって定義されているという意味で言われるのである」（九）。物自体を直接的探求の主題として排除することによって、カントは自然をめぐるあらゆる問いを人間的知の一種としての科学にかんする問いへと変えてしまう。彼の『判断力批判』の第二部を考えよう。ここでは典型的にカント的な仕方で、自然が目的を持つかどうかを知るという望みのすべてが放棄され、この問いが、人間はこうした目的について何を知りうるかという狭い問いへと変換される。多くの現代の読者たちが、ドイツ観念論が物自体を消去したそのやり方に惑わされている一方で、グラントは、このことが、シェリングの場合を除き、自然の哲学的身分にもたらしたことに率直に青ざめている。ほとんどの場合、自然は自然科学に委ねられることとなった。他方で哲学は徐々に縮小し、その関心を倫理、言語、間主観的コミュニケーションへと狭めてきた。ドイツ観念論は分岐で道を誤ったのだと考える人々がしばしばヘーゲルを槍玉にあげるのに対して、グラントはその格別の怒りをフィヒテに向ける。というのも、この鍵となるポスト・カント的思想家は、「非自我」を何か「自我」によって

（10）Ian Hamilton Grant. *Philosophy of Nature After Schelling*. p. 8. 以下に記載するページ数はこの文献のもの。

措定されたものとして扱っているし、また人間領域を越えようとする彼の冒険は、植物や無生物の領域に敢えて踏み入ることなく動物で足を止めてしまったからである。

このことから私たちは、現代哲学に対するグラントの失望とも関わる、重要な副次的問題に行き着く。この失望はOOOも共有するものだ。厚かましくも人間主体の壁を乗り越えたと主張する現代哲学者たちは、非常にしばしば、「身体化」とか「生命」とかの概念以上には進まずに終わっており、全体像から無機的実在を除外したままにしている。デランダは、この状況をユーモアたっぷりに描いたが、それによると「身体」は「少なくともマイノリティをひとりメンバーに加えるため存在論に誘われた、一種の名ばかり物質対象」[11]だ。グラントも自前の名句を用意している。「生命は、哲学の自然界くだりのための、一種のオルフェウスの守護者として振る舞う。生命こそが、哲学がその「反自然」傾向を糾弾されずにいるための効果的なアリバイを提供し、同時に、哲学の真なる領分として倫理‐政治的ないし実存的問題圏の中心点を用意するからである」(一〇)。このためにシェリングは、グラントにとってあれほど重要な人物となるのだ。なぜならシェリングが論じたことによれば、「有機的自然と「非有機的」自然を分割する境界線は、自然主義的に支持できず哲学的に悪なるものとして消去されることになり、そのようにして有機体は、機械論的自然秩序の例外ではなく、むしろ自然自体の原理となるのである」(一〇)。

ここからグラントは続けて、バディウによる「数か動物か」という偽の二分法を拒絶する。これはバディウが、プラトンとアリストテレスの差異として特定したものだ。自然を動物と結ぶことで、バディウは、グラントがフィヒテの初歩的間違いとみなすものを繰り返している。グラントは、「動物性」、「身体化」、「有機物」への働きかけといういつものポスト・カント的アリバイを避けようとする。そうすることで、人間の眼差しや、人間の身体‐実践的な取り扱い、さらに純粋な動物行動からも遠く離れながら、「深い地質学的時間」(六)が自律的に存在する場所を目指すのである。自然哲学、すなわち自然科学の成功によってほぼ息の根を止められたこの学問分野は、ただの一撃で無機物と有機物を覆い尽くすことができねばならない。グラントはこれが決定的に重要であると主張する。というのも、ただ自然のみによって、私たちはいまだポスト・カント的な現代の哲学座標から脱出することができるからである。シェリングにとって、哲学の要点とは、カントが人間的知の廃墟として遺した有限的諸表象を私たちに越えて行かせることである。しかしいまやこれらの諸表象の汚染は「ほとんどの現象学哲学とすべての倫理‐政治哲学の岩床におよんでおり、さらに言語的観念論は、「自然」を言語のなかで、言語に対してのみ規定されるものとして表象する」（一五）。これらの汚らわしい帰結を見つつ、グラントは「それゆえにシェリング哲学の解明によって、［カントの］批判革命の体系的やり直しが始まる」（六）よう強く求めるのである。

シェリングについて誰もがグラントに同意するわけではない。それは少なくとも二つの理由による。先に見たとおり、とりわけ正統派のシェリング読解は、多くの異なるフェーズを横切っていった哲学者としてシェリングを扱う。自然哲学はこれらフェーズのうち二番目とされ、すぐにいわゆる同一哲学、またそれに続く自由の哲学によって乗り越えられるものとされている。この本を通じてグラントは、シェリングはつねに自然哲学者だったとする主張に何度も立ち戻っている。それは現行の学術コンセンサスの流れに逆らうことだ。しかし、グラントはきっぱり言い切る。「注釈者たちは自然哲学をシェリング主義の一フェーズではなく、その核と考えることに乗り気でないが、このために、その哲学の一貫した概念把握に失敗している……［またそれゆえ］時期を区分しようとする傾向が実質的にすべてのシェリング哲学の解説に見られるものの、これはせいぜい誤解のもとに過ぎない」（三）。もう一つの方の衝突は、グラントの解釈と反対方向に進む広い傾向に由来する。シェリングの主な重要性を倫理、

（11）Manuel DeLanda and Graham Harman. *The Rise of Realism*, p. 116.

政治、「実存」といった主題に見ようとする傾向だ。ここでの主要なターゲットは、ハイデガーの同時代人カール・ヤスパース（一八八三〜一九六九年）である。グラントによれば、ヤスパースは「自然哲学がカントやフィヒテの批判哲学の延長に過ぎないとみなす、幾度も繰り返された誤った命題の基本型を提供している」（一四）。もっと最近の例を挙げることも難しくはない。例としてグラントは、翻訳者キース・ピーターソンによる「［シェリングの］自然哲学は明白に倫理的プロジェクトである」（六二）という主張に、批判的に言及している。反対に、グラントが言うには「シェリングはカントを延長するのではなく、やり直しているのだ」（六一）。シェリングにフォロワーがないこと、どんな運動も学派も生み出さなかったことを、ヤスパースがあげつらうのに対して、グラントは、実のところ誰しもがシェリングのフォロワーだ、少なくとも価値のある哲学的使命に取り組むなら誰しもがそうなのだ、と主張する。「哲学がカント由来の形而上学批判を越え、さらにその主観主義的‐認識論的超越論主義、また形而上学と自然学の分離をも越えて進むたびごとに、シェリング主義は復活する」（五、強調削除）。この復活が普及しきるまでは、私たちは実践理性の終わりなき統治と、ハイデガーやその他の人々に見られる言語の最重要視のうちに囚われ続けるであろう。「自然哲学はそれゆえ、自然の論理‐言語的あるいは現象的な規定を拒絶する。［そしてまた］実践的なものの優位を拒絶する」（一九）。

　不注意な読者なら、グラントの序文のページをちらりと読んで、彼が哲学を科学の手にすっかり委ねるように説いているのだと決めてかかるかもしれない。結局のところ、彼が引用するシェリングとは、人間種が自然について考えてきたすべてのことよりも自然自体が重要だと述べるシェリングである。彼ははっきりと「哲学の自然主義的ないし物理主義的根拠があるという……シェリングの仮説」（二）を評価する。しかし、すぐに見るように、グラントは自然を、脱身体〔物体〕化した人格的な力とみなすのであり、科学に（あるいは異なる仕方とはいえ、ＯＯＯに）ならって、ばらばらに散らばる個物らの領域とみるのではない。というのも彼は、自然哲学は「哲学を自然科学に適用する」という「哀れな世俗的関心」」（一二）のために時間を無駄にするべきでないという主張に関して、シェリングに同意するからである。グラントは続けて、カール・ポパー（一九〇二〜一九九四年）からの助言――「自然への哲学的介入は、自然科学がそれを必要とみなす時にかぎり急遽参照される理論的資源［に切り詰められるべきであり］」、そのため自然哲学からその形而上学の「新たな中世の蒙昧主義」を剝ぎとって使用可能な核を取り出すこと」（一二）――に対し、軽蔑の念を表明する。グラントは、現代自然主義や全開の科学主義とは違い、現代の諸科学分野の侍女になるべきだとする主張に対抗して、形而上学的思弁の権利を支持する。実のところグラントは、単に自然を、目に見えるすべてのものへと膨れ上がっていく身体〔物体〕なき原初の力として扱うだけではない。自然を、巨大な対象ではなく主体として扱おうとするのだ。これは、ほとんどの実践家科学者にとって、尊敬すべき思想家の列からグラントを追い出すためのさらなる根拠となるだろう。もちろんグラントにとっての自然は、この語のおなじみの意味において主体なのではない。むしろ、「無条件的な〈私〉にひとつの自然がある。これは経験的意識というよりは、むしろ主体自然〔あるいは主体対象〕の自動作用と対応している」（一六）。この概念を、彼はプロティノスほどの昔から引いてきている。この深く非人称的な意味での主体を基礎とすることで、グラントは、「自然を擬人化しているとか、単に知性による自然の規定から成り立っているなど、観念論を取り囲む一般的な決まり文句」（一六）は、自身の立場の弱点にならないと主張している。

　このことから私たちは二つの重要な論点に向かう。それらは、グラントによるプラトンとアリストテレスの驚くべき解釈を考察する際にも、再び現れるだろう。第一は、自然を個々の物体〔身体〕の作用の総体とみなす考えに、彼が向ける敵意である。この教義を彼は、ギリシャ語のソーマ〔物体〕にちなんで、「物体主義《ソマティズム》」と読んでいる。とりわけハイデガーが「自然を「存在者全体」という観点から規定していること」（七）、および同様にカントが自然を「すべての物の総計」（七）と定義していることが拒絶される。グラントにとってもっと興味深いことは、同時代の英雄ドゥルーズに関わる。すなわち自然を、個々の物体を派生的副産物として生成する生産力とみなす考えである。すでに十分に形成された個物よりも、個体化のプロセスの方が――ドゥルーズと知的に近しいジルベール・シモンドン（一九二四～一九八九年）と同じく――グラントにとってはいっそう興味深いのだ[12]。彼はこの点を、見事な文章で述べている。「自然自体の哲学が……根拠づけられるのは、もはや［物体の特性や偶発事］においてではない。あらゆる根拠、そしてあらゆる物体が生じてくるような力動においてだ」（八）。考察すべき第二の論点は、グラントがカントとプラトンの間に楔を打つやり方である。ただし普通は両者とも「二世界」の思想家であり、ただカントは現象に、プラトンは反対にカントなら完全な形式の叡智界と呼ぶものに焦点を当てているのだとみなされている。グラントがそこに楔を打つやり方とは、プラトンの『ティマイオス』を取り上げることである。そのコスモロジーは古代および中世の読者を魅了してきたが、近代に入り、数理物理学が台頭して以降はその株も下がってしまった。ただこの対話篇は、ジャック・デリダ（一九三〇～二〇〇四年）や彼の学生たちが注目したことで、最近、カムバックを果たしている。グラントが述べるによれば、「シェリングの自然哲学は、カントの批判哲学に由来する諸問題を背景に見据えつつ、プラトン『ティマイオス』に現れる一世界自然学を研究することから始まる」（一〇）。プラトンの正統的な読解は、物それぞれのエイドスを完全な形式〔形相〕――完全な馬、白色、正義、徳――とみなす。それが、物質世界に見られる不完全な事例によってコピーされている。これに対してグラントは、エイドスを物それぞれの自然原因とみなす。これはその生産物にいっさい「似て」などいない。これが、グラントがプラトンの哲学を、教科書に普通見つかるような完全な形式と不完全なコピーとの二世界形而上学としてではなく、「一世界自然学」として読むときに言わんとしていることである。このため彼は、つかの間ではあるが、ポストモダニズムの一八番であった永久の「プラトン主義の克服」を拒絶するバディウと協力することになる。「私たちは、哲学はプラトン主義の転覆を処理しておくべきだったという、バディウの対抗ドゥルーズ的観点を受け入れる（しかし同じ理由ではない）。またそのかわりとして私たちはカント主義を拒否せねばならない……」（八）。これは、どんな哲学的論点にせよ、グラントがドゥルーズに対抗してバディウの側につく唯一のときかもしれない。ただここですら彼は、プラトン主義の本当の論点をバディウが見逃していると考えている。バディウのプラトンは、哲学の真の道程として形式化の方向に私たちを導こうとする数学者であるが、グラントのプラトンは自然（ピュシス）の王者である。この領域は、バディウの体系ではいっさい重要な役を担ってはいない。

さて、グラントとOOOが多くの論点における一致にもかかわらず分岐する時に、非常に中心的となる問いに目を向けよう。自然はいかに、世界に存在しているように思われる多くの個的存在と関係するのか。〈一〉と〈多〉の関係は、もちろん、古代ギリシャ哲学においてもっとも重要なテーマのひとつである。パルメニデスの場合、私たちが理性に従うなら、〈存在〉は本質的に〈一〉である。他方で、様々に多くの存在は臆見（ドクサ）の領域に属している。形式も境界もないアペイロンがあらゆる個々の存在に先立つとする考えを並んで擁護したソクラテス以前の思想家たちにとっては、問題は単に、このアペイロンが原初にいかに個々の物どもへと砕かれたかについて、因果的説明を与えることである。アナクシマンドロス（紀元前六一〇～五四六年）はそうした人々の筆頭だが、いつか正義がすべての反対者を撃ち壊し、この争いの帰結として最後のアペイロンがもたらされるだろうと主張した。ピタゴラス（紀元前五七〇～五〇〇年）とアナクサゴラス（紀元前五一〇～四二八年）は二人ともに、アペイロンは、何らかの破滅的出来事が存在のうちに多性を創造したのよりも以前からあったとみている。ピタゴラスの場合、その理由は、アペイロンがその周囲から虚無ないし真空を吸い込んだからである。アナクサゴ

（12） Gilbert Simondon, *L'Individuation à la lumière des notions de forme et d'information*.〔邦訳：シモンドン『個体化の哲学』〕

ラスの場合、力強い心（ヌース）を原因としてアペイロンが高速回転し、その振動によって、今日見られる無数の個物へと砕かれたからである。二一世紀人グラントが、こんな創造神話を、統合された自然から多なる個々の存在への移行の説明として持ち出すわけはない、と当然、私たちは期待してよい。にもかかわらず彼は、こうした個別存在の軽視を続ける。OOOは哲学の中心に散り散りとなった諸対象を置くが、そんなOOOを支持するひとは、グラントが「物体主義」と呼ぶものの行き止まりに遅かれたどり着くというわけだ。しかし、ブラシエがゴールドスミスで質問したように、グラントは〈一〉から〈多〉への移行をどのように説明しようとするのだろうか。

　この移行を説明するのにグラントが使う主要な述語は「遅鈍化」である。自然とは、その流れのなかでいくらか遅らせられ、堰き止められた力なのだ。またそれによって、私たちが個々の対象として考えているもの（明らかに私たち個人も含む）を生じせしめているのだ。この用語は、本の後半で初めて現れる。そこでグラントはシェリングの自然哲学のうちに働く二つの力を記述している。「最初の力は「あらゆる運動の原理」であり、第二の否定的な力は、第一の力を遅らせるものである。［そして］それらの必然的な結合によって、無限の生成変化は、現象的生産に至るまで鈍くなるのである」（一四三）。言い換えれば、第二の力すなわち「遅鈍化」の力がなければ、自然は無限の生成変化を散財しているに過ぎないだろう。そこには、通常コスモスに住まっているように見える個々の自己も、知覚も、対象も、出来事も、どれ一つとしてあるまい。しかし、二つの力は偏在するのだから、シェリングのうちで、また明らかに、グラントは、純粋生成変化と純粋遅鈍化の二つの極には決してたどり着けないと主張する。グラントにおいても、いっそう興味深い二元論が動いているのだ。無限の生成変化がすべての存在体の半分の面を説明する（その遅鈍化がもう半分の説明を提供する）のと同時に、さらに「現象の大量の変容を永続化する」諸力がある。これらの力が見つかる基礎「細胞」は、世界霊だ。新プラトン主義のもっともおなじみの概念の一つである。「世界霊――自然の［層の連なり］のうちで多性を作る第一の反定立がこう呼ばれるのは、まさしく存在が物体〔身体〕ではなく、にもかかわらず物質であるからだ。それは、まさしく現象性を生成するかぎりにおいて、「あらゆる物のうちもっとも暗いもの」なのだ」（一四五）。このように、あらゆる対立の力動的な故郷として物質を引き合いに出すことで、グラントは——シェリング自身のように——イタリアの多彩な思想家ジョルダーノ・ブルーノ（一五四八〜一六〇〇年）の思考に近づいている。彼は、哲学者のなかでもっとも喜劇的ながら、最終的にはもっとも悲劇的な運命に打ちのめされた。一〇年間の投獄と拷問の末にローマで火あぶりの刑に処されたのである。シェリングは、無限の力がより局所的で鈍い力になる様を語るにあたって、プロティノスの「流出」や、ニコラウス・クザーヌス（一四〇一〜一四六四年）の「縮限」ではなく、むしろ「分解」という語を使う。シェリングの仕事は「無限の力が諸々の物質として分解することから始まる。その後さらなる分解によって、諸々の物質は、熱源的、ガス的、電気的、磁気的、有機的など、物質の変種になる」（一四八）。それは「決して終わることのない連続的な分解」（一四八）なのである。シェリングと同じくグラントにとっても無限の生産性が真っ先にくる。すべての個的な生産物は現象的である。逆に言えば、現象的なすべてのものは、単に生産物に過ぎず、生産性自体とは同一視され得ない。個々の生産物は、それぞれ、同一性の「要約的反復」とみなされる。ニコラウス・クザーヌスの言葉に戻ってグラントが報告するのによれば、「生産物があるところにはいつも同一性が……ある。それゆえ同一性を、無限なものを有限なものへと、あるいは生産性を生産物へと縮限ないし遅鈍化することとして定義できるだろう」（一七五）。どこかドゥルーズめいて聞こえる言い方でグラントが付け加えるには、私たちが語るべきは静態的な対立ではなく、「絶対を横切る反定立的な「軌道」である。これは定義上、開かれた領土である。なぜならもしそれが境界や限界を有するなら、それは絶対ではなくなり、それら限界に対して相対的となるからだ」（一七三）。

　古くからある〈一〉と〈多〉のジレンマに対するグラントの解決策は、どれほど成功しているだろうか。私は個々の対象を哲学の出発点とみなすＯＯＯの理論家であるので、グラントのやり方は順序を間違えていると私が考えていることに何ら驚くことはないだろう。のちに見るように、彼は同時にカントとアリストテレスを、少なくとも三つの異なる失敗を共有しているとして批判している。現象主義、論理主義、物体主義である。私は、アリストテレスの読み方には同意しないにせよ、最初の二点については哲学的にグラントに同意する。私たちが熱心に「現象主義」に、すなわち現われこそ第一に存在するものだとする見方に傾倒するなら、そのときはバークリと同じような立場に立つことを余儀なくさせられよう（ただし、のちに見るように、グラントはバークリを違う仕方で読んでいる）。そうした立場においては、現われの他の何事についても話す意味はない。あるいはもしかすると私たちはヘーゲルのような、もっと薄められた観念論へと陥ることだろう。現象界／叡智界の区別全体を、アクセス可能な現象界の側に向けて内破しようとする観念論である。カント哲学という出来事は、たしかに物自体はあると認めることで実在論に幾らかの余地を与えている。とはいえ、その物自体を議論する機会はきわめてわずかにしか残されておらず、それゆえ「現象主義」はバークリにおとらず、カントについても公正な記述なのだ。しかし私たちはさらに、グラントが物自体とどこか曖昧な関係を結んでいることにも注目すべきだろう。ここで私はその独特さを強調したい。というのも、グラントは決して多数からなる諸物自体は認めることができなかったからだ。一面では、彼はシェリングがカント的有限性を飛び越えたのだと祝っている。なぜなら結局、彼は、日常経験の有限的な束縛から逃れさせてくれるものと哲学をみなす点で、シェリングに賛同しているからだ。にもかかわらずグラントは、数学的手段によって実在的にあるがままの諸物の一次性質に到達しうると考える、メイヤスーのような合理主義者でもない。かわりにグラントのいう物質には暗闇がある。また世界霊にも暗闇がある。さらに、思考が単なる仮象生産物［Scheinprodukt］（現象的生産物）であることを考えれば、思考によって、無条件で無限な生産性――どんな存在体の中心にも泡立ちながら、それと同時にあらゆる存在体を超えたところにあってすべてのあぶくを導いている生産性――について直接的な展望を得られる見込みはない。

同じ理由から、グラントがなぜ論理主義――実在が論理や言語によって適合的に捕捉されうるとする考え――に反対するのかを理解することも容易い。というのも、これらもまた現象的生産物であり、世界霊が見出されるほどの深い場所へは掘り進んで行けないからである。シェリングはあの力強いコスモス的プシュケについていくつかのことを語ることができるが、それでも、世界霊がその中心に隠しているものの深さをいったいどうすれば測れるというのだろうか。ピュシスすなわち自然は、グラントにとって作用の存するところである。思考も人間的個体性も、より一般的にいえば自然の生産物なのであり、自然の構成要素ではない。ただしシェリングはいくつかの箇所で気まぐれに人間存在を高く評価し、そこではそのため医学が諸科学の冠石として扱われている。

グラントが物体主義に反対する理由を理解するのは、もう少し難しいと私は思う。この由来は、ドゥルーズが「不毛の表面‐効果」という概念と、深層に住まう潜勢的力能とを対置したことに、彼が肩入れしているせいではなかろうか。いっそうの深みにある統合された力を、あらゆる個々の諸物の背後に置くことには明白な利点がある。ここから、諸物が相互に関係し合う様についてのより興味深いモデルに到達することができるのだ。何人かの哲学者が「ガタピシ因果性」と揶揄するような日常的な原因作用によるのではなく、共通の起源からの下降を通じたモデルである。しかしグラントは、シェリングの一元論的な自然の概念把握についていくのと引き換えに、高い代償を払っている。一重の〈自然〉という考えは、明らかに多数の物にかんする私たちの経験とは矛盾するし、またパルメニデスにおける理性（これはすべては〈一〉であると主張する）と単なる臆見（これは世界は〈多〉であると間違ったことを主張する）の二元論に対しては明らかに非適合的である。このことを考え合わせるなら、グラントに唯一残される選択肢は、いかに個物が生じるかを「自然的に」説明することだ。一次的な生産力が、私たちが出会う個物を生じさせるためには、それに二次的な遅鈍力が対置されねばならない。しかし、一次的力がいたるところで同じ力であるとすると、個性の重荷の全体は、遅鈍化が背負うことになる。なぜコスモスの様々に異なる部分において様々に異なる遅鈍力があるのだろうか。こちらでは星を、あちらでは仏像を、またあちらではしゃがれたドイツの酒呑み歌を、そちらでは孤独な陽子を、向こうではフランシスコ修道会を生じさせるといった具合にである。もしこうした遅鈍力の多様性が、あらかじめコスモスに属するものとして前提されねばならないとすれば、どんな存在論的な簡潔さも得られたことにはならない。最初から個々の対象が存在することを認めたとしても構わないだろう。私たちはすぐ後でこの争点に戻ってくることになる。さしあたり、グラントがプラトンとアリストテレスを、それまでにない仕方で取り上げるその読解に向かおう。

プラトンの『ティマイオス』への関心が現代の大陸哲学者のあいだで盛り上がっているが、とはいえ、何世紀ものあいだこの対話篇が流行から外れていたことを忘れてはなるまい。間違いなくその理由は、そこに提示される自然理論が、近代ヨーロッパ物理学と比べると原始的、さらにはいささか狂って見えるからである。このためシェリングも、グラントも、彼らの時代に対しどこか尋常でないところがある。しかし「注釈のために『ティマイオス』を取り上げることで、シェリングは、古代の、聖トマス以前における注釈者 - 哲学者たちの伝統に連なろうとする。彼らにとっては、プラトン主義全体とは単純に「『ティマイオス』で提示された宇宙理論」だったのだ」(二六)。グラントは、この対話篇と同時代の読者たちさえも「『ティマイオス』を倫理 - 政治的なアレゴリーとして提示し続けている」(二八)と不平を述べている。シェリング自身の注釈すら、グラントを苛立たせる。なぜなら「カントも受け継いだアリストテレス的な設定から生じる諸問題を、いまだ解決できていない」(二九)からだ。さらに残念なことに、「苦痛にもこの注釈はすべてに譲歩して終わる……[なぜなら]その結論の文章は、物理学を形而上学から、またそうして物質を観念から、切り離す仕草を反復しているからだ。それこそ、アリストテレスによるプラトン主義批判のお墨付きの印である……」(二九〜三〇)。それゆえ、ある意味でグラントは、『ティマイオス』問題を、シェリングがそうしようと企てた以上に推し進めるのである。

　しかしグラントは、シェリングを踏み台にしながら、ひたすらプラトンを鵜呑みにしているというわけではない。彼はシェリングがプラトンを穏やかに咎める重要な一節を引用している。それによるとプラトンは、見える世界を軽蔑するあまり、「世界の形式を、すなわち物質に内在する、あるいは物質から創発するものとしての、規則や法則へのその順応性を、把握し損ねている」（三六）のである。じっさいグラントは、プラトン的な観念〔イデア〕を物質に内在的なものとみなしている。すなわち、現世界にあって基底をなすとみなされた物質とは無縁の、他世界における完成とはみなしていない。これはブルーノのみならず、プロティノスをも思い出させる。彼の「〈観念〔イデア〕的〉的物質の擁護は、〈観念〉の実体性をアリストテレスが無視する際の物体主義的な根拠を拒絶する点で、シェリングと共通している」（三六）。しかしシェリングがプロティノス以上に、物質に高い身分を与えていることは確かである。ちょうど、シェリングが「絶対は純粋に物質として思考されねばならない」（二八）と、またブルーノ風に「物質は宇宙の一般的種子であり、そこに隠れている万物が、後々の様々な発展のなかで展開されるのだ」（二六）と述べているようにである。

　シェリングもグラントもお気に入りのブルーノのもうひとつの着想は、存在は端的に力であるという考えだ。この着想のためのさらなる支えを、グラントはシェリング以後の世代の優秀な科学者のひとりに求めている。「〔物質〕は力動的に、作用からのみなるものとして概念把握されている。マイケル・ファラデー（一七九一～一八六七）が述べるように「実体はその力から構成されている」のだ」（三九）。力動論はシェリングとグラントの両方の合言葉のひとつだが、さらに二人はプラトンに心強い仲間を見出す。「物質自体というプラトン的〈観念〉〔イデア〕は、カント的なカテゴリの枠組みに力動を与えるような圧力を加える」（三八）。生産物に対する生産性の優位に関しては、シェリングの仕事にはいくらか曖昧さがあるが、グラントは最終的には、この原理を尊ぶかたちで結論を下す。「生産は、存在が生成変化する原因となるものである」（四二）。この力動論的プラトン読解には、明らかに、完全な形式が物質世界と相互作用する様に目を向ける従来の見方の入る余地はない。「悪名高いプラトン的「コピー」は機械的な再生産ではない」（四三）。「〈観念〉と［自然］の相互排除が十字を形成し、それによってアリストテレスは形而上学を自然学から分離する」（三二）が、これとは反対にプラトンの〈観念〉は自然学とあらゆる点で関わっている。それは生産、生成、創発の原理である。個としての馬は、馬の〈観念〉に「似ている」のではない。「類は〈観念〉のコピーを提示することはできない。なぜなら〈観念〉は自然に相関物を持たないからである……。〈観念〉の存在は、自然的生成変化との現象的対応を要請するのではない仕方で、概念把握されねばならない」（四六〜四七）。このためグラントは、デランダのドゥルーズ解釈とよく似た定式化を行う。グラントがプラトン的な類について語るには、これは「無限定的な非存在、すなわち常なる生成変化における〈観念〉の位相空間である。そこでは〈観念〉は、存在の止むことなき生成変化がそこを目指していく限界‐アトラクタとして作用する」（四五）。位相区間とは、システムがその強制から見た時にとりうる可能的状態の全体である。たとえば、もしキッチンに三つの電灯があるなら、位相空間においてはこれらの電灯について、以下の八つの可能的状態がある。点点点、点点消、点消点、消点点、点消消、消点消、消消点、消消消。馬や正義やその他のプラトン的〈観念〉の場合に、位相空間を考えるということは、その〈観念〉の広大な数にのぼる可能な個的具現化のための許容量を扱うということである。限界‐アトラクタとは、位相空間においてシステムのすべての個的状態がその周りをめぐる中心点である。一例を挙げれば、現実の気象の状態すべてが、決して現実にならないある状態の周囲を旋回する様を示すような気象グラフである。さらに、洗面所の流し台をぐるぐると転がるビー玉のような単純な事例もある。その個的状態のすべてが、それらの最終目的地としての排水溝によって導かれているのだ。しかし、最終的にビー玉が目的地の排水溝に到達するように思われるこの場合ですら、数学的に考えるなら、ビー玉は決して正確に排水溝に到達せず、最終地点に到達したと思いきやその周りで振動し続ける[13]。いずれにせよ、哲学概念の背後に発見されるこの力動論すべてによって、グラントにおいても、シェリングにおいても、哲学は「私たちの心の自然史」（四五）に行き着くことになる。ただし、これは認知科学で受け入れられるようなものよりも、ずっと奇妙な歴史であろう。またその結果として、実在のうちにアプリオリにあるものについての議論は、カントの場合と同じく人間的判断とは無縁となる。むしろアプリオリなものが関わるのは自然自体であり、私たちによるその表象ではないのだ。ハイデガーは彼の教師フッサールに依拠してアプリオリなものの意味を修正し、心ではなく〈存在〉におけるアプリオリなのだと主張したが、その時に同じような指摘を行っている。ただし、ハイデガーが〈自然〉ではなく〈存在〉について語っているという点は明白な違いではある（四九）[14]。

この機会に、グラントによるアリストテレス解釈に目を向けよう。そこでの描写によればアリストテレスはおそろしく好かれていない。幾多の問題のなかでも「アリストテレス『形而上学』での半端な分析のせいでプラトン自然学に与えられたダメージは、計り知れない……」（三〇）。もっと一般的に述べれば、古くからあり、一見すると良く理解されているプラトンのテーマがある。物質存在による形式の「分有」である。このテーマをグラントは再読解し、アリストテレスによる主流のプラトン理論の説明と争わせる。「アリストテレスは、自然における〈諸観念〉〔イデア〕の「分有」という議論し尽くされた問題を、〈観念〉の自然学にかんする問題としては扱わず、単に……感性的物による数の「模倣」と

（13）現代思想でのこの手の主題における古典的な議論として以下を参照されたい。DeLanda, *Intensive Science and Virtual Philosophy*.
（14）Martin Heidegger, *History of the Concept of Time*, pp. 72ff〔邦訳：ハイデガー「時間概念の歴史への序説」『ハイデッガー全集20』、八八頁以下〕

いう古いピタゴラス派の問題から取り上げられたものと考えている」（三二）。グラントは、アリストテレスがプラトンを、ソクラテス以前の思想家のうち間違った方の集団に接続しているとさえ主張している。よく知られるとおり――また正確にも――アリストテレスは『形而上学』でこの集団を二つに分けている。世界はひとつかそれ以上の原初的エレメント（水、空気、地水火風、原子）からできていると考える人々と、それらエレメントはすでに種別的すぎると考え、そこで、未分化で限界を持たないアペイロンに依拠する人々である。アペイロンとは、分節がないか、わずかにしかない、どろっとした塊である。アリストテレスはプラトンをアペイロン論者と結びつけるが、グラントはそうではなく、プラトンが観念に帰属させる厳密に物理－原因－自然的機能を考慮した上で、彼を原子論者と同じ籠に入れるのである。

グラントは、アリストテレス自身の教えを同じく非正統派の仕方で解釈する。その皮切りに、彼はアリストテレスが先に言及したソクラテス以前の思想家らの二種をカテゴリ分けする仕方に疑念を呈する。「まるでアリストテレスはたった二つの選択肢しか見ていないかのようだ。ただプラトン自然学にとってというのではなく、自然学自体にとっての選択肢である。すべてを包むひとつの物体ないし基層を選ぶか、それともすべてに浸透する多数の物体を選ぶかだが、いずれにせよ自然学とは物体の科学に他ならず、依然そうあり続けている」（三二）。私たちが見たとおり、アリストテレスとカントは、歴史家がそうそう組ませることのない哲学者二人だが、グラントにとっては、等しく個的物体指向の哲学を追求している点で罪あるものと考えられている。「物体主義、すなわちシェリングの同時代人にとって、カントが自然科学を「物体のみの教義」へと機械論的に制限したことの中心に秘する物体主義は、単にアリストテレスが「第一哲学（存在としての存在の学）」と「自然学つまり第二哲学」とを分離したことを反復しているだけのことなのだ」（三二）。さて、たとえある仕方でアリストテレスとカントが「物体主義者」と呼ばれるとしても、彼らが同じ仕方で物体主義者であるかはほとんど明白ではない。アリストテレスの場合、「物体主義」は具体的な個々の物にかんする彼の理論を指す。この物とは、ほとんどどんなアリストテレス解釈のもとでも、人間の心の外で複数形で独立に存在している実在的存在体である。しかしカントの場合はもちろん、私たちは外部世界における諸々の存在体からなる自然について確たる言明を行うことはできず、ましてや物自体が現実的に複数形で諸物自体であるとさえ言う資格を持たない。というのも「単一性」と「数多性」はカントにとって、世界が実在的に私たちから離れてどのようであるかを記述する仕方ではなく、単に悟性のカテゴリであるからだ。

この要素だけでも、アリストテレスとカントが意義ある仕方で哲学的な同胞であると主張することをかなり困難にする。しかしグラントは、いつも説得的とはいかないが、大胆にこの説を推し進める。そのために彼は、アリストテレスは単に「物体主義」の咎を負う――アリストテレスのファンさえ、脱身体化されたプラトン‐シェリング‐ドゥルーズ‐グラント的な生成変化と強度よりも、個々の物の方に注目が与えられていることは認めるだろう――ばかりか、現象主義と論理主義についても罪があると論じる。ここにグラントの本から、特に重要な一節を引いてこよう。「アリストテレス自然学が、経験的形態学や現象学のように、自然から物質〔質量〕を抽出する一方で、形而上学は、さらに物質〔質量〕を形式〔形相〕で置き換え、「実体的存在」〔ウーシア〕を、これが述定可能であるかぎりでのみ、単なる述定可能な主語へと還元する」（三四）。少なくともこの読者にとって、グラントの用いるこれらの言葉は、少なくとも二つの、あまりにかけ離れた橋を渡っている。アリストテレスが、ブルーノや後の思想家たち――グラントもそのひとりだ――を怒らせる仕方で物質を軽んじていることには、はっきり疑問の余地はない。じっさいのところ、アリストテレスにおいては形式こそが重労働をこなし、物質はせいぜい「植物や動物の発生」（三四）のような状況で最低限の役目を担うに過ぎない。とはいえ、ただちにアリストテレスには「経験的」ないし「現象的」形式しかない、ということにはならない。グラントは実体的形式〔形相〕の存在を忘れている。アリストテレスの死後の何千年紀も、そのフォロワーたちの基礎中の基礎だったものだ。この実体的形式〔形相〕は、諸々の存在体自体のうちで能動的に活動しており、それらを現にあるとおりのものにしている。またこれは、感覚的にアクセス可能などんな形式とも同一視できない。まさしくこのために私たちは、アリストテレスにとっての形式は合理的な言語的言明の相関物に他ならないとする、グラントの追加の主張をも受け入れることはできない。彼が述べるによれば「アリストテレス形而上学は、実体に関わる科学だが、ただしそれは、実体が特殊で感覚的で物質的であるかぎりにおいてではなく、述定可能な本質であるかぎりにおいてである。すなわち実体が……ロゴスを支える基体〔主語〕であるかぎりにおいてのみである」（三四）。こうした主張に反対するための重要なアリストテレスの文章のひとつが『形而上学』にある。そこで彼が言うには、個々の物は定義されない、なぜなら定義は普遍から形成されるのに対して、個々の物はつねに具象であるからだ。[15] グラントはアリストテレスから同様の一節を引用しているが、それは、この哲学者が真逆の進路をとって次のように述べる箇所である。すなわち実体は定義されない、なぜなら実体は物質を含み、物質は理性の入り込めないものだからだ、と。グラントにとって、これはアリストテレスがさらに物質を貶めているところとみなされる。グラントはこの論点に非常に関心を持つあまりに、まさに先ほど引用したもう一方の文章を見逃しているのだ。そこでは物質は、それにかんする論理的ないし言語的言明のどんなものとも共約不可能であることは明らかである。

　グラントの本についてOOOの視点からいくつかの異議を唱えたが、『シェリング以後の自然哲学』は魅惑的な思弁哲学の概要を提示するものだ。近代哲学から自然が徐々に消えたことの責をグラントはアリストテレスに集中させているが、私はこれを認めることはできない。自然現象、特に生物学的現象を学ぶアリストテレスの勤勉さと洞察とを思えば、それはむしろ直観に反する主張である。しかしもちろんグラントが、もっとも近代的な哲学において自然に最低限の役割しか与えられていないことを指摘しているのは正しい。また、主流派の超越論哲学者たちが「生命」、「有機物」、「身体化」を語りつつ非人間的領域へ大胆に進むのだと称していることを、終わりのない言い訳だとして軽蔑している点でも正しい。彼が「〈観念〉と自然の分離」を非難しているのは、自然や物理の観点からプラトン的〈観念〉〔イデア〕を読解していることと並んで、示唆に富む。これは、たとえ『ティマイオス』へ大きく依拠するがあまり、数多くの大地的存在者に例示されるものとしての〈観念〉〔イデア〕の伝統的機能の余地が少なくなりすぎるとしても、やはり正しい。さらに少なくとも二つの異なるレベルの自然を彼が区別していることも興味深い。主流の自然主義哲学者は、経験科学が調査するのと同じ自然を尊ぶ。一方、グラントが追い求めるのは、より深層にある潜勢的な自然であり、アトラクタや位相空間からなる自然である。彼はシェリングにならい、これを「進歩的」自然と呼ぶ（四九）。あらゆる可能な道筋を包含する自然である（五二）。グラントは、哲学は私たちに思考の自然史を提供すべきであるという考えを肯定するが、これは主流派科学の自然史のことではなく、ドゥルーズとガタリが一九七〇年代のパリでこしらえたものによく似た自然史である。グラント自身の言葉で締めよう。「自然史は、時間方向および感覚生理学の方向の双方に向けて、現象的ないし感性的自然を超過する生成変化の地図から成り立つ」（五五）。これらの観念をグラントが西洋哲学の歴史にいっそう詳細に当てはめていく様子を、次いで検討していくことにしよう。

B節の練習問題

1　ドイツ観念論の哲学者J・G・フィヒテが与え続けている影響に対し、グラントはどんな異論を唱えているか。

（15）Aristotle, *Metaphysics*, p. 148〔邦訳：アリストテレス「形而上学」『アリストテレス全集12』二六〇頁〕。OOOによるこの点についての議論は以下を参照のこと。Graham Harman, "Aristotle with a Twist."

2　なぜグラントは、「生命」や「身体」に注目する多くの現代哲学者らを怪しんでいるのか、説明せよ。

3　アリストテレスとカントの哲学に彼が見出す「現象主義」、「論理主義」、「物体主義」に対し、グラントはどのような異論を唱えているか。

4　「遅鈍化」の概念でグラントが言わんとしていることは何か。この概念に伴うであろう問題にはどのようなものがあるか。

5　どのような意味において、グラントはプラトン哲学を「二世界存在論」ではなく、「一世界自然学」として読解していると言えるか。

6　グラントのアリストテレス解釈はかなり非正統的だと言って差し支えない。グラントの読解に対して、アリストテレス派からのどのような反論がありうるだろうか。グラントならどう答えるだろうか。

C　観念論の新たな意味

グラントは二〇一一年に『観念論――ある哲学の歴史』を出版した。ジェレミー・ダンハムとショーン・ワトソンという才能ある元学生たちとの共著である。以下、三名の著者の名前については速記法を用いDGWと略記する。本書が共著であることからは、共著作品の著者全員がそこに含まれるすべての言明について責任を負うべきかどうか、という一般的な問いが生じる。共著を試みたことがあれば、誰でもこのプロセスの特徴として以下の点に気づくだろう。（1）一般的に言って、企画に携わる他の著者たちとの大まかな同意を下敷きにしていなければ、誰も共同執筆に関わろうとはしない。（2）ふつう、ひとりの著者が意見の不一致にもかかわらずなんらかの主張を立てるという場合、妥協がはかられることはある。単純にその主張がさほど重要ではなく、争うほどでもないことが理由である。たとえばレヴィ・ブライアントとニック・スルニチェクと私とで『思弁的転回』(二〇一一年)なる論文集の編者序文を書いたことがある。記憶が確かなら、スルニチェクによる二つの指摘にブライアントと私は同意しなかったし、またひとつの論点について私は特に異議を唱えた。だがいずれも争うほどのこととは思われず、スルニチェクはいずれについても自分の意見を通した。[16] もちろん、別の論点ではスルニチェクが沈黙し、同意しないまま私やブライアントに執筆を任せたところもある。ひとえに礼儀のためである。著者や編者が重要な論点で特に強く意見を違えるような場合には、この点をむしろはっきりさせておくことが慣習だ。DGWによる『観念論』の本の冒頭のページにそうした断り書きはないことに注目しておきたい。さらにこの本には、グラントの『シェリング以後の自然哲学』での諸論点と矛盾するものは何もない。私はむしろこう言いたいくらいだ。『観念論』は、グラントの哲学プログラムが西洋哲学史に適用された場合の論理的帰結のように読める、と。

にもかかわらず、たしかに『観念論』は真剣な哲学的関心を持つ開かれた心の読者たちにとってご馳走の本なのであるが、「魚ともニワトリともつかない」質があって、それが分類を難しくしている。その表向きの論題は観念論であるが、各章は、観念論の様々な構造的特徴についてというよりは、個々の固有名についての研究論文に分かれている。このため本書は、いくつかの分析哲学者をしっかり扱いながらも、大陸哲学的雰囲気を帯びている。さらに本書は、観念論との繋がりが明らかではない様々な哲学者について、その体系の諸側面をきっちりと探求している。このため本書は時に一般的な哲学史のような感じを与える。しかし、そういう見方もさほど的を射ているわけではない。というのも、主要な西洋哲学者のうち、一章がそのために割かれていない者や、またほとんど言及すらない者もあるからだ。

(16) Levi R Bryant, Nick Srnicek, and Graham Harman, "Towards a Speculative Philosophy."

おそらく彼らが、この本で明言された範囲に収まるほど十分に「観念論者」ではないからであろう。アリストテレスは、グラントによるこの学問領野の歴史の見方では一般に悪役であるが、どの章でも扱われていない。またキリスト教徒、ユダヤ教徒、イスラム教徒、いずれの中世思想家も取り上げられない。第二章は「プラトンと新プラトン主義」を扱うが、第三章は一気に一六〇〇年代に飛び、「デカルトとマルブランシュ」が取り上げられる。グラントのような精神上のドゥルーズ派にしては驚くべきことだが、スピノザやヒューム、ベルクソンといったお気に入りのドゥルーズ先駆者の章もない。こうしたすべて、まさしくこの本が観念論というテーマ研究と、全大陸哲学と大部分の分析哲学の歴史上の主要人物についての大がかりな要約との、どっちつかずに陥っている証である。このようにジャンルが混交しているにもかかわらず、『観念論』は読者の関心を維持し続けることに成功している。さらに、他では見られないいくつかの特典も備えている。そのなかでもとびきりのものが六三頁でのイギリス観念論の説明であろう。T・H・グリーン（一八三六〜一八八六年）、F・H・ブラッドリー（一八四六〜一九二四年）、ジェイムズ・ウォード（一八四三〜一九二五年）、J・M・E・マクタガート（一八六六〜一九二五年）、バーナード・ボザンケ（一八四八〜一九二三年）が注目され、同じく、彼らに続いて登場し、より広い賞賛を浴びた重要思想家アルフレッド・ノース・ホワイトヘッドも扱われる。ホワイトヘッドをのぞく全員が、英国に初期分析哲学者バートランド・ラッセル（一八七二〜一九七〇年）とG・E・ムーア（一八七三〜一九五八年）が登場した後は相対的に光が当たらなくなったことを思えば、これらのページだけをとっても本書には価値がある。

しかし最後の二つの章は、他の読者にもいっそう興味深いものと判明しよう。というのもここでDGWは、自分たちがただの博学な哲学史家ではなく――滅多にない組み合わせだが――科学と哲学の現代的潮流の注意深い観察者であることも示すからだ。第一四章は、生物科学におけるオートポイエーシスと自己組織化にかんする仕事を考察している。まず注目されるのは、チリの免疫学者ウンベルト・マトゥラーナ（一九二八年〜）とフランシスコ・ヴァレラ（一九四六〜二〇〇一年）の共同作業であり、ついでアメリカの複雑系理論家スチュアート・カウフマン（一九三九年〜）が取り上げられる。第一五章は、より大きな網を投げて、現代哲学にいまだ残る観念論――この語のDGWのいう意味で――について議論する。第一に来るのが、影響力の高いピッツバーグのヘーゲル学者ジョン・マクダウェル（一九四二年〜）やロバート・ブランダム（一九五〇年〜）である。両者ともに、近年の分析思想における主要人物だ。続いて、もっと冒険的な思弁に取り組む哲学者の三人組が、たっぷりと、しかし興味深く議論されている。カナダのジョン・A・レスリー（一九四〇年〜）、英国の思想家、故ティモシー・スプリッジ（一九三二〜二〇〇七年）、そしてピッツバーグ大学のマクダウェルとブランダムの同僚で、驚くほど多産なドイツ出身ニコラス・レッシャー（一九二八年〜）である。本は、ドゥルーズ、ジジェク、それから互いに好敵手だった二人のヘーゲル解釈者――この大ドイツ思想家のフランス受容の二つの柱であるロシア移民アレクサンドル・コジェーヴ（一九〇二〜一九六八年）とフランスの大学人ジャン・イポリット（一九〇七〜一九六八年）――について、短いが中身の濃い議論でもって締めくくられる。

流行りでない哲学教義について肯定的に書く場合の便利な戦略のひとつは、それが考えられているよりも多くの支持者をすでに得てきたことを、まず示すことである。ディビッド・スクルビーナの好著『西洋における汎心論』はこれを行って、すべてのものにはある程度の心があるという最初は衝撃的な見方を打ち出している。DGWも『観念論』では同じ戦略を取り、この信用されてなくはないが、まだ広く好まれてもいない哲学的立場が偏在することを擁護している[17]。しかしそのようにするためには、DGWは観念論が意味することを制限し、再定義する必要がある。そうして現れるもの

(17) Jeremy Dunham, Ian Hamilton Grant, and Sean Watoson, *Idealism: The history of a Philosophy*, p. 1. 以下に記載するページ数はこの文献のもの。

は、幾つもの時代を貫く観念論的風景の予想だにせぬ肖像である。平均的な読者——私も含む——にとって、観念論が意味するのは、物の現われの背後には何も存在していないとする現象主義の一形式である。この同じ平均的な読者——再び私も含む——にとって、観念論哲学者の見本は、それゆえ、「存在するとは知覚されることである《エッセ・エスト・ペルキピ》」という言葉でつとに知られるバークリである。こうした標準的な観念論の像に対するＤＧＷの応答は、三つの面を持つ。彼らの応答のそれぞれの面を詳細に考察することは価値があろう。

まず何よりＤＧＷは、現象主義は観念論のもっとも有益ないし有用な意味ではないと主張する。彼らによれば「私たちが調べた現代の辞書の八つのうち六つが、観念論を、実在性は心に依存するという理論として提示している」（四）。彼らの見るところでは、このことは、観念論が懐疑主義をその動機とすることを意味している。彼らの見方によれば本来、観念論は「体系的な完全性」（四）への希求をその動機とするのであり、これが意味するのは、私たちが金属、岩石、木材において実在性を概念把握することのうちには観念が含まれているべきだ、ということである。もしいわば汎心論が真であると判明すれば、その時、この普遍的有心性というテーゼは、実在を蝕んでいるのではなく、単に私たちによる実在の概念把握を拡張しているに過ぎないだろう。グラントのシェリング書のうちで見たように、ふつうプラトンのものとされる二世界存在論では、思考と思考外のもの（プラトンの場合は完全な形式）が類において異なることははっきりしているため、真剣な哲学にはこの区別の周囲を堂々巡りする以外の選択肢がない。しかし、ＤＧＷがするように、思考をもうひとつの実在と捉えたとたん、私たちは、典型的なプラトン理解とは完全に異なるものを手にする。すなわち「私たちが到達するのは、諸々のプラトン解釈にお得意の二世界観念論ではなく、一世界インフレ観念論の概念把握である。変化、誕生、衰微の世界は、因果的に〈観念〉の世界から隔てられた世界ではない。というのもたとえば『パイドン』に明らかなように、〈観念〉は、己の生成変化にかんする原因となることを自然〔本性〕としているからだ」(六)。プラトン的〈観念〉の原因的力能をこのように好むがゆえに、DGWは、しばしば無視される新プラトン主義者らに自然と似てくることになる。彼らはまさにそのような仕方でプラトンを読むのである。またこのためDGWは、プラトン的〈観念〉に対してふつう向けられるような唯名論的批判からも免れる。この批判が前提にするのは、〈観念〉すなわち形式を他世界における完成であるとし、それが堕落した地上の存在者にコピーされているという主張としてプラトンを読む主流派の読解である。DGWが述べるように「「赤自体」はない、とこうした批判者は主張する。ただ赤い物だけがあるのだと。いったいどうして、普遍が、特殊なものからなる世界よりもずっと実在的であるなどと、またそれらが、別たれた永遠なる領域を占拠しているなどと、誰か主張できるだろうか」(七)。代わりにDGWはこの問題についての新プラトン主義的見方を再導入し、〈一〉を強調する。〈一〉とは「万物の源泉であり、物質はその生産性の最低水準である。〈一〉の力能が生産によって増大する一方で、その生産物には〈一〉へと帰還するのに十分な力能が足りない。これらのプラトン主義者たちは、世界がいまあるようにあるための内在的理由として〈観念〉を世界に統合する点で、共通して〈観念〉の原因的次元へと傾倒している……」(七)。もっと一般的な観点からDGWは、他の多くのいわゆる観念論者から自分たちを区別する三つ組みの観念論的プラットフォームを提示して、この本の序章を締めくくっている。「第一に、〈観念〉は組織化の観点から原因的である。第二に、この組織化は、分離可能な意味において形式的、抽象的ではなく、むしろ部分を具象的に全体としての全体へと関係付ける。第三に、それゆえにこうした観念論は一世界観念論であり、したがって自然を真剣に受け取らねばならない」(八)。観念論がこのように再定義されるとき、それはゴールドスミス・ワークショップで導入された思弁的実在論のプラットフォームと両立不可能ではなくなる。それゆえに、『観念論』なる本にグラントが関わって、そこで一見すると反実在論的な潮流を賞賛しているからといって、思弁的実在論から分離したというわけではないのである。しかし、かといって観念論をこのように定義しようとDGWが決断したことが見習われるべきというわけでもない。すぐ後でこの点についてもう少し述べよう。

ＤＧＷがふつう言われる観念論の「現象主義」的意味を軽んじる第二の理由は、彼らが、最初から現象主義者の者などいないと主張したいためである。彼らが、ふつうなら教科書的な観念論哲学者――ふつうの意味での観念論者――とされるバークリに一瞥も与えていないことは、すぐ後で確認しよう。本の後半では、彼らはバークリを「この共通感覚実在論にとことんまで従う共通感覚実在論者」（二〇三）と呼びさえしている。しかし、この論争ぶくみなバークリ読解をしばらく受け入れることにしたとしても、さらにＤＧＷは、実在の存在を認めない者がいるかどうかについて、ふつうと異なる主張をしているようだ。たとえば彼らは、ドイツ観念論者（結局のところ観念論者なのだ）のうちでも「ただひとりフィヒテだけが、哲学的に重要なものとして、あらゆる形式の自然主義を［拒絶した］」（三）と主張する。ここでは、真っ当な実在論にフィヒテが加えた被害の度合いについてのＤＧＷの見方は、むしろ控えめに述べられている。というのも彼らは、フィヒテの倫理‐実践的な教義がマルクス（一〇五）やジジェク（二九五）といった後の思想家にも潜伏していると見ており、「現代観念論は圧倒的に自然をなおざりにしがちだ」（八‐九）と嘆くからである。これらの反例にもかかわらず、ＤＧＷは序文でこう述べる。「存在体は心に依拠して存在すると信ずる哲学者は、自然的《フィジカル》実在があることを主張できない、と言われている。私たちはこれを真とみなすような観念論者をひとりも知らない」（五、強調追加）。しかしＤＧＷが、バークリやフィヒテさえも、なんらかの意味ある仕方で自然的実在の存在を支持していると主張するのは、無理筋というものだ。また現代においてもジジェクは、人間主体のないところに自然的《フィジカル》領域があることを認めていないと言って良い。見かけ上の観念論はしばしば自然世界を否定しないと言う時のＤＧＷの正当化は以下のようである。「たとえばカントの超越論的観念論は、根本的に正しい物理《フィジカル》宇宙を自然として有するニュートン主義を前提としている……」（五）。しかしこれは、自然自体を自然科学に融合させようとすることである。だが、この二つを区別することこそ、ふだんグラントがその仕事のなかで慎重に守ろうとしているものだ。カント的な視点から見るならば、ニュートンの『プリンキピア』は明らかに、人間経験を構造化するカテゴリおよび純粋直観を飛び越えて、物自体へたどり着くことはできない。幾多の困難のうちでも特に挙げれば、ニュートンは原因と結果の概念を彼の学説の形成のために必要としたのに対し、カントはこの概念を、主観的領野を超えて適用することを許可しない。このこと以上に、ニュートンは、私たちの心の外の空虚な容器としての絶対時空を擁護する人々のうちでももっともこれに忠実なひとりである。しかし、これこそカントにおいてもっとも想像しがたい考えのひとつだ。カントはその仕事のなかで、アプリオリな現われの学としての科学には多くの余地を与えているが、シェリング－グラント流の自然自体をめぐる思弁にはいかなる余地も与えていない。

　最後に三点目としてＤＧＷは、バークリは決して観念論者ではなく、つねに実在論者であったとする驚くべき主張を行っている。彼らはこれを、比較的ひねりのない常識的主張として提示しようと試みるのだが、結局はバークリの意義と実在論の意味そのものの双方にかんするラディカルな再読解に行き着く。彼らは、バークリは実在そのもの《ペル・セ》ではなく、単に自然の原子論ないし小体論的な見方のみを攻撃しようとしていたのだと論証しようとする。彼らが述べるには、「バークリは機械論的唯物論の適合性を単に説明モデルとしてではなく、存在論として反駁していた。いま、これは反科学に行き着くという主張がしばしばなされるが、もちろんそうではない。むしろバークリは、物を説明するにあたってのある特定の科学的解説に反対しているのだ」（五）。さしあたりこの点は脇において、ＤＧＷによるバークリの修正主義的読解の別の要素に目を向けよう。観念論は実のところ別の形式の実在論だという主張である。このテーマは、はやくも序文でお披露目されている。そこでＤＧＷが論じるには、「バークリを反実在論者と呼ぶことは、それゆえ実在の特徴に関わる問いを回避することだ」。序文だけでも少なくとも三つの箇所で、「観念論は単に別種の実在論である」とする論証が折に触れ指摘される。第一——

「観念論者は、反実在論者ではなく、その上、じっさい普通は実在から無視される要素にかんする実在論者なのである……すなわち観念論とは反実在論ではなく、まさしく〈観念〉の存在にかんする実在論なのだ」（四）。第二――「観念論は、物質についての適合的理論に到達するための、唯一の哲学的手段である。ただしこの理論が、諸々の〈観念〉も含む、あらゆる現象の存在についての説明を含まねばならないかぎりにおいて、である。それらの〈観念〉に関して、観念論者は実在論者なのである」（六）。第三――「〈観念〉にかんする実在論者であることは、それらが何であるかについての理論を持っている、ということだ」（七）。この論証についても、後ほど取り上げよう。

これら三つの論点のそれぞれについてOOOから批判を行いたいが、その前に、私たちももちろん同意するひとつの重要な案件について考えたい。すなわちDGWは、観念論を受け入れる彼らの動機のひとつ（ただし唯一ではないと強調される）として、それが今日に顕著な自然主義の克服の道となると主張しているのだ。ここで私は、実行の手段はともかく、彼らの動機は受け入れたい（二）。哲学者たちは自然について科学者たちに何も言えないほど、極端に怖気付くようになってしまった。彼らは、フィヒテとその後継者たちが切り開いた、閉所恐怖誘発的で、非自然的な、倫理‐政治的地帯にみずから進んで留まりがちになってしまった。哲学者たちはもっと直接的に科学に挑戦すべきだという物理学者スモーリンの要求を誰かが引用するのはいつでも清々しいものだが、DGWもこれを欠かしていない（二五五）。さらに彼らが主張するには、ピッツバーグのヘーゲル派やその他の人々のおかげで、哲学的観念論は「自然主義の代案として措定される規範性に基づいて、形而上学を構築すること」（一）にあまりにも限定されるようになってしまった。ここで私は、どんな哲学的錠前にも合うと称される鍵としての「規範性」に、DGWが向ける疑いを共有する。彼らと同じく私もまた、ベルナール・デスパニア（一九二一～二〇一五年）やジュリアン・バーバー（一九三七年～）、カウフマン、ローランド・オムネ（一九三一年～）のような科学思想家に見られる、より思弁的な物理学の論調に敬意を払いたい[18]。グラントと私は、両者ともにバディウの哲学に対して慎重な懐疑主義を向けてはいるものの、現代哲学（バディウは「民主的唯物論」と呼ぶ）が「身体」と「言語」の脆弱な二層的存在論に捧げられているとするバディウの嘆きには同意しているようだ。[19] ゴールドスミス・ワークショップのすぐ後に、グェナエル・オブリとカンタン・メイヤスーが書き留めたように、このロンドンで彼らはグラントとOOOのあいだに密接な類似を見つけ出していた。この類似がもっともうまく把握されるのは、もしかすると、私たちの両者ともに無生物的実在を哲学的領域へと連れ帰りたがっている——ただし、ブラシエを含む自然主義者に見られるような、しばしば芸術や人文学への腹の底からの嫌悪を伴った数学や科学のフェティッシュ崇拝は抜きにして——と述べることによってであろう。

ここで、いま扱ってきたDGWの三つの論点に戻り、それぞれ順番に応答していこう。第一の論点は、「観念論」のより良い使い方として、これを心の外の実在を否定する現象主義的立場——DGWによればそれほど多くの思想家によっては擁護されていない立場——ではなく、諸観念の実在を受容する哲学を指す言葉とすることである。DGWが提案するこの広い意味での観念論は、単にふつうのバークリ哲学解釈から区別されるだけではなく、汎心論からも区別されるべきである。もし単にDGWが諸観念は実在的でもあると主張しており、バークリが「存在することは知覚されることである」と主張しているのなら、汎心論が述べているのは、存在することは知覚することであり、それゆえ何ものも、原始的なものにせよ、ある種の心を持たずには存在していないということである。さらに「生気論」という用語がしばしば汎心論と混同されるが、前者が意味するのは単に、存在するものはどれも生きているという

(18) Bernard d'Espagnat, *On physics and Philosophy*; Julian Barbour, *The end of Time*; Stuarts Kauffman, *The Origins of Order*; Roland Omnès, *Quantum Philosophy*.

(19) Alain Badiou, *Logics of Worlds*.

ことであるのに対して、後者は、すべてのものが、単に植物のような栄養摂取や再生産の能力ではなく、むしろ現勢的な心性を有することを要求する。問題は、なぜDGWが、実在が心への依存を意味するような、通常の意味の「観念論」を消去したがっているのか、だ。観念もまた実在とみなすべきだという彼らの主張は認めてもよい。しかしその場合でも、「観念論」ではなく「フラット存在論」という語で十分だろう。すでに見たとおり、彼らが重ねて言うには、観念論の動機とは、体系的な完全性への欲求であって、懐疑主義的関心ではない（四）。しかしなぜ、万全の観念論が懐疑主義と結び付けられる必要があるのかは定かではない。懐疑主義者は、私たちとの出会いと無縁に何かしらのものが存在しているかどうかを疑うのだが、バークリにはそのような懐疑はない。バークリのトレードマークでもある教義とは、存在することは、端的に知覚されることである、ということだからだ。適切に述べれば、懐疑主義者の懐疑は、観念論者のものではなく、メイヤスーが「相関主義者」と呼ぶような哲学者たちのものであるはずだ。

　このことから私たちは第二の論点に移る。つまり、誰もじっさい心の外に何も存在しないとは主張していないのだから、普通の意味での観念論について語ることはほとんど意味がない、というDGWの見解である。しかし第一に、これは文字どおりに間違いである。後に見るように、バークリを文字どおりに読む主流派の読解を避けようとする彼らの試みは失敗している。バークリは語の普通の意味において、範例的な観念論哲学者として非常に役立つだろう。DGW自身、ほとんど、同じことがフィヒテに当てはまると認めるところまできている。フィヒテは、自由な人間存在のための道具にならぬものとして自然を扱い、「世界」をせいぜい人間活動への抵抗の源泉とみなしている。ジジェクについてはこれらすべて言わずもがなであろう。ジジェクが想定する「唯物論」は、世界は私たちとの出会いと無縁には存在しないと言う逆説的要件を有する。同じことは、彼の知的英雄ジャック・ラカン（一九〇一〜一九八一年）にも言える。ラカンにとっては〈現実界（実在的なもの）〉は、〈想像界〉、〈象徴界〉のもつれたボロメオ結びの外には存在しえない。〈想像界〉、〈象徴界〉のどちらも、非生物的物質においてはとうてい見つからないものだ[20]。のちに見るようにDGWすら、マトゥラーナとヴァレラはオートポイエーシス理論において閉包《クロージャー》に過剰な強調をおくために独我論へ向かう傾向があることを認めている。そしてじっさい観念論の語の主流な意味において、多くのラディカルな観念論思想家の例がある。しかし、これが重要な点というわけではない。というのも問題は、どの哲学者が観念論者かではなく、どの哲学がこの記述に見合うかということだからだ。これはつまり、ある哲学は、その著者がそれに関して述べていることといつも等価ではない、ということだ。たとえばライプニッツは、自分の哲学には自由意志に多くの余地が残されていると述べるが、しかし諸々のモナドは予定調和に従属すると考える哲学についてこれを言うのは簡単ではない。これが意味するのは、ライプニッツは術語のゲームを通じて自由意志を救済できるに過ぎないということである。私がしばしば論じてきたように、存在体の一次性質を数学化によって把握できると考えるメイヤスーのような哲学には、たとえば樹木の数学的モデルと樹木自体の違いを説明することは非常に難しいだろう。反論が時々——メイヤスーからではなく、彼の代弁人をかってでた人々から——寄せられてきたが、それによればメイヤスーはもちろん物とその数学的モデルを混同するほどにバカではないということだ。確かにそんなことはないだろう。この御仁に限ってバカなことなどない。しかし問題は、カンタン・メイヤスーが、正気で整った頭の人間存在として何を「認識」しているかではなく、正気の頭で彼が認識しているすべてのことに対して彼の哲学が十分な説明を行っているかどうか、である。私の要点は以下のとおりだ。DGWの導きにしたがって私たちもこう述べるとしよう。この地球上に一貫した観念論者などじっさいにいた試しはない、なぜなら正常な人なら、

(20) Slavoj Žižek and Glyn Daly, *Conservations with Žižek*, p. 97〔邦訳：ジジェク『ジジェク自身によるジジェク』、一三七－一三八頁〕; Jacques Lacan, *The Sinthome*.

己の観念論への信を証明するために、崖から歩み出たり、酸の桶を泳いだりするほどとち狂うことはないからだ、と。しかしそうしたところで、一貫した観念論を伴うか、少なくともそうした方向へ向かう、大量の哲学があるのである。私がヘーゲルこそこうした例だと言えば、グラントは私の見方に賛成さえするかもしれない。というのも、彼はヘーゲルによる自然の扱いについては低い評価を与えているからだ。彼はまた、フッサールこそ本格的な観念論者だとする主張について私に同意するかもしれない（ただしフッサール派はこれを否定したがる）。というのもフッサールは、少なくとも原理上は、思考の行為の相関物であることなしに何かが存在しうると考えることを不条理とみなしているからだ。

　哲学者たちが自分で何を知っていると考えているかではなく、彼らの哲学が現実に何をもたらすのかへと議論を移してみるならば、観念論の問題が、どんな哲学者たちの限定集団を観念論者と呼ぶことに同意するかを超えた真剣な問題であることが見えやすくなろう。じっさいリスクは——観念論哲学にとっても相関主義哲学にとっても——十分に大きく、「フラット存在論」のようなものを意味する場合に「観念論」の語を使うことは、むしろ重要な敵を名指し損ねることになってしまう。これらの理由によって、私は観念論の意味に関してＤＧＷに同意しない。最低限、実在論とは、「実在が心の外に存在する」ということを意味しているべきである。ただしこれですら十分ではない。なぜなら、実在は、心以上のものの外に存在しているからだ。岩の外に実在がある。その実在によって、その岩が平穏のうちに横たわるのか、地滑りで山裾に転げ落ちるのか、溶岩の流れのなかで溶けてしまうのか、決定されるのだ。太陽系の外にも実在がある。その実在によって、この系が通りすがりの銀河間星《ローグスター》に干渉されるまでどれほど長く安定していられるか、決定されるのだ。実在は「心の外」ではない。このような定式は、ただ近代になり、心の存在論的身分があまりに高く見積もられるようになってから出て来たに過ぎない。実在とは、なんであれその外なのである。

　しかしここで特にバークリへと目を向けよう。ＤＧＷは彼を誤解された実在論者として扱っているが、ほとんどの読者にとっては観念論の看板哲学者である。彼らの先刻の議論のひとつを思い出そう。それによると、バークリは一見すると心の外の何かの存在を否定しているように見えるが、実はそれは単に科学的原子論への戦略的攻撃であった。読者の記憶を呼びさましておこう。「バークリは機械論的唯物論の適合性を単に説明モデルとしてではなく存在論として反駁していた。いま、これは反科学に行き着くという主張がしばしばなされるが、もちろんそうではない。むしろバークリは、物を説明するにあたってのある特定の科学的解説に反対しているのだ」（五）。私は他の点ではＤＧＷの『観念論』という本を大いに賞賛しているが、この特殊な主張が正当性を確保できるかどうかは定かではない。もちろん単に機械論的唯物論に反対するだけでは十分に「反科学」と呼べないという点ではＤＧＷは正しい。また、これは単なるカカシ論法でもない。科学を好む哲学者たちの方がしばしばむしろ教条的であり、許容可能な科学言説とみなしたいものに限定をかけている。しかし、このように狭く機械論的唯物論だけに取り組むことがバークリの中心目標でないことは明らかだ。彼はもっと大きな獲物を狙っている。しばらくこのバークリという男が何者であったか思い出そう。ここで彼の初期のもっとも重要な本から、彼の哲学的立場をもっとも明快に示す言明のひとつを引きたい。

〈家、山、川、一言で言えば感覚可能な対象はすべて自然的に存在するあるいは実在的に存在する、つまり、悟性によって知覚されるということから区別されて存在する〉というのは、なるほど奇妙にも人口に膾炙した意見である。しかし、この原理が世間でどれほど大きな確信と黙認をもって迎え入れられているとしても、これをあえて疑問に付す気概をもつ人なら誰でも、もし私に誤りがなければ、これが明白な矛盾を含むことに気づくだろう。それというのも、たったいま言及した対象は、われわれが感官によって知覚する事物以外の何であろうか。そしてわれわれは、われわれ自身の観念あるいは感覚以外の何を知覚するというのだろうか。ということはつまり、これらの観念のだれかが、あるいはこれらの観念の組み合わせが知覚されずに存在するということは、明らかに矛盾しているのではないか。[21]

これは原子論の批判ではない。明らかに、知覚されることと独立に実在が存在しているとする、広く理解された意味での実在論への批判である。機械論的唯物論を殲滅するためだけでなく、どんな形式の科学的実在論に対しても効き目があるのだ。デカルト以前の中世における物質内の実体的形式〔形相〕という教義に対しても。デカルト自身による、数学用語で記述可能な統一的プレナム空間としての物質という見方に対しても。さらには無条件の生産的力としての自然というシェリングのモデルに対しても。もし家も山々も川も「悟性によって知覚されるということから区別されて」存在を許されていないとすれば、そのとき私たちは明らかに観念論を純粋な形式で有している。

もちろんDGWが初めて、バークリは「諸観念についての実在論者」だから、それでも実在論者なのだと反論した訳ではない。しかし、この操作によって何が成し遂げられるかといえば、「実在論」の語を絶対的にどの哲学的立場にも適用することで、結果、その価値を失わせしめること以外には、定かではないのだ。同じ仕草でもって私たちは完全な独我論者に関して次のようにも言えよう。彼らは「自分自身についての実在論者」なのだから、それでも実在論者であるのだと。「実在論」という語のこうした安売りは、ふつうなら、これを敵とみなし、その牙を抜く必要があると考えていることがその動機であろう。こうした例のひとつが、ジョン・D・カプートの、デリダは「諸物自体」の哲学者であるという主張である。しかし、デリダははっきりと『グラマトロジーについて』で――また別のところでも――どんな文脈をも免れた実在というものを否定している。[22] ここでカプートを駆り立てている動機は、明らかに、彼の英雄デリダをラディカルな反実在論者として拒絶する様々な「素朴実在論者たち」の力を削ぐことだ。同じ動機が、私もたいへん愛好するひとりの著者の指針となっている。ブリュノ・ラトゥールは『科学論の実在――パンドラの希望』で、不公正な仕方で彼の著作を拒絶する科学的実在論者たちとの抗争のなかでの戦略的な一手として、「実在論」の語の価値下げを行っている。しかしこれは明らかにDGWの動機ではない。実在論に対し特別な敵意がないばかりか、結局のところ観念論はある種の実在論であることを証明しようと躍起なのだから。DGWの場合の戦略的な動機づけは、どうやら彼らが観念論の肯定的な側面（つまり諸観念の原因的実在）とみなすものに私たちの注意を向けることのようだ。彼らの考えでは、この側面はあいにく観念論がふつうは実在論に対置されるせいで隠されてしまっている。同様のことが、私の共著者であるデランダにも起こっている。本一冊分にもなる対談集『実在論の勃興』のなかで、彼は実在論についてDGWと同じ議論を行っている。「敬虔なキリスト教徒はもちろん天国と地獄についての実在論者だ。そのひとは、それら超越的空間を私がまったく信じていないことが、それらの現実存在に影響を及ぼすなど受け入れっこないからだ。しかし、こうしたキリスト教実在論者は、あきらかに唯物論者ではない」[23]。デランダはここで、どちらかといえばDGWよりは熱心に実在論寄りの見方を示しているが、やはりDGWと同じく「実在論」の語の価値を下げようと望んでいる。それは、もっと高く評価する語――彼の場合、唯物論を持ち上げるためである。私としては、犠牲にしたり、価値を下げたり、見損なったりするには、実在論はあまりにも重要な語であると思う。現代哲学は、何が実在論とみなされるべきかの標準づくりについて、まだ十分に追求していない。哲学状況に大きな変

（21）Goerge Berkeley, *A Treatise Concerning the Principle of Human Knowledge*, p. 24.〔邦訳：バークリー『人知原理論』、五六頁〕

（22）John D. Caputo, "For Love of the Things Themselves"; Jaque Derrida, *Of Grammatology*.〔邦訳：デリダ『グラマトロジーについて』〕

（23）以下でのデランダの発言。DeLanda and Harman, *The Rise of Realism*, p. 116.

化が生じるまでは、私はむしろ実在論という語を、厳密かつ使用に耐えるように磨き上げ続けるのが良いと考える。

いま議論してきた論点は、それらすべてDGWの序文ですでに触れられているものであり、本全体の中心をなすアイデアである。そのあとには哲学史の主要人物について、グラントの自然存在論の視点からの一貫して豊かな解釈が連ねられる。これらの豊かな解釈のうち、ほんのいくつかしか論じる時間がない。私は観念論における三つの歴史的転回、および三つの現代的潮流についてのDGWの議論を扱うにとどめたい。それら歴史的転回点とは(1)新プラトン主義が、その後の観念論すべてに見られる、観念論哲学の三つの基本形を確立した仕方、(2)それまでのプラトン的観念論を超えたデカルトの観念論的革新、(3)バークリとカントの差異――ここでDGWは、バークリを驚くほどに実在論的な人物として評価し、またカントを、彼が人間認知の彼岸の物自体へこだわるのにもかかわらず、観念論的人物として評価する。DGWの仲間として私たちが訪れることになる現代的人物は(1)マトゥラーナとヴァレラ、(2)カウフマン、(3)ドゥルーズ、つまり隠れもないグラント哲学全体の鍵となる哲学者である。

はじめにDGWがプロティノスを三重に解釈しつつ述べていることから取り掛かろう。ここでプロティノスは、今日にまで続く観念論のありうる三つの形式をもたらすとされている。これは、ソクラテス以前の哲学者パルメニデスの有名な格言の様々な解釈方法と密接に結びつく。すなわち大まかに言えば「存在することと思考することは同一である」という格言である。これは正確には何を意味するのか。ありうる一つの解釈は、思考の外に存在はない、ということである。これはウィリアム・ラルフ・インゲとマリア・ルイサ・ガッティという学者が提唱するプロティノス読解だ(二五)。二人の学者は「プロティノスの形而上学をバークリやフィヒテに見られる主観的観念論の先駆者としている。バークリやフィヒテの場合、実在があるならその唯一の実在は、それが存在するにあたって心に依存している」

（二五）。それゆえ、これがDGWの好むバージョンのプロティノスでないことは明白であろう。第二の選択肢は「汎論理主義」的読解であり、プロティノスはヘーゲルを思い起こさせる仕方で解釈される。つまり想定された主観／客観の区別を乗り越えようと企てる「客観的」観念論のような観念論をもたらすのだ（二五～二六）。またもや、これはDGWが探し求める観念論ではない。第三の選択肢こそは、あきらかに我らがブリストルの著者トリオが好むもの、「観念論の「自然主義的」潮流である。その遺産を受け継ぐものは、ライプニッツ、シェリング、そしてボザンケである」（二六）。著者らはこう結論する。「新プラトン主義の体系的野心のうちに包含されているのは、のちにつながる観念論の三つの主要なヴァリアント、主観的観念論、客観的観念論、自然主義的観念論である」（二六）。

先に見たとおりDGWは、パルメニデスとプロティノスの「主観的」読解には賛同しない。ただし彼らはまた、マイルス・バーニェットの次のテーゼにも同意しない。「デカルト以前の観念論を考えることは可能ですらなかった。というのも観念論には主観的認識論的シフトが必要であり、これはデカルトの誇張的懐疑によって達成されるからである。このシフトは、古代ギリシャの懐疑家にも手に入らなかった道具を使用したのだ」（三四）[24]。DGWはむしろ、冒険的に事実に抗う気概でダレン・ヒッブスが述べた正反対のテーゼを支持したがっているように見える。すなわち、主観的観念論がプロティノスほどの早期に現れたこともありえるが、ただし当時はこうした教義を受け入れようと思えるほどの良い哲学的動機づけがなかったのだ、というテーゼである[25]。DGWは、ヒッブスのテーゼをさらに進めて次のように論じる。「デカルト哲学において重要なのは、単に現象主義的立場を構想可能にした主観論的な一手だけではない。彼はこのような視点を擁護するための動機づけを導入したのであり、そのために延

（24）Myles Burnyeat, "Idealism and Greek Philosophy."
（25）Darren Hibbs, "On the Possibility of Pre-Cartesian Idealism."

長世界についての機械論的理論の発展を推し進めて、物理的自然のあらゆる側面を説明しようとしたのである」（三五）。DGWはさらにこう付け加える。デカルトの二つの有限的実体に関して、延長する物《レス・エクステンサ》は心を説明できないのに対し、思惟する物《レス・コギタンス》は原理上、物理的延長を説明することができる。バランスは観念論の有利な方に動き、さらにライプニッツやバークリによって発展させられた。しかし、これはいくらか奇妙だ。というのも、彼らの論証には、デカルトが現象主義的観念論のための道を舗装したことが含意されるが、DGWはライプニッツや、バークリにおいてさえ、この要素を軽視したがっているからだ。しかしこの論証で興味深いのは、哲学史の別の可能な道を、ほとんど試みられたことのない仕方で探求しようとするDGWの意欲である。

　次にDGWがカントとバークリのそれぞれの長所をどのように評価するかに目を向けよう。ここで彼らはいくらか驚くべき結論にたどり着いている。「もし実在が可知性に影響するならば、ムーア、ボザンケ、バーニェットの［実在論寄りの］批判の共通目標は、バークリでなく、カントであるはずだ」（二〇七）。この言明は私たちの目を引く。この思想家たちについてふつう合意されていることから非常にはっきりと離れているからだ。バークリが、存在することは知覚されることであるという有名な主張のおかげでプロトタイプの観念論者である一方で、カントはあらゆる知覚の彼岸の物自体の存在を強調している。『プロレゴメナ』の冒頭では、カントは自分とバークリのあいだに想定された類似性を、鍵となるこの存在論的論点に基づいて激しく否定している[26]。にもかかわらずDGWは、バークリは誤爆により批判を受けたのだと主張し、その本来の標的はカントであったのだと結論しているのである。どんな根拠からこのような結論を引き出すのだろうか。彼らの最初のステップは、先に見たとおり、バークリが現象主義的観念論者であるとする普通の見方を否定することである。この見方は、単にほとんどの現代読者によってだけではなく、過去の重要な哲学者にも同じように共有されてきたものだ。「［G・E］ムーアは、バークリをイリュージョニストと結論した唯一の人ではなかった。カントは彼の第一『批判』で同様の論難を行っている。にもかかわらず二人の哲学者は間違っており、バークリの感覚実在論の重要性を捉え損ねている」（二〇二）。彼らが見るところでは、ムーアがバークリを観念論者とみなすのは、単にムーアがバークリ哲学の動機を懐疑主義だと考えているからである。またムーアは、もしバークリが物質に関して懐疑主義者なら、心についても同じく懐疑主義者でなければならず、このことは「あらゆる実在性の否定」（二〇三）にまで至りかねないとする議論にさえ踏み切っている。しかしＤＧＷはこの陰鬱な結果を、バークリの立場からはほど遠いものとみなすのだ。なぜなら「バークリはじっさいは、この共通感覚実在論にとことんまで従う共通感覚実在論者であるからだ。私たちが自分の知覚を信頼すべきなら、どうしてこれらの感覚を部分的にしか信頼しないというのか」（二〇三）。

彼らが述べるのによれば、バークリを実在論者とするその主張は、彼の直接の先行者ジョン・ロック（一六三二～一七〇四年）との比較を通じて明晰になる。ロックは一次性質と二次性質を区別しており、そこからは表象的な知の理論が得られる。こうした知は、バークリに見られるような実在的なものの直接的な現われ、あるいは少なくとも、手にされうるほとんどの実在の現われと対照的である（二〇三～四）[27]。言い換えればＤＧＷは、心と独立の実在の存在を巡って伝統的になされてきた実在論者と反実在論者の論争を、純粋に認識論的な紛争に変えているのだ。そこではバークリは最終的に実在論者に見えてくる。なぜなら、彼は把握されうるすべてのものを把握しようと主張するからだ。この主張こそあきらかにロックには提出できないものである。カントにはなおさらこのような主張はできまい。それゆえ先に引用したＤＧＷの一節が出てくるのである。すなわち「もし実在が可知性に影響するならば、ムーア、ボザンケ、バーニェットの［実在論寄りの］批判の共通目標は、バークリでなく、カントであるは

（26）Immanuel Kant, *Prolegomena to Any Future Metaphysics.*〔邦訳：カント「プロレゴメナ」『カント全集6』〕
（27）John Lock, *An Essay Concerning Human Understanding.*〔邦訳：ロック『人間知性論』〕

ずだ」（二〇七）。それではDGWはどんな動機から、心からの独立性という既成の問いを瑣末なものとみなすのであろうか。先に確認したように、これは部分的には、ほとんど誰も真っ先に心から独立した実在を否定してはいないとする、彼らのあまり正確ではない見解の帰結である。私たちは反論としてこう述べたい。問題は、人々が自分が何を知っている、ないし信じているかであるよりは、彼らの哲学からじっさいにもたらされることだと。しかしさらに強力な動機がDGWにはあって、それはどうやら私たちの注意を別の問いへと向けることだと思われる。彼らはそれを、心からの独立性の問いとは違って、中心的問い、そしていうまでもなく真に「存在論的」な問いだと考えている。伝統的に実在論とみなされる立場と、観念論と見られる立場とのあいだの真の差異とは、「実在論者が原子から出発して組み立てるのに対して、観念論者は構造から出発して解体する」（二〇八）ということである。もちろんDGWはこの問いに対して中立を保つのではなく、予想されるとおり観念論の陣営を選ぶ。彼らがこの立場の利点とみなしているのは、実在論と違って観念論では、「心がもはや受動的で不活性な自然の外部観測者として把握されず」（二〇八）、自然の内在的要素として理解されるようになるということだ。

　ソクラテス以前からシェリングやヘーゲルに至るまでの哲学者たちをDGWがいかに解釈しているかについてはこれまでにすでに考察してきたので、ここではもっと最近の重要人物についての彼らの説明へと目を向けよう。第一はチリのマトゥラーナとヴァレラのチームである。彼らはドイツの大社会学者兼哲学者ニクラス・ルーマン（一九二七〜一九九八年）に多大な影響を与えた[28]。免疫学の領野での仕事を通じて、マトゥラーナとその若き助手ヴァレラは、いかに生物有機体が外界と関わるかという根本的な問いを提出するに至った。彼らの結論のひとつは、生物細胞は一次的にホメオスタシスを目指す、すなわち己を安定的な内部状態に保とうとするのであり、周囲の環境を正確に表象しようとするのではない、ということである。ルーマンの手にかかれば、これは人間存在がその社会と直接的な相互作用を行っていないと考える極めて悲観的な理論となってしまった。個体どうしではなく、単に諸々のコミュニケーションがコミュニケートするのである。ＯＯＯに馴染みのある読者は、いくらかの類似点に気づかれよう(29)。

しかしオートポイエーシス理論にそっくりでもあり、かけ離れてもいる、というのはＯＯＯのことばかりではない。同じことがグラント哲学についても言えるだろう。彼が物自体に対して両価的関係を持っていることを思い出そう。一方でグラントは、人間の有限性を飛び越え、実在を真の姿で与えようとするシェリングの努力を尊重する。他方で彼は、即自に直接たどり着けるとする自然主義的主張には懐疑的である。というのも、自然についての思考はいずれもそれ自体、自然の生産物であり、それゆえ知りたいと望む当のものとは、類において異なっているからだ。この両価性はＤＧＷにとって好都合だ。というのも、この内在と超越の二重の混合が、はじめからオートポイエーシス理論の核心にあるからだ。すなわち一方でマトゥラーナとヴァレラの関心のすべてはホメオスタシスと閉包に、すなわち己を超えたところへは実在的に決して行けない生物細胞にある。ＤＧＷの言葉で言えば、「古くから［オートポイエーシス的］機械は自己を再生産し、フィードバック機構を通じて自己のいくつかの側面を定常に保つとするサイバネティック理論の主張があった。このようなフィードバックはホメオスタシス効果を生産する。オートポイエーシス的生命体とは、このようなフィードバック・ループのかたまりである」（二三三）。ホワイトヘッドやラトゥールのような極端な関係論哲学とは対照的に、オートポイエーシス理論はホメオスタシスを強調する。すなわち、環境が任意の細胞に及ぼす効果はそれによって制限される

（28）Niklas Luhmann. *Social Systems*.〔邦訳：ルーマン『社会システム理論』〕

（29）ＯＯＯと、マトゥラーナとヴァレラとの間の共鳴についての説明は以下を参照されたい。Levi R. Bryant, *The Democracy of Objects*, pp. 137-74.

のである。「有機体は正常の場合では、己の認知の帰結として消失したり分解されたりしない」（二三八）。しかしこうしたすべてにもかかわらず、マトゥラーナとヴァレラを真っ当なカント派として読むことは不可能だ。たしかに彼らの細胞は、内的有限性に閉じ込められて〈大いなる彼岸〉へ到達できずにいるのだが。その点をDGWははっきりと確認している。「ヘーゲルのように、またカントとは違って、マトゥラーナとヴァレラは、人間知性には原理上、生命のオートポイエーシス的実在を把握する能力があると確信している」（二二七）。さらにマトゥラーナとヴァレラは「生命が私たちの知性を寄せ付けないという示唆を嘲笑している」（二二七－二二八）。彼らにとって美は、アクセス不可能性とは何の関係もない（二二八）。いささかDGWがバークリを読む仕方にも似て、マトゥラーナとヴァレラは次のように述べていると読解されている。「認知には表象はない。私たちも、どんな他の有機体も、あらかじめ与えられた世界から情報を引き出して私たちに「表象」するなどということはしていない……それならば認知とは、世界についてのものではない。むしろ（いくらか異なる仕方だが、バークリ、カント、ヘーゲル、ホワイトヘッドのように）認知が「ひとつの世界を持ちきたらす」のだ」（二三四）。この点から、なぜマトゥラーナとヴァレラがDGWの言う意味での「観念論者」に入るのか、明らかになるだろう。しかし、バークリのとき以上に、DGWはオートポイエーシス理論にかんする帰結を憂慮している。天邪鬼な仕方で、感覚への一貫した信頼のみを目指す共通感覚実在論者としてバークリが褒めそやされる一方で、マトゥラーナとヴァレラは警告訓話として紹介される。一方で良いこととして、彼らは「オートポイエーシスと認知の理論で、科学における観念論の力の見事な例を提供している」（二二七）。その点に異論はない。しかし同じく異論なきこととして、マトゥラーナとヴァレラの「組織化的閉包の説明や、組織化による構造的調節の完全な記述は買いかぶられ［ている］。これは、よくてカント的ないし現象学的な構築主義、悪ければ完全にニヒリスト的独我論に帰着する」（二三七）。DGWは自分たちのオートポイエーシスの説明を締めくくるにあたり、目下の哲学的問題を力強く語っている。「環境は単に構造的調節の「トリガー」ではあり得ない。何らかの形式が、環境からオートポイエーシス的存在体へと移らねばならない」（二三八）。言い換えるなら、物自体は、それが直接的には知り得ないとしても、やはり何らかの仕方で知り得るものでなくてはならない。またそれは単に、細胞の自己包含的な内界へと突入し損ねるような外的な原因因子というだけではないのだ。

スチュアート・カウフマンにかんするDGWの議論が、マトゥラーナとヴァレラを扱う節の直後にくる。この移行は難しいものではない。カウフマンは、右の二人のチリ人と同じく、ダーウィン的正統派から逸れた生物学者であり、とりわけ生物有機体の独立能力に関心を示している。カウフマンは、オートポイエーシスよりも「自律的作用主《エージェント》」（二四一）について語る。彼がこの言葉で意味するのは、「自己再生産しながら、「熱力学的仕事サイクル」を遂行する何ものか」である。仕事サイクルは外部からエネルギーを吸収し、それを使ってシステムを平衡からかけ離れた状態へと駆り立てる。この状態においては「宇宙のエントロピーの総量は全体として増加したのかもしれない。しかし、局地的には何らかの新たな秩序が生産されたのだ」（二四一）。これは、工場の機械についてさえ当てはまる——もちろん（歴史的にはこれまで）それら機械には己を真の自律的作用主にするための自己再生産能力が欠けているが。カウフマンにとっては、こうした作用主は「宇宙の存在論的備品の一部であり」（二四三）、またそれゆえにさらにその構成要素に還元されることはあり得ない。しかしこうした作用主は宇宙の備品の全体ではない。それらの上、それらの向こうに「アトラクタ」があって、作用主の振る舞いを制御している。これはグラントやデランダに限らず、複雑系理論のどこにも認められる概念だ。DGWがカウフマンを要約するのによれば、「［アトラクタ］は実在的存在体《エンティティ》であり、それ自身において実体的《サブスタンシャル》ではないが、見かけは実体的な存在体に見出される組織化を生じせしめるものである。これは、彼の仕事全般に見られる強い観念論的テーマである」（二四〇）。ここでデランダなら、アトラクタは自然界の実在的振る舞いを制御しているのだから、強く実在的な概念であると反論するだろう。しかしここまでに見てきたように、グラントが通常と違う意味で言う「観念論」は、通常の意味で言われる「実在論」と両立できないわけではない。というのもDGWは加えて次のように述べるからだ。「［アトラクタ］は実在的な規定力を備えた実在的存在体である。それらははっきりと、私たちがすでに出会った観念論的な組織化概念と関連している。じっさい組織化は多数のこうしたアトラクタとして理解されうるからだ。つまり〈観念〉の組織化されたヒエラルキーである」（二四五）。しかしこの定式化は、カウフマンの念頭にあるよりも、ずっと全体論的である。もっと一般的にいえば、グラントが総生産力としての自然に注目しつつも、存在論では、それと比べて個々の存在体を見下している点は、グラントとシステム理論の主要な不一致を示しているようだ。これは決してDGWの『観念論』書においてはっきり示されていない不一致である。DGWが要約するカウフマンは、マトゥラーナとヴァレラの「独我論」問題に対し、次のような認識でもって応答する人だ。すなわち自律的作用主の組織化的側面が、過剰に強調されてはならない。障害もまた適応や変化が生じるならば重要である。オートポイエーシス的作用主は「秩序とカオスのあいだの境界的領域に［生き］［ねばならない。というのも「それは、バラバラにならない範囲で、できるかぎり「感受的」だ」（二四七）からだ。これは次のような仕方で作動する。「多数の動揺は、作用主に対する同一の構造的効果へと収斂していく傾向をもつ。言い換えれば、多くの類似した動揺が、等価なものとして登録される」（二四七）。ここには明白に、ヤーコプ・ヨハン・フォン・ユクスキュル（一八六四～一九四四年）の有名な生態学の著作からの反響が認められる。ユクスキュルの場合、筋肉はあらゆる刺激に対して収縮によって応答するものであり、また各々の動物種の環世界（Umwelt）は、その真の客体的環境（Umgebung）のほんの一部であるからだ(30)。

しかしおそらくグラントの目的にとってカウフマンの仕事がもつもっとも魅惑的な一面は、それが単に還元主義に反対するばかりでなく、科学のより重要な支柱のひとつにさえ反対していることであろう。すなわち「カウフマンはエントロピー全般の否定へと向かっているように思われるのだ」（二五二）。

彼が「示すには、化学的多様性はどんなシステムにおいても、これを制限する機構をもたないかぎり不可避に増大する」（二四〇）。言い換えれば、これまでのところ「宇宙は平衡状態とはかけ離れているが、その早期にはそれと比べて無特性的であった」（二四九）。これを説明するために、カウフマンは「熱力学の第四法則がありうる」（二四九－二五〇）と提案するまでに至る。これは大まかに言うなら、平均的には、システムは多様性を可及的に素早く、ただしその多様性を可能にしている内的秩序を破壊しない程度に、生産しようとする傾向をもつということだ。ＤＧＷはこれを、ホワイトヘッドが新奇性と創造性に魅惑されたことへとうまく繋げて論じている。カウフマンの場合、これがどのように起こるかについては完全に明らかだ。一群の有機的分子を考え、それらを「現勢的」と呼ぶとしよう。このとき、それら分子は、さらにもうひとつの反応が起こることで、いくつかの別の分子を反応として生産することが知られている。このとき必要な反応は、現行において現勢的ではないが、「隣接的に可能的」（二五〇）である。カウフマンが示唆するのによれば、ふつう引用されがちな熱力学の第二法則ではなく、隣接的可能性への不可避な流れ込みこそが、「時間の矢」の、すなわち、時間が可逆的にではなく一方向にしか流れないように見えると言う事実の、真の根拠である。一〇〇兆の有機化学的種が存在するとき、それらのあいだには一〇の二八乗の可能な反応がある。じっさい莫大な数である（二五一）。カウフマンが述べるように「他の諸々の物が等しいとき、全体システムは隣接的に可能なものへと流れ込むことを「欲する」」（二五一）。ここでグラントにとって重要なのは、こうした流れ込みを、作用因の観点から記述することは容易ではなさそうに見えるということだ。なぜならこれは、未来（隣接的可能態）から現在（現行的現勢態）への逆行的ないし遡求的原因性に関わるものとして解釈可能だからである。こうして、

（30）Jakob von Uexküll. *A Foray into the World of Animals and Humans.*〔邦訳：ユクスキュル『生物から見た世界』〕

目的因という長らく不信にさらされてきたテーマが、グラントやデランダにおいても舞台上に回帰する。「アトラクタ」の概念はその鮮明な例のほんのひとつである。さらに次の点も述べておく価値があろう。DGWは、マトゥラーナとヴァレラへは（彼らの独我論傾向について）ひとつの主要な反論を行ったのに対して、カウフマンの見解に関しては、その仕事の解説のなかでもはっきり不満を述べているところは特にない。

ようやく私たちはジル・ドゥルーズについて書かれたところへたどり着いた。グラントが、プラトンやシェリングといった贔屓の歴史的人物を説明している箇所を読むときにも、彼の議論の背景の深いところにドゥルーズがあることはしばしば感じとられる。グラントと同じくブラシエもまたウォーリック大学で博士課程を終えており、その時代のウォーリックのほとんどの学生と同じくドゥルーズを読んで当時を過ごしてはいるが、それでもグラントこそが最初の思弁的実在論者たちのうちでもっともドゥルージアンだと言って構わないだろう。DGWによるドゥルーズの読解は、グラントの単著の方を知る者にとっては驚くべきものではない。というのも、デランダの解釈がおそらくその好例であるように「ドゥルーズはしばしばある種の唯物論者として解釈されてきた」にもかかわらず、「私たちが争う主張は、ドゥルーズは実のところ哲学的観念論者だということである」（二八四）からだ。DGWは、自分たちがこの主張を通じて何を言わんとしているか、透き通るほどはっきりわかっている。「『差異と反復』においてドゥルーズが〈観念〉の哲学を発展させていることは明々白々である。そこで彼が提示する説明においては〈観念〉こそが存在論的に一次的である。現勢的な物理的実体は、〈観念〉が生成した現勢態の世界から引き抜かれたばかりの抽象なのだ」（二八四）。バディウのように、DGWはドゥルーズを一元論者として解釈する。[31] これが本当ならば、ドゥルーズは哲学史上の他のどんな一元論者とも同じ苦境に直面する。すなわち「ドゥルーズは、統一的存在の現勢的な顕在化の多数性を説明するという問題に直面する。多数の形式がいかにして世界に生じ得るのか。彼は、これら特定の物が存在していることを所与とはみなさず、いかにそれらが発生するのかを問う。これこそ、おそらくドゥルーズの基本的な問いであり、彼の哲学全体に形を吹き込んでいる」（二八四）。

DGWはここで、ドゥルーズの術語のうちもっとも基礎的で馴染み深いものへと注意を向ける。「アンリ・ベルクソンの著作に由来し修正を施された語彙を使いながら、ドゥルーズは実在的存在の「潜勢的」側面と「現勢的」側面という二つの側面に言及している……潜勢的側面が現勢的側面を発生させる。また潜勢的側面はつねに現勢的側面に内在的である。それゆえ、世界に現れる現勢的で特殊的な物は、なんらか下に潜む潜勢的な活動によって発生するのである」（二八五）。ここでは、グラントのシェリング本の際と同じく、〈観念〉と現勢的形式のあいだの「類似」について話すことはできない。単に両者のあいだの発生的つながりについてのみ語ることができるのだ。「［ドゥルーズの］〈観念〉の理論は、〈観念〉が、現勢的形式の発生のための、偏在的で汲み尽くし得ない永遠的潜在力の役目を担うとする」（二八五）。もしドゥルーズと手を結んで、諸々の〈観念〉を、どんな種別的受肉化によっても決して実質的には「解決」されない「問題」として考えるならば、私たちは「諸力、諸力能、諸「強度」のあいだでの解決されざる、また解決されえない緊張」（二八七）について語ることができる。強度とは、その同一性が絶対的に決定できない力である。なぜなら、それらはただお互いの相互作用において差異化されるのみだからだ。「〈観念〉は……このように相互に規定された諸強度の動的編成として把握されうる」（二八七）。これは平衡状態に向けて駆り立てられながら、ただしそれにたどり着くことはずっとできない。諸強度のこの定常的な流れからは次のことが学ばれよう。ドゥルーズにとって「発生は差異化である」。それゆえ「現勢的で質的に特殊な諸物は、強度的差異……から生じる内在的な強度の流れの外向けの顕在化」（二八七）である。そして、この強度的差異は「前個体的であり、前客体的」（二八八）

（31）Alain Badiou, *Deleuze: The Clamor of Being.*〔邦訳：バディウ『ドゥルーズ 存在の喧騒』〕

である。「意識自体とその心的内容もまた、現勢的な物すべてを生み出すこの同じ差異の「無効化」による生産物である」ことを踏まえれば、私たちを悩ませているのは「水面下での物の強度的発生についての盲目だ。このために私たちは「表象」の錯覚へと導かれ、そこにおいて心的内容を、世界における所与の特殊物の表象として概念把握するのである」（二八八）。DGWはこの哲学をホワイトヘッド哲学と比較しているが、私はここでのホワイトヘッド観は不正確だとすでに紙上で論じた[32]。ドゥルーズとホワイトヘッドが両者ともに「プロセス」に傾倒していると見えることは、私たちを誤解に導きかねないが、ドゥルーズにとっての「現勢態」が前個体的プロセスの最終結果であるのに対して、ホワイトヘッドにとっての個的現勢態はまさしく哲学の出発点であって、他のすべてがそこから組み立てられる要素なのだ。私が恐れるのは、ベルクソン‐シモンドン‐ドゥルーズの思想家セットを、せっかちにも、それとかなり異なるホワイトヘッド‐タルド‐ラトゥールのセットと一緒くたにする傾向のせいで、両者でかなり異なる個的な存在体の宿命が見えなくなることだ。もっと一般的に述べるなら、グラントがドゥルーズの差異化に傾倒していることは明白だが、にもかかわらず、私が彼の本に望むことのひとつは、彼に大きな影響を与えた気の合う思想家たちどうしの差異をもっと扱ってほしいということだ。いかにシェリングがプラトンと合致するか、いかに両者がドゥルーズにとって中心となるテーマを議論しているか、いかにカウフマンの複雑系理論がまさに類似のテーマを探求しているか、いかにこれらすべてがグラント自身の哲学的立場に貢献しているか、こうしたことをグラントはうまく示している。しかし、これらさまざまな著者どうしの緊張をはらむ論点をもっと呈示する方が、いっそう読者の利益となるだろう。というのも、同意よりもむしろ知的な緊張こそ、いつも未来の種子を含んでいると思われるからだ。

C節の練習問題

1 哲学的観念論の通常の定義とはどのようなものか。ダンハム、グラント、ワトソン（DGW）はどのような異なる仕方でこれを理解しているか。

2 哲学者ジョージ・バークリは通常、西洋哲学の伝統全体のうちでもっとも極端な観念論者として扱われる。なぜDGWはこうした評価に同意しないのか。あなたは、その点で彼らは正しいと考えるか。

3 DGWが新プラトン主義を非常に重要視する理由を、少なくともひとつ挙げよ。

4 DGWは、哲学の一次的論点としての自然に対しグラント個人が有する関心を引き継いでいる。あなたは、彼らはなぜ都市や手道具、製油業、水力発電ダムのような重要な人工物を強調しないと考えるか。

5 DGWはプラトンをその後の観念論哲学者にも強力な影響を与えたものとみなすが、重要な観念論的革新についてはデカルトを評価する。この革新とは何か説明せよ。この論点にかんするバーニェットとヒッブスという二人の学者のあいだでの不一致とは何か。またどちらの見解をDGWは好むか。

6 DGWによれば、マトゥラーナとヴァレラのオートポイエーシス的生物学理論が内にはらむ哲学的危険とは何か。

(32) Graham Harman, "Whitehead and Schools X, Y, and Z."

第三章　対象指向存在論（ＯＯＯ）

「対象指向哲学」という用語の初出ははっきりしており、一九九七年の私のメモにある。ただしこのアプローチの前史は、一九九一年から一九九二年を始まりとする。学部学生として早々に、ハイデガーの有名な道具分析を理解しようと努めていた頃だ。[1] ここで指摘しておくと、思弁的実在論の他の派は、いずれもハイデガーや現象学にたいした知的負債などはない。一方、私のＯＯＯでは――デリダやドゥルーズ、バディウではなく――フッサールとハイデガーが、いまだ頭があがらない直近の大哲学者として扱われている。一九九七年以降、ＯＯＯへの別の重要な影響として、ホワイトヘッドとハビエル・スビリ（一八九八〜一九八三年）が加わった。一九九八年の初めには、ラトゥールのアクター・ネットワーク理論が、主要な参照点となった。[2] にもかかわらず、ＯＯＯの真の根っこは、フッサールとハイデガーに見出される。これについては本章の後半に論じたい。ここではまず、あのゴールドスミス・ワーク

（1）このアプローチのもっとも早い時期の例として以下の前半の章を参照せよ。Graham Harman, *Towards Speculative Realism.*

（2）Alfred North Whitehead, *Process and Reality*〔邦訳：ホワイトヘッド『過程と実在』〕; Xavier Zubíri, *On Essence.*

ショップでOOOがどのように提示されたのかについて考察しよう。

A　ゴールドスミスのOOO

ゴールドスミスでの私の発表は、書き起こしの三六七頁から三八八頁に収録されている。その後ほとんど二〇頁にわたる討論が続く。発表それ自体では、本章の後の節で強調される四つの論点のうち、三つが触れられている。OOOにおけるハイデガーの役割、OOOにおけるフッサールの役割、そして代替因果の理論の必要性である。ゴールドスミスでは詳細に話せなかった四番目の論点とは、美的経験に対してOOOが置く大きな強調である。実在へ到達するための範例的様式がブラシエにとっては自然科学であり、またメイヤスーにとっては数学であるなら、OOOは、美的経験——芸術においてのみならず哲学においても——こそ、もっとも重要な認知形式とみなすのだ。

二〇〇七年四月二七日に行われた思弁的実在論ワークショップの前日、ゴールドスミスでは、H・P・ラブクラフトの恐怖小説にかんするカンファレンスが催された。記憶に基づけば、それは故マーク・フィッシャー（一九六八〜二〇一七年）——彼を知る僥倖に恵まれたすべての人がその死を悼んだ——が組織したものだ。ここで指摘しておくと、最初の四人の思弁的実在論者は、ひとりとして共通のヒーロー哲学者を分かちもたなかったが、しかし全員がそれぞれにラブクラフトのファンであったことが判明した。その理由はそれぞれの場合で様々だが、私自身の関心の由来は、ラブクラフトの怪奇小説が、ひとつの哲学ジャンル全体のための舞台をしつらえているとの見方にある。(3) 四月二七日のトークで述べたところでは、「昨日のラブクラフト・カンファレンスの題が示していたように、実在論はつねにある意味で怪奇的である。実在論とは、私たちが実在に投影したのではない、実在のなかの奇妙さにかんするものなのだ。実在的存在によってすでにそこにある奇妙さであり、それゆえ、一種の、常識なき実在論なのだ」。[4] 私が「怪奇」に言及していることは、時に主流派の科学実在論者からくすくす笑われてきたが、「怪奇実在論」という用語には重要な哲学的力がある。おおかたのところ、哲学における実在論は常識か自然科学のどちらかに奉仕すべく採用されてきた。実在論者であることは、その辺の奇人による不恰好な思弁をきっぱり退け、目や科学器具が提供する質実剛健なデータに焦点を当てることである、と。哲学は時に、わくわくさせる怪奇さから始まって、最後はどんよりと科学的正統教義に訴えて終わる。良い例は、ソール・クリプキ（一九四〇年〜）の指示理論である。物をあらゆる可能な記述を超えて「固定的に指示」することに始まり（金は実は黄色い金属ではないかもしれない）、だが最後には、金の本質は正確に七九の陽子をもつことだと主張して終わる。ゴールドスミスで私が述べたことによれば、「［クリプキ哲学を］「がっかり実在論」と呼ぶ理由は、それが最後には物の物理構造に帰着するからである。それこそが物にかんして実在的である、というのだ。そのため金にかんして実在的なものとは、それが七九の陽子をもつということである。これはたいへんがっかりなことだと思う」（三八〇）。目に映る、金の黄色で金属的な現われの常識的な現前は、クリプキが未知の何ごとかしらに訴えることで転覆されるのだが、結局それはただ七九の陽子という科学的特権に置き換えられてしまう。[5] これまでしばしば大陸哲学が科学的事実を軽んじることはあり、そのことは正当化されるものではない。しかしクリプキが陽子に頼ることは、単に私がのちに「下方解体」と名付けたものの一例である。ある物をその原因的ないし物質的、組成的要素に置き換えることである。ＯＯＯは怪奇について話すとき、実在とその

（3）Graham Harman, "On the Horror of Phenomenology"〔邦訳：ハーマン「現象学のホラーについて——ラヴクラフトとフッサール」〕and *Weird Realism*.

（4）Ray Brassier et al. "Speculative Realism," p. 367. 本文の続きに記載するページ数はこの書き起こしのもの。

（5）Saul Kripke, *Naming and Necessity*.〔邦訳：クリプキ『名指しと必然性』〕

明白な顕在化のあいだの裂け目を捉えようと努めている。この裂け目が見つかるのは、ラブクラフトの書いたもののうちだけではない。シェイクスピアの『マクベス』や、ミルトンの『失楽園』、トニ・モリスンの『ビラヴド』、エドガー・アラン・ポーの書き物のほとんどいずれにも、それから広い範囲の他の文学的古典にも見出される。どんな存在体も、そこへと下方解体される構成要素以上のものであり、またその「上方解体された」効果のすべてより深さのある余剰だとしつつ、ＯＯＯが主張するのは、怪奇的でない実在論はどれも降伏である、つまり常識か自然科学の侍女になることへの同意であるということだ[6]。

先に言及したとおり、ＯＯＯはハイデガー解釈から出発した。私はいまだに彼を、二〇世紀の主導的哲学者とみなしている。「かなり早い時期に私に浮かんだのが、ハイデガーのすべては、ひとつの、回帰し続ける根本的対立に……要約されるという考えだった。彼が語っているのが存在であれ、道具であれ、現存在であれ、他の何であれ、である。物の隠蔽態とその目に見える手前の現前の間の、つねに変わらぬ単調な反転である」（三六九）。道具分析は、ハイデガー哲学において、否定しがたいほど重要な座を占めている。その最初の具体的議論は彼の主著『存在と時間』に含まれているほか、その八年前に行われた最初の大学講義『哲学の定義に向けて』の中心部品をなしている。エドムント・フッサールの現象学が私たちにただ、何事でも私たちに現れる仕方に集中するよう言うのに対して、反抗者たる若きハイデガーは、現われは人間経験においてかなり珍しい事例であると指摘する。ほとんどの場合、私たちは単に存在体に依拠しているか、それらを当然のこととみなしている。普通はそれらが壊れたり、さもなくばうまくいかないときにのみ、それらに気づくのである。このような理由でハイデガーは私たちに、手許に備わる設備（手許性）と手前に現前する存在体（手前性）のあいだの基本的な差異を提示するのである。この区別はハイデガー研究の初学者にもよく知られており、またこの領野の専門学者は、自分たちがこの対立を十分に理解していると いつも自負している。にもかかわらず、ＯＯＯは次のように主張する。ハイデガーの道具分析はほとんどつねに、それも、もしかするとハイデガー自身によってすら、ひどく誤読されてきたと。(7) とくにふつう道具分析は、あらゆる理論と知覚は、実践的行動というそれまで気づかれていなかった背景に根拠づけられるということを意味していると受け取られている。私たちが個々の物に気づく以前に、私たちはすでに、相当に無意識的な仕方で、実践的目的の全面的システムのうちに絡め取られているのだと。OOOは、このようなことすべてを、一連の陳腐なプラグマティズムの標語とみなし、ハイデガーが示したことの実在的深みをつかむことに失敗したものと考える。四月二七日のトークで述べたように、「さらに浮かんできたのは、実践は、理論と変わりなく、対象の実在に触れることはないという考えであった。それが次のステップであった。そのとおり。この椅子を見つめることによって、私はその存在を汲み尽くすことはないが、これに座ることによってもやはり、その存在を汲み尽くすことはない。この椅子の実在には非常に多くの深いレイヤーがあり、座るという人間的行為でそれを汲み尽くすことは決してできない」（三七一）。言い換えれば、理論と実践の両方とも、囲いの同じ側に住む。つまり物の表面の側であり、こちらでは物の実在の深さは正当に扱われない。理論かつ実践に対して、対象そのものが抗っているのだ。

　これは私たちを、第二の広く流布した誤読へと連れてくる。OOOが正そうと望むこの誤読は、残念ながら、ハイデガーが自分自身の偉大な思想実験を誤読することで生み出されている。私たちは先に、手許の設備と、手前の存在体の差異に言及したが、ハイデガーにとってさえ、ある存在体はその身分を、この一方から他方へと移動することができる。ある瞬間、私たちは、新しいカフェを建てるという目的に没頭しつつ、無意識裡にハンマーを使っている。次の瞬間、ハンマーは私たちの手のなかで壊れ、そ

（6）Graham Harman, "Undermining, Overmining, and Duomining."
（7）Graham Harman, *Tool-Being*.

こで私たちの注意と困惑の明白な対象になる。そこまではよい。しかしハイデガーはさらに、機能的なハンマーのような手許に備わる設備は、関係性の全体システムに属するのに対して、壊れたハンマーのような手前に現前する存在体は、以前の関係存在から切り離され、断絶を被ると主張している。これに加えてハイデガーは、彼の区別に序列を貼り付ける。そこでは関係的実在が一次的であり、非関係的実在は派生的ないし二次的である。このような見方には二つの深刻な問題がある。第一に、手前に現前する存在体にも、非関係的なものなど一切ない。なぜならば、それらの存在体は、それらが目に見えるものとして相対している現存在（人間存在）との関係においてのみ、存在しているからである。孤立状態にありながら、人を驚かせる壊れたハンマーなどない。なぜなら、私や他の誰かに対してこそ、それはいつも驚かせるものだからだ。この理由のために、手許の備えと手前の現前のあいだに想定された割目は、それほど広くはない。両者ともに人間存在との関係においてのみ存在するからだ。そして私たちはすでに、道具分析の真の教訓とは、理論や実践よりも深い対象の存在であることをみた。つまり、手許性と手前性の両方について普通に理解されていることと比べて深いのである。しかしこれが意味するのは、対象は人間存在に対してそれらが持つ関係のどれよりも深い、ということだ。ハイデガーはこれをわかっていたはずだ。というのも、道具はつねに他の道具との全体システムとの関係においてのみ存在すると主張しながら、同時に私たちの注意を、道具が壊れうるということに向けさせるからだ。道具は、もしそれが他のすべての存在に対する機能的関係以上のものでないとすれば、壊れることはできないだろう。何かが壊れるためには、現行の効果と衝撃の下に頑固な余剰を抱えていなければならないからだ。この余剰がある日、症状のように噴出して、私たちに対し、おのれを真剣に受け取るよう要求するのである。

　この時点までに、OOOによるハイデガー読解は、すでに二つの反直観的な論点を確立している。まず、理論と実践は、偉大な哲学的対立の二つの項ではなく、二つながらに物を扱う仕方であり、両方とも物を汲み尽くすには及ばない。木を見ること、木についての理論を発展させること、木を日陰としてあるいは木材として使うこと、これらはすべて、決してその十全な実在を発揮することのない木の翻訳なのである。第二に、「手許の備え」と「手前の現前」の対は、「関係的実在」と「非関係的実在」の対と等価ではない。ハイデガーの有名な二つの世界内存在様態（手許性、手前性）は、人間存在との関係においてのみ存在する。ハイデガーが関係存在を非関係存在よりも一次的であるとして寿いだのにもかかわらず、道具は、ただそれ以前に非関係存在を有するからこそ、関係を持ちうる。ハンマーは、建設現場全体との関係にあるから壊れるのではなく、建設現場が決して考慮に入れないような内的な弱さや割れを有するからこそ壊れるのだ。しかしOOOはこの見取り図にさらなるひねりを加える。これは私たちを全面的に、ポスト・カント的哲学の枠組みの外に連れ出すものだ。カントにとって、人間的認知は、人間によるあらゆる可能なアクセスを超えたところにある物自体に取り憑かれている。しかしOOO版のハイデガーにとっては、理論も実践もただ、私たちとの関係のなかには決して十全に広がり切らない、諸物のより深い存在を翻訳しているに過ぎない。言い換えれば、物自体が私たちから逃げるのは、私たちが思考する人間であるからではなく、私たちが、ちょうど綿に関わる火のように、あるいはブリキの屋根に関わる雨だれのように、関わりをする存在体であるからだ。まさしくこの理由によって、人間的な知覚と認知の有限性についてのカントの指摘は、火が綿の特性のすべてと相互作用することなく綿玉を燃やすときの綿の有限性や、雨とはたまさか無関係なブリキの実在的特性にかかわらずに雨がブリキを穿つときの雨の有限性という論点にまで広げられるべきだったのだ。要するに、近代哲学を主導した思考と世界の区別は、対象と関係の区別に置き換えられねばならない。OOOのこうした見た目の非近代的風味のために、多くの近代主義（および「ポスト」近代主義）者の観測者は、生命なき物質に奇妙にも人格を与えているのだと勘違いしながら、これを腹の底から嫌っているのである。

　私たちは今、コスモスの基本OOOモデルを手にしている。このコスモスには、互いに直接に接触することはできず、退隠しあっている諸対象が一杯に詰め込まれている。ここで私たちは、多くの批判者たちが呑み込みがたく思っている、この哲学のもうひとつの側面に出くわす。なぜなら、明らかにこの場合、諸対象は互いにつねに影響しあっているのではないだろうか。科学はこれらの相互作用を、尋常ならざる正確さで計算し、その結果を使って、ひどく必要とされる医療機器を開発したり、太陽系の深く《ディープ》に探査機を打ち込んだりしているではないか。OOOはもちろん、この点は織り込み済みである。重要な点は、諸対象が接触しないというのではなく、直接的にはそうすることができない、ということにある。二つのビリヤードの球がテーブル上で衝突するような目にもわかりやすい事例では、この衝突は明らかに生じている。私たちはこの点について論駁するわけではない。しかし、OOOによるハイデガーの道具分析の読解から眺めれば、これらの球の衝突は、実のところ、お互いのもっとも表層的な特徴を通じてのみ二つの球が相互作用しているという問題なのだ。赤球が青球にぶつかる時にも、それは青球自体にぶつかっているのではない。ただ、赤球の完全に貧相な世界へアクセスすることのできるように翻訳された青球とのみ、ぶつかっているのである。これらの貧相な青球特徴を通じて、赤球は青球自体へと間接的接触を果たす。このとき青球自体もまた、みずからの青球特徴との接触を、違った仕方によってではあれ、果たしている。問題は間接的因果性、あるいはOOOが呼ぶところの代替因果である[8]。初期のイスラムの思弁においてすでにバスラのアシュアリー学派は、神は宇宙における唯一の創造主であるだけでなく、唯一の原因主でもあると主張していた。私がゴールドスミスで述べた発言によれば、「このような思想家たちにとって」神はすべての活動を説明するためにある、万物を定常的に再創造するものである。この神学は今の私たちにとってはやや乱暴に見えるかもしれないが、これは非常に奥深い形而上学的観念だ。つまり物は内在的に関係し合うことはできず、物自体は全面的にお互いの行き来を封じられている、とする観念である」(三七四)。何世紀も遅れて、この観念はようやくヨーロッパ哲学に、私たちが呼ぶところの機会原因論として入ってきた。デカルトにとって、神は、それなくしては厄介なことになる心身の相互作用を説明するため、呼び出されねばならなかった。デカルトを賛美し引き継いだニコラ・マルブランシュ（一六三八〜一七一五年）の著作においては、心身相互作用のみならず、（イラクの初期機会原因論者のときと同じく）身体〔物体〕どうしの相互作用もまた、それが生じるには神の介入が必要とされるものである。神はさらに、バルフ・スピノザ（一六三二〜一六七七年）のような枢要な近代哲学者たちにおいても、独占的な原因の役割を担っている。スピノザの場合、自然全体が単一的な神的実体である。G・W・ライプニッツ（一六四六〜一七一六年）は、究極の実体すなわちモナドは「窓を持たず」、互いに相互作用していると見えるように、神によって予定調和されていると主張した。バークリの場合、独立した物よりも、むしろただ諸イメージだけがあるのだが、これらのイメージは神の調和を受けとることで、信頼に足る自然法則を私たちに印象付ける。時に驚愕すべき奇蹟の妙味を加えることで、信者の目をくらませ、懐疑論者に転向させもするのだが。

　これが他ならず、初期近代哲学の歴史の、風変わりな完結した一章であるように見えるというなら、他方でこうした機会原因論の変種が、もっと現代的な見かけの近代哲学、例えばヒュームやカントの哲学のうちに見つかる。どちらの思想家も因果は神の介入の問題だとは主張していないが、どちらにおいても、あらゆる因果は、異なる特権的存在体に根ざしている。つまり人間の経験だ。ヒュームの場合、私たちが原因と結果と呼ぶものは、食物が口に入ると空腹を和らげるというような、あるいは手を炎のそばにかざすと熱の極みを感じるというような、私たちの「習慣的接合」経験である。カントの場合、因果性はもっとはっきりと、心の外の世界の特徴ではなく、人間悟性のカテゴリへと転じている。ゴールドスミスで述べたように、「機会原因論者の場合、「他の誰にも〔物どうしの関係を創ることは〕できないのか。そうだ、神にはできる」。ヒューム〔とカント〕の場合、私の心がそれをやっている。私の心が、

（8）Graham Harman, "On Vicarious Causation."〔邦訳：ハーマン「代替因果について」〕

習慣的接合を通じて諸対象（「束」）を創っている。つながりを創っている」（三七五）。しかし原因的つながりを創ることのできるような他の対象がないからといって、それができる魔法の超存在体――神であれ人間の心であれ――をひとつ選ぶというのは、まったくもって恣意的であると思われる。このためにOOOは、別種の解決を模索するのだ。

その解決とは、かなり奇妙なものだが、ハイデガーの教師であるフッサールの現象学に由来する。フッサールにはいまだに多くの支持者がおり、彼らの主張によるとフッサールはすでに、直接的現前から事物が退隠することについてハイデガーが私たちに教えていることなどわかっていた。とはいえこの主張は支持し難い。フッサールにとっては、原理的に意識的な心の対象ではない何かが存在すると考えることは、ばかげたことであろう。言い換えれば、カントの物自体は矛盾的概念である。このためにフッサールは、カントへの反論という点でドイツ観念論者と同じ側にたつ。ハイデガーの場合、もちろん彼は一貫した実在論者ではなく、またつねに自分の哲学において人間的現存在の役割を大きく見積っているけれども、同時に、彼の有名なカント書においては次のように書いたひとでもある。「ドイツ観念論に始まる「物自体」に対する戦いは、カントが戦いとった次のことがますます忘却されてゆくこと以外の何を意味するだろうか、つまりそれは、形而上学の内的可能性および必然性、すなわちその本質は、有限性の問題がより根源的に仕上げられ、そして先鋭化して維持されることによって根本的に担われ、そして維持されるのだということである」[9]。この点についてハイデガーは、フッサールよりも、OOOによる物自体の実在論のいっそう近くに留まる。しかしフッサールもまた、ハイデガーには端的に見えていないこのパズルに、いくつかのピースを追加している。そしてこれらのピースこそ、一般的にハイデガーが自分の教師より前進しているという見方が勝利を収めている中でも、失われてはならないものなのだ。

最初のパズルのピースは、対象とは何かについてフッサールが経験論的伝統の全体を拒絶していることである。ゴールドスミスで指摘したとおり、「［フッサールの］『論理学研究』の前半すべてを読んでみると、彼が心理主義を反駁した後で真の敵とするのはイギリス経験論であり、彼が反対しているのは、私たちが出会うものとは性質であり、この性質は何らかの仕方で私たちによって束にまとめられているとする考えである」（三七六）。経験論は「対象」を、私たちの心によって束にまとめられた一群の性質であるとみなす傾向がある。つまり、経験の対象は固有の統一体を持たない。なぜならそれら対象は単に、前もって与えられた性質から私たちが組み立てるものだからである。道を流すタクシーはなく、ただひとまとまりの色や形があるのであって、それらを私たちの心が「物」へと組織しているのだ。おそらく現象学の中核にある――心的生活を超えた実在を説得力のない仕方で否定すること以上に――洞察のうちで、フッサールはこの経験論的偏見を逆転させている。最初にやってくるのは、対象そのものである。たとえその対象の諸性質が、私たちが違う角度と距離からこれを経験するたびに絶えず変化するのだとしても、対象は不変の単位として断固たる仕方で現れるのだ。じっさいこれこそ現象学が取り組むすべてである。対象の「本質」とフッサールが呼ぶものへとたまさか行き着くために、物の可変的諸性質やシルエット、つまり彼が呼ぶところの「射映」（Abschattungen）すべてを剝ぎ取るのである。

　思い出しておけば、フッサールがここで語っている「対象」は、いまだ意識の領野に内在しており、それゆえ、ハイデガーの道具分析において壊れることで私たちを驚かす実在的対象と同じではない。ハイデガーが実在的対象へと私たちを導くのであれば、フッサールが代わりに語っているのは、心によって狙いを定められた「志向的」対象である。しかし、「志向的」という語の不格好さと、現代哲学においてこの語を取り巻くひっきりなしの混乱を考えて、ＯＯＯはむしろこれらを感覚的対象と呼ぶことに

（9）Martin Heidegger, *Kant and the Problem of Metaphysics*, pp. 252-3.〔邦訳：ハイデガー「カントと形而上学の問題」『ハイデッガー全集3』、二三六頁〕

している。したがって実在的対象と感覚的対象の二元性があるのである。これは、さらに実在的性質と感覚的性質というさらなる二元性を伴うことが明らかになろう。性質なき対象はなく、対象なしに自由に漂う性質もないゆえに、世界は最終的には対象‐性質の四つの可能な対として記述可能となる。SO‐SQ、RO‐SQ、RO‐RQ、SO‐RQである。拙著『四方対象』（二〇一一年）では、これらの項は時間と空間、そしてOOOが本質とエイドスと呼ぶものの根幹として説明されている[10]。より広く見れば、フッサールの感覚的対象はさらに、代替因果の問題の解法に関して重要な手がかりを提供している。この問題が生じたのは、二つの実在的対象が、両者ともお互いから完全に退隠しているがために、接触不可能であることが理由だったことを思い出そう。それは磁石による作用と似ていて、二つのN極どうし、あるいは二つのS極どうしが、互いに排斥しあうのに、いかに接触しうることがあるかを問題とするものだ。磁石の場合には、解決は単純だ。二つの磁石の一方を弾いて、一方のN極を別のS極に触れさせればよい。このような仕方で、磁石の連鎖を終わりなくつなげていくことができる。同様のことが一般に対象についても当てはまる。二つの実在的対象を触れさせることは不可能だが、実在的対象が感覚的対象に触れることはまったく難しいことではない。結局、感覚的対象に触れることは、まさに実在的対象が行っていることである。火は感覚的な綿と接触することによって燃えるのである。たとえ、人間の農夫も含む他のすべてと同様に、この火が永遠に実在的な綿から遮られているとしても、である。すべての期待に逆らって、フッサールの現象学は、因果性の深い存在論的神秘を解決する資源を提供する。しかしそれはむしろ奇妙な仕方によってであり、このことが次の論点へとつながる。

　フッサールが提供する第二のパズルのピースは、第一のものより奇妙である。もう一度、ゴールドスミスの書き起こしから引用しよう。「フッサールは、また別の奇妙なことを発見した。誰も今までこのことについて語っていない。つまり、ある対象には他の対象が含まれているという発見である。すなわち意識性である」（三七七）。奇妙ながら実在的な意味において、志向性とは二つであり、かつひとつである。第一の意味において、実在的対象たる私は、感覚的対象としてのテーブルにもたれかかる。あるいは逆に、実在的対象としてのテーブルは、感覚的対象としての私からの圧力に対して反作用している（この例は相互的な例だが、すべての関係がそうであるわけではない）。しかし、同時に、私とテーブルの志向的関係は、数としては一でもある。どうしてそうなのか。「なぜなら、私はこの関係について話すことができ、遡及的にこの関係について考えることができ、他の人々にこの関係について分析してもらうことができるからだ……これらの分析のいずれもこの関係を汲み尽くすことはない。それゆえに十分、この関係をひとつの対象とすることができる」（三七七）。この新たな合成対象は実在的対象であって、感覚的対象ではないことに注意したい。なぜなら、誰かが注意を払うと払わないとにかかわらず、この関係はそこにあるのだから。これが意味するのは、実在的対象と感覚的対象は、ただ第三の対象の内面でのみ、出会うことができるということである。因果性はただ心的領域においてのみ生じる。ただしこの「心的」を、動物的脳髄に属するものの意味ではなく、感覚対象一般の意味にとるかぎりにおいて。ゴールドスミスからの引用を続ければ、「私はこれが奇妙に聞こえることはわかっている。しかし、そこから一般化して言えば、因果的関係はつねに第三の存在体の内面で生じる。それは単に、人間意識や現象学に妥当することがらであるだけではない。包含とは、ある関係が何であるか、ということである」（三七七）。

ＯＯＯの基本としては申し分ないだろう。ゴールドスミスでの私の指摘の残りのものは、議論を白熱させるために他の三人の思弁的実在論者に対する意見の不一致を簡潔にまとめようと試みたものであった。ブラシエに対しては、二つの関連する一致点が念頭にあった。ブラシエにとって、実在論が何らか

（10）Graham Harman, *The Quadruple Object*〔邦訳：ハーマン『四方対象——オブジェクト指向存在論入門』〕; Harman, "Time, Space, Essence, and Eidos."

の明白な非存在――彼による優先リストの筆頭はホビットや歯の精だ――を消去しうるということは非常に重要であった（三七八）。ＯＯＯは包摂性とフラット性の肩を持ちたい。というのも確かにホビットや歯の精は何らかの存在論的身分を持っており、哲学はそれを説明せねばならないからだ。同じ論点が、別の現代的実在論者、ボンのマルクス・ガブリエルからブラシエのニヒリズムへの異議として持ち出されている[11]。これと関連する異論は、ハイデガーの用語である「存在論的差異」に関わっている。つまり〈存在〉と諸存在者との差異である。ハイデガーは自然科学による認知的優先権の主張にはつねに敵対的であったが、彼にとっては、もっとも厳密な科学的結果でさえ、記述された存在体の〈存在〉について私たちに何も教えない――おそらくは科学革命の事例を除いて。それゆえ、科学は「存在的」にとどまるのであり、真に存在論的ではない。この「存在的」は、ハイデガーがもっとも敵視した侮蔑的用語のひとつに列せられる。ブラシエは認知という面では、ハイデガーよりもずっと科学に惚れ込んでおり、彼にとって、諸存在者についての科学的発見に勝るような〈存在〉の問いなるものはない。ブラシエと私はしばしばゴールドスミス以前にもこの問題について私的な討論を行っていたが、彼の問いに対する私の返答は、「私にとって存在論的差異は、物自体と、それが他の何かと結ぶ関係との間の差異である」というものであった（三七九）。言い換えれば、何らかの対象の〈存在〉はその非関係的実在性なのである。しかしブラシエにとって、非関係的身分における物と関係的身分における物にはっきりした区別はない。代わりに彼は、何かについての明示イメージと科学イメージの間に引かれたセラーズによる区別にこだわっている。たとえば、月の明示イメージは、私たちに特定の色を見せしめ、詩情を喚起するかもしれない。一方、月の科学イメージは、それがどのような種類の岩石からなるかを私たちに教える。これにはいっさい詩的なところなどない。単に数十億年前の恐るべき衝突によって創られたものだ[12]。ブラシエはまだ二〇〇七年にはセラーズについてそれほど語ってはいなかったが、ゴールドスミスで私はこの論証に対し次のように反論している。ブラシエは、金がそれを黄色の金属だと記述することどうして同一ではないのかという問いへの最終的答えとして七九個の陽子を持ち出した、あのクリプキと同じ「がっかり実在論」に落ち込みかねない。この種の科学主義はいつも、ブラシエと彼のサークルにとっての危険であった。だが彼らは、「科学主義」という用語をカカシ論法扱いして嘲って返答するのが常であった。もちろん、これはカカシ論法ではない。というのも、ブラシエは事実として、世界にかんするあらゆる問いにおいて、「最大限の権威」を科学に認めようと望むのであるからだ。「科学主義」とは、この種の科学的権威主義に対しては完全に正確な用語である。さらに論点を広げれば、次のように言えよう。明示イメージと科学イメージは、二つともにイメージである。明示イメージを消去するプロジェクトにただ打ち込んでも、提供されるのが新たな種類のイメージか、あるいはこれらのイメージの「無存在」に訴える無性という背景的地平でしかない以上、哲学的プロジェクトとしては失敗を避けられまい。存在体自体とまさにその存在体の科学イメージとの差異を適切に説明することができないからである。

　ＯＯＯとグラントについては、個別的諸存在が哲学の一次的素材であるか、それともより深い力から派生したものであるかをめぐって明らかな差異がある。「大きな差異は、イアンが、彼曰く「物体主義」と呼ぶものに反対しているところで、私は全面的にこれに賛成であることだ。彼にとって哲学は物体をめぐるものではない。それは……物体がそこから発生する……より深い力をめぐるものである。私にとってはそれは、まさしく対象である。様々な個物となるべくうねり寄せる前個体的な力動の流れなどないのである」（三八三）。私はまた、この差異はグラントがドゥルーズを好むことにも関係しているだ

（11）Markus Gabriel, *Fields of Sense*.
（12）Wilfrid Sellars, "Philosophy and the Scientific Image of Man." 〔邦訳：セラーズ「哲学と科学的人間像」『経験論と心の哲学』〕

ろうという意見を表明した。ドゥルーズはうねりやフロー、軌道、逃走線を、個々の存在体よりも強調するが、そのせいでOOOの知的ヒーローのひとりにはなっていない（レヴィ・R・ブライアントは例外である）。この同じ論点は、OOOとグラントを、アリストテレスについての深刻な意見の不一致へと導いている。ゴールドスミスで述べたように、「［グラント］はアリストテレスを、カントと同じ側にいるものとみなしている。彼はアリストテレス的実体《サブスタンス》を、カント的な現象と同じ側にあるものとみなすのだ。この点に私は賛同しない」（三八三）。対照的に、OOOの視点によれば、「もしあなたが実在論者なら、アリストテレスは善玉のひとりである。アリストテレスは伝統的にそのような仕方で見られてきた。だからイアンはラディカルな一手を打って、アリストテレスは実はカントの側におり、プラトンは私たちの仲間であると述べたわけだ。これは直観に反するが、興味深い」（三八三－三八四）。こうした不一致は、論争の最後の論点でピークに達する。「私はまたイアンに反対して、生産性に勝るものとして生産物を擁護する。これがまったく流行りでないのは私も知っている。最近の数十年間、最前線はつねにプロセスにかんすることで、生産物にかんすることではなかった。［しかし］私はプロセスよりも生産物を擁護する。というのも私は、生産物が創られた時にはプロセスの大部分は失われていると考えるからだ。プロセスについて知ることは必要なくなる。多くの情報が失われている」（三八四）。

　OOOとメイヤスーとの差異については、その主要なものはかなり明白である。メイヤスーは、物の一次性質は数学化可能であると考えるが、OOOにとっては、数学を通じてにせよ何を通じてにせよ、物への直接的なアクセスはない。しかしこれは、私がゴールドスミスでの講演で強調した差異ではなかった。私が焦点を当てた差異は、二〇〇七年の『哲学トゥディ』のメイヤスーにかんする論文で提起したのと同じものである[13]。この論点は、メイヤスーがすぐさま指摘し、クリストファー・ワトキンスがメイヤスー神学を扱った著作で取り上げたように、不正確なものだった[14]。しかし、それが間違いであったのは、これから見るとおり、興味深い理由によるものであった。発表の早い段階で私は次のように述べた。「カンタンは［思弁的実在論者のうち］因果性そのものに反対している唯一の人である――彼の世界観には、なんのあいだにであれ必然的な関係が結ばれるいかなる見込みもない」（三六九）。書き起こしのもっと後ろの箇所で、私はこの主題を続けている。「因果性は私にとっては鍵であるが、メイヤスーにとって因果性は消失する……彼は、物のあいだにいかなる因果的必然性もないことを絶対的に知っている」（三八五）。そして最後に「［メイヤスーが］じっさいに疑っているのは、何かしら関係性がある、ということである。何事も絶対的に他の何事からも隔てられている。なぜなら、ひとつの物が別の物とつながりうる、あるいは別の物に影響しうるのなら、私たちは絶対的偶然性をもはや持たないだろう……このために私はメイヤスーを、ハイパー機会原因論者と呼んだのである」（三八六）。しかしこれはまったく正しくない。メイヤスーが質疑応答の時間に返答したとおり、「私は法は存在すると述べている。法はある。例えばもし私がニュートン主義者ならば、重力の法があると私は言うことができる。私は法の存在は否定しない。法の安定性を否定するのではない。もしかするとこれらの法は永遠に存続するだろうが、私は知らない。私はただ、法が働くのを端的に止めること、法が消失することは、可能である、それも実在的に可能であると述べたのである」（三九三）。言い換えれば、メイヤスーはコスモスのいたるところに偶然性を置くのではない。彼は偶然性と必然性の二元論者なのだ。自然法則はいつでも、いかなる理由もなしに変化しうる。これが有名なメイヤスーの「ハイパーカオス」である。しかし、私たちが、ある法則が支配する時間上のある所与の瞬間を占拠するかぎりにおいて、これらの法則は事実において法則であり、それら法則が適用される万物の行動を制御しているのである。相変わらずここでも、メイヤスーにとっての万物は、時間の経過のうちでカオスに寄りかかっている。現在の瞬間

(13) Graham Harman, "Quentin Meillassoux : A New French Philosopher."
(14) Christopher Watkins, *Difficult Atheism*, p. 144.

にはカオスはない。なぜなら目下の自然法則は事実において厳密な仕方で適用されているからだ。

私の発表の後の質疑時間の全体は、「実在」が全体化されうるかどうかにかんするトスカーノの反論や、実在的コインと想像上のコインについてのカント的な差異についてのダニエル・ミレーの反論、OOOが目指すように存在論から関係を消去することは良い考えかどうかについてのピーター・ホルワードの反論を含め、興味深いものであった。しかし紙幅の不足のため、私はアーバノミックのロビン・マッケイからの反論のみを取り上げるに止めよう。彼は私の論文を自分の雑誌『コラプス』でいくつか出版してくれたが、数年来OOOに対し概して否定的である。これを取り上げる理由は、OOOへの入門者の多くが世界の基礎に対象を置くことについて留保する理由の根っこに、このマッケイの主張があると私が考えるからである。マッケイ自身の言葉を引けば、「私は、実在を、私たちとの関係という牢屋から脱獄させせんと試みる必要があるという考えには、非常に共感的だ……しかし、私には物理学がすでにそれを行っているように思える。ただし、物理学は、まさに対象とは何かについての常識的考えを犠牲にしつつ、そうしているわけだ。あなたのシステムについて私がよくわからないのは、あなたがどうやら、対象とは何かについての常識的考えを、この別領域にも持ち込んでいるように見える点だ」(四〇四)。そのコメントのさらに後のところで、マッケイはラブクラフトの著作に話を向けつつ、明らかに自然科学の話もしている。「私にとって、これはラブクラフトの深みであり、彼が深い実在論者である理由だ。なぜなら門をくぐるときに、実在があなたに開示されると、その時まさに実在はこの完全なカオスであり、あなたはこれを対象化できない。明らかにラブクラフトはその点でカント派だ。しかし私はあなたのシステムがどうやってその問題を通過できているのか、わからない」(四〇四‐四〇五)。

少なくとも二つの別の主張が、ここに引用したマッケイの主張には含まれている。最初の主張は、対象の常識的概念は物理学によって消去されている——また消去されるべきである——ということに行き着く。というのも、対象とは明らかに、私たちの日常的経験の前哲学的なアーティファクトに過ぎないからだ。第二のものは、いったん私たちが「門をくぐれ」ば、それが高等な恐怖小説の門であれ、自然科学の門であれ、私たちが出会うのは対象ではなく、「この完全なカオスであり、あなたはこれを対象化できない」という主張だ。第二の論点から始めよう。量子理論（常識にそぐわない科学理論の教科書的例）は、私たちの日常的なマクロ世界が振る舞いそうな仕方では振る舞わない量子世界を提案するが、量子領域はまったくもって「完全なカオス」ではない。それどころではない。というのも、もし枷を解かれたカオスであるなら、量子理論はこれまで発達した科学のもっとも正確な血統にはならず、レーザーや光ファイバーのような重要機器の創造に不可欠なものにもならないだろうからだ。これに加えて、量子理論のまさに基礎は、むしろ、実在は連続体よりも不連続のパケットに宿るとする対象指向的な響きのある主張である。概して、自然科学は、もし「完全なカオス」の世界を探すなら、最後の探し場所なのだ。ラブクラフトのホラーについて言えば、彼の世界もまた対象に住まわれている。それらはまさしくOOO的な意味において対象である。つまり、人間知性の正常なメカニズムによっては知覚することも、記述すらも不可能なのである[15]。

ここから私たちはマッケイの第一の主張へと戻ることになる。ラブクラフトが奇妙な仕方で、「あらゆる創造の中心で泡立ち冒涜する」ものや「実に類比によってのみひとつの色彩であるような色彩」[16]について語る時、彼は、対象であることが何を意味するかについての心地よい意味を剝ぎ取っているのだ。しかし対象を消去しているのではない。思い出しておけば、OOOにとって「対象」が意味するのは、他ならぬ、その成分にもその効果にも還元しきれない、ひとつの統合された物である。OOOが常識の

（15）Harman, *Weird Realism*; Harman, "On the Horror of Phenomenology"〔邦訳：ハーマン「現象学のホラーについて――ラヴクラフトとフッサール」〕H. P. Lovecraft, *Tales*.〔邦訳：ラブクラフト『ラブクラフト全集』〕

（16）Lovecraft, *Tales*.〔邦訳：ラブクラフト『ラブクラフト全集』〕

対象を前知覚世界に投影しているとするのは端的に真実ではない。というのも、ＯＯＯの要点全体は、対象とはそれらが常識や他の何かと取りもつ関係には還元不可能だと言うことにあるのだから。たしかにＯＯＯが西洋哲学史上、対象のもっともラブクラフト的な意味を提供したと述べることはできる。対象の常識的特徴のいずれも、ＯＯＯの実在的対象に適用されないからである。にもかかわらず、ＯＯＯの感覚的対象はしばしばむしろ常識的である。しかしこれが、それらを存在論において保存も議論もせずに済ます理由とはならない。たとえブラシエにとって感覚的領域は、破壊にのみふさわしいものであるとしてもだ。誰かが嫌うこともあるようなものすべてをコスモスから消去した後にも、ひとは思い出すだろう。ホビットや歯の精について人びとがかつて話したことがあったことを。また、哲学はクォークや、いずれ科学的承認を受ける未発見の存在体と同じくらい、そうした存在体についても説明できねばならないことを。私たちは意識の向こうにあるものを物化できないとする主張に関してマッケイはカントを引き合いに出すが、これをバディウにまで拡げてもよかっただろう。バディウは、何かが数えられる以前には、単に形式なき「非無矛盾的多性」があると主張するのであり、これをブラシエは無性と読むのである[17]。これは、何かを見ることなしに見ることはできないという古い哲学的主張に行き着く。もしあなたが何かを見ながらそれを対象化すれば、見る前にそれがどのようであったか、あなたには分かり得ないのである。この主張の問題は、依然として、二つの選択肢があるとするその前提である。つまり私たちは世界を見て、それゆえに自らの認知メカニズムの特徴をそこに印すのか。それとも世界を見ず、それゆえ世界については何も知らないのか。しかしこのような見通しは、深く非哲学的である。というのもこれは選択肢を、知か無かに還元しており、私たちの職業の基礎たるソクラテス的な知への愛には、いかなる余地も残さないのだから。哲学は科学ではない――そしてじっさい、ひとつの知ではまったくない。それは言説的散文命題によってではなく、芸術のやり方でのほのめかしや暗示、あてこすりによって、実在へと接近するのだ。私たちは以下でこの点を再び議論しよう。

もう一度この点を考えてみよう。マッケイの反論――私はこれをゴールドスミス以来、他の人からもしばしば聞かされた――は、以下のようにまとめられると思われる。「日常世界は対象からなるように見えるかもしれないが、実在そのものは対象なしであり、そのためあなたは不当にも、偽りの常識的世界観を実在そのものに投影している」。しかしそれはＯＯＯが行っていることではない。ではＯＯＯは何を行っているのか。

第一に、ブラシエやメッツィンガーと違って、ＯＯＯは感覚領域が自由に漂う性質の束ではなく、対象によって作られていると認める点で、フッサールに連なる。ブラシエ＝メッツィンガーの打つ手は、私たちにはこれについて現象学的経験を信頼する理由はなく、代わりに日常経験において実在的に動いているものについての科学的説明を信頼すべきである、と述べることである。ＯＯＯの応答は、本書第一章で述べたとおりである。メッツィンガーが提案する、フッサールのいわゆる志向対象の「最小限に十分の神経的相関項」を発見する実験は、現象学そのものの中心にあるのと同じ、対象と性質の区別を前提することなしには、実施できない。メッツィンガーもまた、彼のデータが、違った角度と距離から眺めるごとにいつも同じデータであるものとしてその同一性を特定できなければならない。対象とその変遷する性質との基本的な溝を飛び越えることのできるような、実在への科学的アクセスなどない。

第二に、実在的世界もまた対象へ分解されるとするＯＯＯの論証は、「生きられた経験は対象から成り立つように見えるので、単に経験よりも深い実在的世界についても同じことが真であると想定しよう」ということではない。違うのである。むしろこの論証は、二元論的理論を採用するなら、私たちはすぐさま行き詰まるということなのだ。二元論的理論では世界自体は諸対象へと分節化されない。そうすると、かわりに何らかの仕方で人間的経験が存在してしまう。この窮地は、まずはソクラテス以前の

(17) Alain Badiou, *Being and Event.*〔邦訳：バディウ『存在と出来事』〕

アナクシマンドロス、ピタゴラス、アナクサゴラスのようなアペイロン説の論者たち、また彼らの知的遠縁にあたる「存在は一なり」説のパルメニデスにおいて現れる。彼らのいずれも、単一のかたまりの実在が部分に切り分けられうる仕方を説得的に説明できない。この問題は、前世紀の哲学にも引き継がれている。レヴィナスの統一的なイリヤ（「ある」）の理論の場合は、それが部分に分解されるのは人間の心によってのみだ。あるいはジェイムス・レディマンとドン・ロス（彼らはかつてブラシエのサークルで大人気であった）の主張の場合、個的対象は私たち人間がそれと出会うことと同時に存在するようになる。[18]ポストモダン哲学者カレン・バラッド（一九五六年〜）は、偉大なニールス・ボーアを引き合いに、関係子はそれらの関係に先行しないと論ずるところで同様のことを行っている。[19]こうした努力の明らかな失敗から私たちが導くことができるのは、世界とは、日常の常識的経験とのどんな出会いにも先立つような多であるという主張である。マッケイによるその変奏「カオスとしての世界」理論についていえば、このカオスとは、一か、多か、いずれかだ（バディウの「非無矛盾的多性」は単に両者を一度に捉える試みである）。もしそれが一ならば、マッケイはただソクラテス以前的な一元論者に過ぎない。もしそれが多であれば、対象指向的立場はすでに認められている。同様に要点を外しているのは、ベルクソンを評価するドゥルーズの解決、すなわち潜勢的なものは「異種混交的であり、かつ連続的」であるとする解決である。これは、代価なしに多と一を同時に持とうとする努力においてバディウの仲間である。[20]

A節の練習問題

1　〇〇〇は、ハイデガーの道具分析の通常解釈における問題とは何であると考えるか。
2　〇〇〇によれば、ハイデガーがフッサールを誤読している非常に重要な点とは何か。
3　なぜ〇〇〇は直接的因果性を否定し、長い論証を行って代替因果を擁護するのか。
4　ブラシエがセラーズによる「明示イメージ」と「科学イメージ」の区別を支持するのに対して、

5　OOOはこの区別は的外れだと考える。この議論を両方の側面から説明せよ。
因果性をめぐるOOOとメイヤスーの意見の違いの本性は何か。

B　退隠したもの

「対象指向哲学」という言葉が最初に公に現れたのは、ロンドン近くのブルネル大学で一九九二年に行われた講演の題としてであった。[21] しかし、この語が活字になった最初は、私の『道具存在』という本でのことである。『道具存在』の実在論的ハイデガーと並ぶかのように、同時期、ドゥルーズを実在論的に解釈したマヌエル・デランダの『強度的科学と潜在的哲学』が出版されていることからも、二〇〇二年は大陸哲学における実在論の出現にとっての記念すべき年であった。『道具存在』は、長い三つの章からなる。第一章では、ハイデガーの有名な道具分析をこれまでにない仕方で読解している。第二章は、もっとも抜きん出た分析系および大陸系のハイデガー学者との批判的対話に取り組んでいる。第三章は、この本のハイデガー読解を、独創的な哲学的方向へと推し進める試みである。『道具存在』が活

(18) Emmanuel Levinas, *Existence and Existents*〔邦訳：レヴィナス『実存から実存者へ』〕, James Ladyman and Don Ross, *Every Thing Must Go*.
(19) Karen Barad, *Meeting the Universe Halfway*. バラッドについていくらか共感を込めた批判としては以下を参照。Graham Harman, "Agential and Speculative Realism."
(20) Gilles Deleuze, *Bergsonism*.〔邦訳：ドゥルーズ『ベルクソニズム』〕
(21) この講演はその後以下で出版された。"Object-Oriented Philosophy," chapter 6 in Graham Harman, *Towards Speculative Realism*, pp. 93–104.

字になってからいまやひと世代は経とうとする一方で、主流派ハイデガー研究の化石化した森にはいくらの目立った影響も与えていない。とはいえ、他の学問領域にはすでに広い読者を得るようになっている。

『道具存在』のもっとも重要な一節に目を向ける前に、「退隠」というキーワードが頻繁に引き起こす敵意について、いくつか予備的な指摘を行っておこう。OOOの批判者の多くは、この語に嫌味な引用符をつけてあざければすむと考えている。彼らは、ハイデガーによるこの語の使用への返しきれない借りがそこにあることを忘れているのだ。別の興味深い難癖は、野心的な若きデリダ学者が、この語は自分が発明したと主張した時のことである。それは彼が、私のOOOの同僚のひとり（彼はこの語を私から借りた）を、彼の本からの剽窃で非難する文脈でのことであった。だがその本の出版は『道具存在』よりも後であるし、それゆえハイデガー自身の著作のいずれからも相当に後のことである。おそらくこの語へのもっとも重要な批判は、どれほどの悪意によるものとはいえ、ある傲慢なデザイン論の教授からなされたものであった。彼は、いたずらっぽく公衆の面前で、なぜ対象がそもそも「退隠」すべきなのかについて私に尋ねた。最初の応答で無事に答えたわけだが、その後でさえ彼は、この問いは「ほんの簡単な質問」であると繰り返して楽しんでいるようであった。この応酬の論調は癪にさわるものであったが、異議としては、もしそれがもっと誠実な心でもってなされていたのなら、有用なものだったろう。それゆえここでも数行をさいて述べるだけの価値はあろう。もし質問の主旨を私が把握しているなら、そこでは対象の自然状態が何らかの仕方で、私たちに対し、あるいは対象どうしで、直接的に現前しているはずであると想定されているようである。そのとおりであると想定するなら、なぜ対象が魔法のようにコスモスのうちのアクセス不能な場へと退隠すべきなのかは疑問であろう。しかし退隠とは、物が世界において現前している初期状態にたいして押し付けられる、おまけの行為ではない。要点は、それぞれの物にはそれ自身の形式なり構造なりがあるということである。さらに、ある対象が別の対象と接触する場合も、後者が前者の形式を完全に複製する、ということはありえない。たとえば、あたかもキリンとは物質〔質料〕に内在する形式〔形相〕に過ぎず、それゆえ私はその形式〔形相〕を抽出して、物質〔質料〕を伴わせずに心のうちにそれを持ち込むことができる、といったようなことではないのだ――アリストテレスの哲学的伝統のうちもっとも説得力を欠く特徴のひとつである。むしろ、私が考えるキリン形式は、キリン自体のキリン形式と一致しない。もしこういうことでないのならば、一匹のキリンの完全な数学的知識はそれ自体でキリンであることになろう。それは明らかに馬鹿げた立場だが、そう主張していないと言う多くの人々の見方にも、この立場が直接に含まれている。これは、メイヤスーのような冴えた哲学者にも当てはまる。彼は、数学が参照する「死物質〔無機物〕」に固執することで、ピタゴラスから距離を取ろうと努めているが、メイヤスー自身を含め誰も、そのような中立的で形式無しの物質が何であるかはわからないのである。要するに「退隠」とは、内在的大地から諸物が不必要に消失することを指すのではなく、単に、ある形式がたったひとつの場所に存在することを言うための別のやり方なのである。つまり形式が――心や他の何かへと――移動されるときには、いつも、それがかつてそうあったものと違う何かへと翻訳されるのである。この誤解は頻繁であるため、私は最近、退隠の代わりに「差控」という語を使い始めたところだ。時間が経てば、どちらが良いかわかるだろう。

OOOにとってのこの論点の重要性に戻れば、まずそれは『道具存在』第一節「不可視領域」に記述された。[22] この節は、ここでの私たちの一次文献の役に立つだろう。退隠はハイデガーの鍵概念である手許の備え〔手許性〕の、一つの可能な等価物であり、その反対物である手前の現前〔手前性〕と対照をなす。ハイデガーには手前の現前のいくつか異なる例があるが、その内には、私たちの眼前に横たわる

---

(22) Graham Harman, "The Invisible Realm," section 1 of Tool-Being, pp. 15–24. 以下に記載するページ数はこの文献のもの。

目に見える対象の確固たる現前や、もはや役に立たないが私たちの注意を否応なく引く壊れた道具、自然科学が質量や時空間の位置で対象化するような物が含まれる。ハイデガーによれば、こうした例のどれもが共有しているのは、単に、「不在ではなく現前している」ということではなく、他の何事とも本質的に関連を持たない独立的存在体として存在するとされていることである。ハイデガーの経歴全体を基礎付けている主張とは、プラトン以来、手前の現前が西洋思想を支配してきたこと、また（数学的物理学や先端テクノロジーのように）理論的にはこの立場が明らかに勝利してきたにもかかわらず、そのせいで私たちは文明的な破滅へと向かっていることだと言っても良い。手前の現前の統治に抗うハイデガーの最初の議論は、彼の教師フッサールの現象学的主張にもかかわらず、私たちと世界との一次的な接触は、物が心に直接的に現前することを通じてではないということであった。というのも、現象学が私たちに教えることにもかかわらず、「あらゆる人間活動は、土台となる設備の数え切れない諸項目のうちに住まっている。研究所でのもっとも細やかな討論も、床面という静かな岩床や、換気扇、重力、大気中の酸素のおかげで成り立っている」（一八）。設備がスムーズに機能するかぎり、私たちは、何かが故障するまではもっぱらそのことを忘れている。「「窓ガラス」と出くわす代わりに、私たちはこの項目を間接的に、「採光の良い部屋」の形で利用するのが常である。私たちはふつう切り出されたセメントと張り合うのではなく、単にそれらの成果物、つまり歩きやすい路面帯と張り合うのである。規則として、道具として……それらの魔法は、私たちに気づかれることなしに、実在へと働きかけるのである」（一八）。それがハイデガーによる名人芸的分析である。だがそこには少なくとも三つ、不必要な先入見が含まれており、もし彼の哲学がやがて乗り越えられるべきなら、それらに取り組むことは必須である。

　これら偏見の最初のものは、道具分析の人間中心的性格に由来する。ハンマーとその破損の物語は、日常的な人間生活にまつわる逸話として解釈されやすい話なので、道具分析は「理論的理性に対する実践活動の優位」の証拠であると主張する傾向が広く流布している。公平に言えば、ハイデガー自身も、この解釈に同意しかねない。にもかかわらず、この解釈はあまりうまくはいかない。もしハンマーを使うのではなく、ハンマーを見つめるなら、それはただ手前の現前である。私が見ているハンマーは単に、その存在の戯画に過ぎない。同じことが、ハンマーが壊れることで私を驚かせる場合にも、真である。また何らかの理由で科学者が慎重にその重さや大きさを測る場合にも、同様に真である。しかし、ハンマーを使うことが私たちを突然、戯画から解放し、私たちにハンマー自体を与えるというわけではない。ハンマーを凝視したり、それに驚かされたり、その重さや大きさを測ったりする場合には、私たちは明示的にでなくとも、それに意識的であるが、一方で、それを使用するあいだ、私たちはほとんどそのことについて無意識であるのが常だ、というのも十分に真であろう。しかし、このことからただちに、「意識」対「無意識」こそがハイデガーのシステムの根拠に据えるにふさわしい基礎的な存在論的裂け目であるとはならない。結局、ハンマーを使用することは、それを直接見つめている時におとらず、それを歪め、翻訳し、戯画化することなのである。対象を使うことは、それを見つめるのと同じく間接的な関係なのである。

　しかしOOOの本当の論点は、この道に沿ったさらなる一歩を要請する。なぜなら、対象は理論的かつ実践的に出会われることから退隠するだけではなく、対象どうしの間でも退隠するからである。これがOOOの反カント的契機である。OOOは、物自体が手前の現前という現象領域の彼岸に存在することについてはカントに同意するが、叡智界が人間の世界への関係には憑依しても、より一般的な仕方で諸々の関係には憑依しないとするカントの前提には同意しない。『道具存在』で述べているように、「ハイデガーは、人間による対象の使用は、それらに存在論的深みを与えるものであり、それらを手前に現前する物理的物質の細切れとして隷属させることから自由にすると考えているようだ」（一六）。しかしこの瑕のある自己解釈に対抗して、「対象自体はすでに手前の現前以上のものである。塵芥の塊と差し込む日光との相互作用は、言語やゾッとする人間的気分におとらず、現前と退隠のドラマに憑依されている」（一一六）。このためにOOOは対象指向哲学なのであり、ハイデガーのような人間現存在指向哲学ではないのである。

ハイデガーの自己解釈における第二の先入見は、手前の現前は、孤立しているとみなされた存在体を参照し、他方で手許の備えは道具が全体論的《ホーリスティック》システムのうちで相互に、また私たちに、あてがわれていることを含意する、という彼の見方である。彼がそのように考えていることは、「ひとつの」設備などないとする彼の見方からして、きわめてはっきりしている。「別個に取り上げられたボルトとワイヤーは、むしろ最小限の実在を享受している。何千もの他の微細な工学部品と結合することで、それらは橋として知られる、目に見える合成設備へと溶け込む」（一一二）。諸々の道具が単一の帝国を形成する。そのすべては、私自身の存在の潜在力によって組織化されている。というのも、設備全部の意味は究極的には、暗黙にであれ明示的にであれ、私がそれに対して思い描く使用によって規定されるからである。にもかかわらず、手許の備えが周辺設備全体への全体論的関係のうちで存在として持つ意味は、ハイデガーの真逆の主張とは裏腹に、派生的なものであって一次的ではない。その理由とは、道具はただ相互にあてがわれるだけではないからである。私たちは、それらが壊れうることも知っている。このことが意味するのは、各々の道具存在は、現行の道具システムに十分に書き込まれてはいない余剰であるということだ。じっさい、諸々の個的存在があるという事実それのみで、十分に、設備的全体論《ホーリズム》の存在を反証することができる。というのも、さもなくば私たちは、すべての存在が一であるような、パルメニデス——いくつかの点でハイデガーと似ている——と同じ類の一元論を持つことになるだろうからだ。『道具存在』では、普通よりはドゥルーズ的に響く一節で次のように言われている。「大地の上を漂流しつつ、私たちはオウム-出来事や氷河-出来事の結晶化と出会う。そのそれぞれが、意味の文脈的織物における宿命的な引き裂きを定義している。それは、考慮に入れるべき個的な力の誕生である」（四七）。

最後、三番目に『道具存在』は、道具および壊れた道具の分析にすでにハイデガー哲学全体が含まれていると主張する。この主張がいつも学者からの抵抗にあう理由は、それがただ手前存在や手許存在のような「世界内的」な存在体のみを扱っているように見えるからだ。ハイデガーさえも、人間的現存在と〈存在〉自体はこうした術語には還元され得ないと示唆しているようである。しかし、こうした保留が意味をなすのは、道具分析の論点を諸存在の特定タイプの分類学に限定されたものとして誤読している場合に限る。むしろ道具分析を、ハイデガーにおける隠蔽と開示のあいだの恒久的な相互作用にかんするものとして読むならば、明らかにこれは、現存在と〈存在〉の両者を含むあらゆることに関わっている。というのも、ある意味において、私のもっとも深い現存在は、他のすべてのように私から隠れている（手許）のであり、他方で別の意味では、私は少なくとも部分的な自己了解を有している（手前）からである。ハイデガーの場合にも、〈存在〉について同じことが真である。〈存在〉はあらゆる現前から隠れる一方、それでも各々の歴史的時代において部分的に開示されるのである。これらの考察に照らせば、私たちはOOOの最初の主軸に到達したことになる。実在的なもの（より深い非関係的意味での手許の備え）と感覚的なもの（フッサール現象学にもっともはっきり表現されるような手前の現前）のあいだの二元論があるのだ。

B節の練習問題

1 なぜ対象が、今あるところに留まるよりも、「退隠」すべきであるのかを尋ねる人々へのOOOの応答はどのようなものか。

2 手前の現前（手前性）と手許の備え（手許性）のあいだのハイデガーによる区別について説明せよ。OOOによるこの区別の解釈は、主流の解釈とどのように異なっているか。

3 プラグマティズムないしカント哲学の言葉で道具分析を読解することへのOOOの異議はどのよ

うなものか。

4 ハイデガーは自身の分析を、道具の全体論的構造を証するものと解釈している。なぜOOOは、ハイデガーがこの点で誤っていると考えるのか。

5 道具分析は、手工具や機械に限定されず、すでに私たちに存在の意味の問いを与えているとするOOOの主張について説明せよ。

C 対象とその性質

前節では次のようなハイデガー解釈を提示した――すなわちすべてが、手許性と手前性、隠蔽と開示、大地と世界、被投性と投企、その他ハイデガーの使う同じ種類の対の絶えざる反転にかかっている、と。こうした解釈は、これに納得した人々の耳にすらいささか単調に聞こえるかもしれない。しかし、過度に制限的に見える哲学思考にはいつも長所が備わっている。「ハイデガーにおいては道具と壊れた道具の対立がもっとも極端に優勢であることを認めることでのみ、そこで見逃されるものを真摯に追い求められるようになるのだ」（八〇－八一）。こうしてハイデガーの思考のうちに第二の軸があることがわかるなら、しめたものである。OOOはこの軸を可能なかぎり遠くまで推し進めんとするのである。

この第二の軸はハイデガーのキャリアの恐ろしく早い時期に現れる。一九一九年のまさに最初の大学での講義であり、彼が三〇歳にならんとする頃である[23]。退隠と現前の間の古典的ハイデガー流二元論と並行して、若きこの思想家はすでに別の手がかりを摑んでいた。想像してみて欲しい。私たちが例えば帽子のような茶色の対象と出会う。私たちはこの現象学的分析を実行しようとする。

しばらくの反省を行った後で、私ははっきりと、対象が茶色であることに気づく。さらなる抽象化に基づき、私は茶色とは色であり、それゆえ「色」というカテゴリがすでに、生活世界から私の視覚にはいり込んできたそのぼやけた対象へ適用可能であることを認識する。続いて色は、そこに含まれるさらに深い諸々のカテゴリへとつながっている。「知覚」、「経験」、「実在」などである。〔八四〕

こうした仕方で現象学者はレベルをひとつずつ追って処理を進める。現象の一側面からそのさらに深い基礎ないし条件へ向けて動いていく。若きハイデガーはこれを、現象学的記述の「特殊な段階拘束性」と呼んでいる。

しかしここでは何か別のことが起きている。難しい点でかなり捉えがたいものなので、読者は見逃すかもしれない。だが若きハイデガーはこれをはっきりと取り上げている。というのも、

こうした段階を追ってレベルを剥いでいくのとはまったく無縁の理論構築がある。過程のどこか、「ぼやけ」、「茶色」、「色」、「知覚」のどのレベルであれ、私たちは立ち止まり、これらの物はどれも少なくとも無ではなくて、何物かであると気づくことができる。「ぼやけとは」、「茶色とは」、「色とは」、「知覚とは」と言うことができる。この可能性は、いずれの瞬間にも議論の的となっている環境の、一部分に属している。〔八四〕

したがって「実存」と「本質」の伝統的な対立とも似た、ひとつの区別にいたるのだ。しかし、ハイデガーがこれをフッサール解釈に基づき論じていることを考えるなら、さらなる現象学的語法を与えて、

(23) Martin Heidegger, *Towards the Definition of Philosophy.*〔邦訳:ハイデガー「哲学の使命について」『ハイデッガー全集56・57』〕

これを「対象」と「性質」の差異と呼ぶ方が良いだろう。ただしハイデガーその人は、「対象」という語はお気に召さなかったようである。一方、この語は私たちによるフッサール解釈のおかげで、馴染み深い。つまり対象を単なる「性質の束」であるとしないことで、イギリス経験論を拒絶するフッサールである。むしろまず対象があり、その性質は一瞬ごとに変移するが、対象自体はやはり同じままにとどまるのだ。しかしもっとも興味深いのは、若きハイデガーはこの第二の軸を、単に現象学的な現われのレベルで生じるものとして認識しているのではない、ということだ。この現われのレベルを一九一九年に彼は、「生起」の「体験」領域ではなく、「事象」の「隔‐生」領域と呼んでいる。両者は手前性と手許性の区別の初期バージョンだ。かわりに、深い、あるいは隠れた実在の層は、この対象と性質の新たな区別によりズタボロに引き裂かれてもいる。『道具存在』のさらに後のところで、私は、若きハイデガーが発見したこの四方構造が折に触れて回帰していることを示そうとした。まずは、一九二九年の「形而上学とは何であるか」、「根拠の本質について」といった重要著作のあいだの隠れた関係において。[24] ついでもちろん、一九四九年講義「存在するものへの観入」や、一九五〇年代のハイデガーの主要な著作に導入された、明白だが神秘的な響きを持つ四方界（Geviert）がある。大地、天空、神々、死すべき者どもの四組は、それがいかに詩的に見えようとも、『道具存在』で論じるとおり、それが最初にはっきりと現れる三〇年前の一九一九年に、すでに萌芽としてあったのである。[25]

さしあたり、この四方界がＯＯＯの観点からもっともはっきりと再言明されているのは、私の著書『四方対象』においてである。もともとはメイヤスーから、彼が共同編集を務めるＰＵＦ（フランス大学出版局）のフランス形而上学選集のために依頼された本である。[26] ＯＯＯの術語は、ハイデガーのそれと大いに異なり、この二つの差異化の軸を、実在的（R）vs 感覚的（S）と、対象（O）vs 性質（Q）と呼んでいる。ここから四つの順列が得られる、すなわち、実在的対象ＲＯ、実在的性質ＲＱ、感覚的対象ＳＯ、感覚的性質ＳＱである。性質なくして対象なし、また対象なくして性質なしとの現象学的洞察を考えるなら、これらの順列の四つの組み合わせが得られる。RO‐SQは「空間」と呼ばれる。これはOOOにとって美学が展開する場でもある。SO‐SQは「時間」と記述される。客観的な科学的時間であるよりは、生きられた時間という意味でそう呼ばれる。RO‐RQは「本質」と呼べる。これがさすのは、物の隠された内的生命とその特性だからである。最後にSO‐RQは「エイドス」である。これは知と呼ばれるものが生じる際に従う対角線のことだからだ。OOOはこのまだあまり知られていないモデルを信じているが、その根幹には、このモデルがそこに打ち立てられる基礎的な二元論への信頼がある。多くの四つ組モデルが思想史に繰り返し現れるが、私たちはこの度、もっとも重要なものを見つけたと私は考えている。OOOの研究プログラムはRO‐SQ、SO‐SQ、RO‐RQ、SO‐RQの緊張において何が起きるのか、またこれらの結びつきはどのようにして互いから互いへと――鉛から金へというのではなく、金から様々な姿形の金へと――変容するのかについての徹底的探求として記述できる。

C節の練習問題

1　若きハイデガーは、現象学のなかで動いているとみなす「特殊な段階拘束性」に従うことで、ど

(24) この二つの見事なエッセイは以下に収録されている。Martin Heidegger, *Pathmarks*, pp. 82-96 ("What is Metaphysics?") and pp. 97-135 ("On the Essence of Ground"). 〔邦訳：ハイデガー「道標」『ハイデッガー全集9』、一二一‐一五〇頁（「形而上学とは何であるか」）および一五一‐二一五頁（「根拠の本質について」）〕

(25) Martin Heidegger, "Insight into That Which Is," in *Bremen and Freiburg Lectures*. 〔邦訳：ハイデガー「ブレーメン講演とフライブルク講演」『ハイデッガー全集79』〕

(26) Graham Harman, *L'objetquadruple*. 〔邦訳：ハーマン『四方対象――オブジェクト指向存在論入門』〕

のような第二の軸を発見しているのか。

2 大地、天空、神々、死すべき者どもの四つ組は、しばしばハイデガーのもっとも不明瞭で馬鹿げた考えだとみなされている。なぜＯＯＯは、その深い重要性を擁護するのか。

3 時間と空間はふつう哲学と科学においては一対のものとして言及され、この混合に他の項が追加されることはなかった。なぜＯＯＯは本質とエイドスを時間と空間に追加するのか。

4 時間、空間、本質、エイドスからなるＯＯＯの四つ組のうち、どれが美学が生じる場所とみなされているか。

D 代替因果

対象が相互の直接的接触から退隠しているというＯＯＯの結論は、ある特別に深刻な帰結を含んでいる。つまり、何も別の何かへと効果を与えることはできないことを示唆しているようなのだ。明らかにこれはそのとおりではない。なぜなら対象はつねに相互に触発し合っているからである。たとえ敵対的な哲学者たちが主張するほど徹底的にとは言わずとも。ＯＯＯの論点は、因果関係が生じないということではなく、そのような関係は、ふつう信じられているよりも困難で逆説的であるということだ。結局、対象が永遠に相互に退隠しているのなら、どのようにしてひとつの対象が別の対象を触発することがあり得るだろうか。この問題の解決のための最初の希望は、ＯＯＯが実在と感覚を区別しているという事実から生じる。もし二つの感覚的対象がどのように接触可能であるかと自問するなら、答えは明白だ。それらは、両者が同時に経験する実在的対象の何であれ（たとえば心）を通じて、間接的に接触する。そうでなければ、私の左に見える犬と、私の右に見える椅子には、いっさい共通するものはない。それらは感覚的対象として、ただ私によるそれらの経験の相関物である。私の経験とは独立した実在的犬や実在的椅子とは異なっているのだ。また、ちょうど二つの感覚的対象がひとつの実在的対象を通じてのみ接触するのと同じく、二つの実在的対象は、ひとつの感覚的対象を通じてのみ接触する。犬自体は永遠に私や他のすべてから退隠したままだが、にもかかわらず、私は感覚的犬を経験する。そのような仕方で、私は実在的犬との間接的な接触を得るのである。

先に見たように、ＯＯＯは、この問題の解決として、初期イスラム教イラクの機会原因論者たちや、後の一七世紀フランスに見つかるのとは異なる解決を採用している。アラブ人らにあって問題は、クルアーンの特にある一節であった。それは、数で負けているムスリム勢力のために神が戦いに介入することに触れた箇所である。この節の通常の読解では、この戦いをある特別な一度きりの事件として取り扱うのだが、なかにはこれを、神はすべての出来事において介入することを意味していると読むものもいた。神は単に唯一の創造主であるだけでなく、宇宙における唯一の原因主なのだ。すべては、あらゆる瞬間において消え失せるけれども、神によって直接的に再創造される。創造された存在は何者にも影響を持つことがない。なぜなら神のみが何かが生じる原因となりうるからである。ヨーロッパで機会原因論が流行り出すきっかけとなったのは、神学的考察ではなく（実のところ、キリスト教神学において自由意志を保存する必要のために、何世紀も、ヨーロッパに機会原因論が入ってくるのは遅れた）、二つの有限なデカルト的実体――思考と延長――がどのようにしてコミュニケートできるのかという問題であった。機会原因論の幾つかのバージョンが、マルブランシュやスピノザ、ライプニッツ、バークリなどの重要な近代思想家らによって提出された。しかしヒュームやカントが機会原因論を廃止したことですら、今では風変わりに響くこの学派のおかげであることはすでに見た。というのも、機会原因論があらゆるつながりを制定する神に訴えることで原因と結果の問題を解決するならば、他方でヒュームとカントは単に神を人間の心に置き換えたに過ぎないからだ。ヒュームにとっては、原因結果と呼ばれるものは、じっさい習慣という現象に過ぎない。つまり、火に手をかざすといつも結果として痛みを感じるだとか、食べ物を食べるとひもじさが消えるといった「習慣的接合」の現象だ――たとえある出来事が別の出来事の原因となったことを私たちが「証明」できないとしてもである。他方、カントにとって原因結果は、もっと明示的に、叡智界に独立に生じる何かとしてではなく、人間悟性のカテゴリとして扱われる。神を人間の心に置き換えることが今日の世俗的態度により似つかわしいかぎりにおいて、ヒュームやカントの解決のほうが賞賛すべきものだろうが、それでもやはり、彼らは、それより重要な機会原因論的過ちをひとつ繰り返しているのだ。なぜなら、因果性全体の場として選ばれるのが神であろうと、心であろうと、ある特定の存在体が、他の諸物を関係付ける魔法の力として前提されているのである。その力は、同時に、他のあらゆるものには禁じられている力でもある。OOOの「代替因果」はこの機会原因論的問題に対して、原因と結果のすべての責任を帰される何らかの魔法の超存在体へ恣意的に依拠することなしに、アプローチするためのものである。

「代替因果について」という私の論文は二〇〇七年に出版された。これはゴールドスミス・ワークショップと同年である。ブラシエが、因果性の研究を自然科学の手に委ねたがっているのに対して、OOOのアプローチは、哲学は無生物の世界を最初から科学へ任せてしまうべきではなかったと示唆する。「哲学のかけがえなのなさが保証されるのは、科学には触れえない貴重な人間的事象の領域に壁を築いて閉じこもることによってではない。そうではなく、諸科学と同じ世界を、別の仕方で扱うことによってなのだ」[27]。論文はさらに以下のように続く。「古典的な言い方をすれば、わたしたちはもういちど因果について、それを作用因に還元してしまわないようにしながら、思索せねばならない。代替因果は――これまでのところ科学はそれについてなにも知らないが――形相因と呼ばれているものに近い」（一九〇〔九八〕）。ここに、OOOの代替因果のもうひとつの鍵となる特徴がある。これによってOOOは、メイヤスー自身による原因と結果の取り扱いとは、きっぱりと区別される。OOOにとって、因果性の意味とは、単に、ある存在体が別の存在体に作用するということだけではない。むしろ因果性は、一次的に構成に関わる問題だ。金の究極原因はその内的形式である。言い換えれば、金は、かつてそれが作られた遥か彼方の超新星を原因とするよりも、その内部の原子や分子を原因とする。この帰結のひとつは、ある「出来事」が原因となって何かが引き起こされるように見える時にはいつも、この出来事は新たな対象を——どれほど短い間であれ——形成したのだと解釈されねばならないということだ。この新たな対象が遡及的効果をその諸部品へと与え、その後、これらの部品は新たな対象から切り離され、独立の存在を回復するのである。二〇一〇年の論文「時間、空間、本質、エイドス」では、二つの飛行機の衝突をこのような仕方で分析した。もし飛行機どうしがぶつかり合うことがありえ、相互的結果をもたらすのなら、それは飛行機が一定の時間、合体して単一の対象になったからである。それからこの単一対象が、遡及的に、それら成分の双方を模造するのである。そうして二つの飛行機が切り離され、独立した衝突後の飛行機となった。だがそれ以前に、つかの間の衝突対象があり、それが二つの飛行機に、その新たな痛ましい特性を与えているのである。

注目すべき別の点は、実在的対象どうしが間接的接触を果たそうと奮闘するあいだ、感覚的対象は正反対の問題を抱えるということだ。（人間の観察者のような）何らかの別の存在体の感覚的経験へと一緒くたに押し込まれることで、感覚的対象は、切り離された個別の感覚的対象にとどまるよりもむしろ、隣どうしと一瞬のうちに相互作用するものと予想される。「代替因果について」で述べているように、「なぜすべての現象はすぐさま単一のかたまりに融合しないのだろうか。とすれば、諸現象のあいだで障壁になっているなにか知られていない原理があるにちがいない。実在的対象が代替因果を要請するとすれば、感覚的対象のほうは緩衝因果を受け入れる。緩衝因果においては、対象間の相互作用が部

(27) Graham Harman, "On Vicarious Causation," p. 190.〔邦訳：ハーマン「代替因果について」、九八頁〕。以下に記載するページ数はこの論文のもの〔以下、必要な範囲で既訳を一部変更した〕。

分的に妨げられたり阻まれたりするのだ」（一九五〔一〇〇〕）。

カント哲学への最大の挑戦――たとえばメイヤスーによる挑戦――が、カント的有限性を抹消して、絶対的真理への新たなアクセスを得ようと試みる道を行くのに対して、OOOは反対のアプローチをとる。すなわち、OOOにとって、カントの問題とは、すべてのアクセスの彼岸にある物自体を措定することで、彼が私たちを袋小路に追い込んだということではない。この物自体を人間経験に限定したことが問題なのだ。OOOにとって、物自体は、単に貧しい有限的人間存在から取りこぼされる残滓ではない。それは、非生命的関係も含め、それが関わるどんな関係からも区別された対象それ自体である。雹が村々の屋根をうつとき、それは現象的な屋根を打っているのであり、それらに対して持たれるであろうようなどんな関係も超えた、永遠の余剰であるような屋根自体を打っているのではない。このことから、OOOは志向性の通常の意味（「すべての心的行為は何らかの対象を志向する」）を拡張するのだ。フランツ・ブレンターノ（一八三八～一九一七年）や彼の学生であったフッサールにとって、志向性とは単に意識存在の心的生活を指すに留まっていた。しかしすべての関係は、非生命的関係でさえも志向的行為とみなされうるのである。なぜなら、関係子は必然的に、実在的対象よりむしろ感覚的対象に関係するからである。

これを念頭にOOOによる志向性の分析へと戻ろう。これは、この問題にアプローチする主流の現象学的方法とは一線を画す。先の論文で言われるように、「志向性が同時に一つでも二つでもあるという……パラドクスにフッサールが遭遇してしまったことについては、広く知られているとは言えない。第一の意味では、私と松の木との出会いは統一された関係である。わたしたちはその出会いについて、全体として語ることが――網羅的な記述に抵抗するものではあるが――できる」。しかし、別の意味において「わたしは明らかに木と単一のかたまりに融合する訳ではない。知覚において、木はわたしと区別されたままだ。このことは奇妙な結果をもたらす。すなわち、木についてのわたしの志向において、わたしたちは双方とも全体的な志向的関係の内部に住まっているのだ」(一九七〔一〇一〕)。経験という言葉で私は、実在的対象と感覚的対象の出会いを意味しているが、この経験は、たったひとつの場所でのみ繰り広げられる。つまり別の、より大きな対象の内部においてである。要するに、経験は「超越」にも、現在それ以上に人気者となった姉妹概念の「内在」にも関係ない。経験は、接合的存在体を下へと掘り抜けることに関わるのであり、私たち自身いつも、この掘りぬけの構成を手助けしているのである。論文は以下のように続く。「一見して無味乾燥なこの観察は、あまり［フッサールの］読者の関心を掻き立ててこなかった。しかし、このことは、実在的対象をあらゆる関係から退隠させるハイデガーの洞察と組み合わせるなら、新しい哲学のすべてのピースをもたらしてくれる」(一九七〔一〇一〕)。

このエッセイで知的ジグゾーパズルの基本要素になぞらえられているこれらのピースとは何であろうか。それらは一九九から二〇〇頁の表で項目として挙げられている。第一に、包含の関係がある。これは、松の木と私の両方が、私たちの出会いの内部に、つまり私たち双方がその内側にいる新たな対象の内部に包み込まれている様を言うものである。第二に、まさにこの瞬間における私の経験において、「横並びになってはいるが、おたがいに触発しあうことはない」(一九九〔一〇二〕)すべての感覚的対象どうしの隣接がある。第三に真摯さがある。この語はずいぶん馬鹿にされているが、それでもこの語こそが、じっさいに実在的対象が感覚的対象に占拠されている様を指している。「まさにこの瞬間、わたしは感覚的な木に没頭し夢中になっている。たとえ木に対するわたしの態度がまったくシニカルで口先だけのものであったとしてもである」(一九九〔一〇二〕)。明らかに私たちの関係は、包含の関係ではない。なぜなら、感覚的な木が包含されるのは、観念論で考えられるように私の中ではなく、そもそも私たちの感覚的出会いを可能にしている、私自身と木とから構成された接合的対象の中だからである。それは隣接性の関係でもない。隣接性は、実在的対象(私)と感覚的対象(木)の対決ではなく、諸々の感覚的対象が隣り合いながら存在することのみを指すものだからである。第四のもっとも重要なものとして、接続がある。この関係によって、二つの実在的対象は、ひとつの対象を形成する。しかし、私たちが知るように、接続は間接的に、感覚的媒介者を通じてしか起こらない。第五の同じく重要なものとして、まったくの無関係の場合がある。それはひとつの順列であるが、関係の優位を過剰強調する全体論的哲学には、あまり真剣に受け取られていない。このエッセイで述べているように、「[まったくの無関係]は事物の通常の状態である。それを否定するのは、妄想がかった全体論者だけだ。そうした極論を言うような者たちは、道にころがっている対象すべてに飴玉のように鏡を配っているのだ」(二〇〇〔一〇二〕)。結論として「世界に住まっている諸対象は、つねにこれら五つの関係のうちのひとつにおいて、おたがいに接している」と言えるだろう。

この五つのうち、どれがもっとも重要で、世界におけるあらゆる変化の根っこであるだろうか。「接続」ではあり得ない。これはまさに私たちがこれから説明しようとしているものだ。いちど諸々の存在体が接続されたら、困難な仕事はもう済んでいる。明らかに「まったくの無関係」でもあり得ない。これは、何かが諸対象を関係付けるようになるまで、諸対象が分離されてあり続ける様を示している。「包含」は、諸対象の間のつながりの帰結であり、その原因ではない。「隣接性」は単に私たちに、感覚的対象の隣り合う共存を示すのであり、実在的対象のあいだの接続ではない。残るはただひとつの可能性である。

残る選択肢はただひとつ、「真摯さ」である。これこそ世界における変化の場であるにちがいない。実在的対象は志向の核心に住まっているが、無数の感覚的対象に圧迫されている。実在的対象は、どうにかして感覚的対象の色の霧を突破して、すでに近くにあったが直接の接触には緩衝が挟まれていた実在的対象に接続する。このメカニズムに光が投げかけられたなら、そのほかの四つのタイプの関係の本性についてもより明らかになるだろう。(二一三〔一〇九〕)

どのような出来事においても、二つの実在的対象のあいだの関係は、触れることなき接触の形式のみであることをみた。それはちょうどソクラテスが徳や友情を、かつて抱いたためしがなくても、愛しているようなものだ。どんな哲学的関係主義にも見られる先天的悪徳とは、私たちは実在的なものと直接的接触を持つか、あるいはまったく接触を持たないのかいずれかである、と想定することである。論証的で概念的な言語だけが、合理主義者にとって唯一受け入れ可能な話し方なのだ。他のすべては否定神学か、神秘主義的な身振りなのだ。対照的に、OOOは言語や思考を一次的に暗示の事柄とみなす。そして哲学自体を、直接的にそれ自体で現れることのない実在的なものの暗示の偉大な芸術とみなすのだ。しかしこれは単に言語や思考のみに当てはまるのではない。「心なき土塊も含めて、すべての実在的対象間の関係が生じるのは、ただある種の暗示によってのみである。このことは、わたしたちが魅惑を美的効果と同一視するかぎりで、美学こそが第一哲学にほかならないことを意味している」(二三二〔一一三〕)。この記述に基づき、私たちはOOOにとっての美学の重要性へ移ろう。

D節の練習問題

1　論文「代替因果について」によれば、実在的対象どうしの因果性が「代理的」であるのに対して、感覚的対象どうしの因果性は「緩衝的」である。これら二種類の因果性の違いとは何か。またなぜ実在的対象には代理的因果性が、感覚的対象には緩衝因果があてがわれるのか。

2　この論文では、なぜ、対象に向き合う思考のすべての事例は、他の対象の内部面において生じると議論しているのか。

3　この論文は、関係には五つの可能なタイプがあると主張する。包含、隣接、真摯さ、接続、まったくの無関係、である。この五つのそれぞれについて説明せよ。またそのそれぞれが生じる際の条件について例を挙げよ。

4 「志向性」という用語は、すべての心的行為は何らかの対象を目指すということを意味する。これまで普通考えられてきたのは、人間ないし他の高度に知的な存在のみが志向性の能力を持つということであった。「代替因果について」はどのような根拠に基づき、これが非生命的領域も含め、どのようなところにも見出されると主張するのか。

5 右記の問3で言及した関係の五つのタイプのうち、論文では、真摯さが最終的に、それらすべてのうちでもっとも重要であると論じている。この主張の基礎とは何か。

E 美学の決定的地位

直接的アクセスからの実在的対象の退隠に焦点を当てようとするその傾向のため、時にＯＯＯは、対象が何であるかよりも、何でないかについてのみを語る「否定神学」であるとの非難を浴びてきた。この非難は、哲学的想像力の欠如、そして同じくこの学問の歴史に対するセンスの欠如をあらわにしている。そこでは、一方には知があるが、他方には未知のものを目指す曖昧な身振りしかないと想定されているのだ。しかし事実においては、これら両極端のあいだに広大な中間地があり、人間の認知はいつもこの中間地を利用してきたのである。というのも、暗示を通じて実在的なものへの間接的アクセスを得る方法はごまんとあるからだ。もしそうでなければ、芸術とは的外れであるだろう。というのもそれは明らかに、実在的なものについての直接的な知を与えるのではないからだ。これ以上に、そもそもソクラテス的な愛知《フィロソフィア》の意味での哲学も、的外れであるだろう。というのもソクラテスが正義や徳、愛など諸々の見事な定義を行うような、プラトン対話篇の一節などないからだ。同様に、この芸術作品が実のところ何を意味するかについて語る、字面《リテラル》どおりの散文的解説へと翻訳可能な芸術作品もない。あるいはむしろ、こうしたことがなされうる事例はあるかもしれないが、この場合はただ、問題の芸術作品が何らかの考えの広告に過ぎないことのみを私たちに示すだろう。だが、そのような考えは、わざわざ芸術として飾り立てるくらいなら、率直な散文的言葉で述べてもらったほうがましだろう。哲学と芸術の関係について、もっとも目立ったOOOのエッセイは、私のブックレット『第三のテーブル』である。これは二〇一二年のドクメンタ芸術祭のために委任されたものだ。この小品は、一方の芸術と哲学を、他方の科学的知から、きっぱり区別している。ただし、実在的対象と感覚的性質のあいだの相互作用（RO‐SQ）にかんする議論のテクニカルな面には立ち入っていない。この理由のため、私たちはまず『第三のテーブル』について短めに議論することから始め、その後、最近出版された『対象指向存在論――万物の新理論』における、もう少しテクニカルな美学論の章へと移りたい。

『第三のテーブル』というフレーズは、物理学者アーサー・スタンリー・エディントン（一八八二～一九四四年）が使用した有名な二つのテーブルの比喩を、品よくからかい気味に参照したものである。この比喩は、一九二〇年代にそれが出版されて以来、しばしば哲学者によって論評されてきたものだ。エディントンが言うには、「私はこれらの講演の執筆の仕事へ向かおうと心を固め、椅子を私の二つのテーブルの前に引っ張った。二つのテーブル！　そう、私の周りのすべての対象にはその複製がある。二つのテーブル、二つの椅子、二つのペンだ」[28]。のちにセラーズが明示イメージと科学イメージの二重性を引き合いに出すことを予兆するような仕方で、エディントンは第一のテーブル（実践的で、固体で、彩色され、固い）と第二のテーブル（科学的で、電子や他の微小粒子が蠢く虚空空間や不可視領域からなる）の共存について語る。己の部族に忠実な物理学者として、エディントンは明らかに第一のよりも、第二のテーブルを好んでいる。だが、彼は第一のテーブルは、どんなに科学的な労働を積み重ねても消去で

(28) A. S. Eddington, *The Nature of the Physical World*, p. ix.

きないことは認める。最終的に彼は、両方のテーブルが存在者と見なされてもよいと同意するのである。しかし、OOOの立場からは、エディントンのテーブルのどちらも同じく非存在者である。「日常のテーブルと科学的テーブルのそれぞれの長所を重視する場合、私たちは双方が等しく非実在的だとわかるだろう。というのも、両方が、ただ還元論の正反対の形式に帰着しているに過ぎないからだ。科学者はテーブルを、目に見えない微小粒子へと、下方に向けて還元する。人文主義者はテーブルを、人々や他の事物に対する一連の効果へと、上方に向けて還元する」[29]。よりあけすけに言うなら、「エディントンのテーブルの両方ともにまったくのごまかしであり、テーブルをそれぞれその内と外の環境と混同している」(六)。

これを別の仕方で眺めるなら、エディントンの二つのテーブルとはそれぞれ下方解体と上方解体により生産されたテーブルであるということになる。それらは知による二つのテーブルである。良き物理学者エディントンが好むように、テーブルを、それを構成する微小粒子へと下方に向け還元することで、私たちはテーブルをその成分と置き換えている。これがうまくいかないのは、「全体としてのテーブルは、その様々な成分粒子が個別には持たない特徴を有しているからだ。これら特徴はしばしば創発特性と呼ばれる。ただしそれらについてはいかなる神秘的なことも必要ではない」(七)。しかし、テーブルをその実践的特性や他の諸物への関係へと上方に向けて還元することによって、私たちはテーブルをその効果と置き換えている。ここでの問題は、テーブルの効果すべて、さらにその可能な効果の総合計すら、ひとつのテーブルとぴったり合うことはないということだ。「実践的な使用において出会われるテーブルすら、テーブルの実在性を汲み尽くさない。ある瞬間、テーブルは、十分な信頼のもとで紙の重さや昼の食事を支えている。次の瞬間、テーブルは地面へと崩れ落ち、すべてを壊してしまう。これが示すのは、まさにテーブルが私たちが見たものと同一視できないのと同じく、やはり私たちが使用したものと同じではなかった、ということだ」(九)。知とは、何らかの物をその成分やその効果の用語に翻訳することであり、それゆえ必然的に物自体を失ってしまう。しかし物自体とは第三のテーブルなのだ。これが意味するのは、物自体とは知による物ではないということである。『第三のテーブル』で言われるように「エディントンの第一のテーブルは、テーブルを、それらが私たちや他の誰かに与える日常的影響に他ならないものへ変えてしまうことで、テーブルを滅ぼしている。エディントンの第二のテーブルは、テーブルを微小の荷電やかすかな物資的揺らめきに他ならぬものへ分解することで、テーブルを滅ぼしている。しかし第三のテーブルが、直接的にこれら他の二つのあいだにある。二つのテーブルはどちらも、実在的にひとつのテーブルではない」（一〇）。

いまや私たちは不可能な立場にあるようだ。というのも、存在する二つの形式の知では、私たちに実在のテーブルを与えることはできないのだから。そのため私たちは、合理主義者がしばしば警告する否定神学の行き止まりへと達してしまったようである。私たちに必要なのは、知によるやり方で直接的にアクセスできずとも、それでも諸物へのアクセスを可能にするための道である。「エロティックな発話が、宣言的言明や明晰に分節された命題よりもむしろヒントや、暗示、あてこすりから構成されている時にこそ、うまく働くのと同じように、またジョークや手品のトリックがその段取りを細かく説明されるとすぐさま台無しになってしまうように、思考もまた、その段取りのそれぞれがただ遠回りでもよいと悟っていなければ、思考ではない」（一二）。知という普通の道具は、私たちが対象を狩り出そうとするとき、ほとんど助けにならない。なぜなら知は、対象を、それに属するいくつかの検証可能な特性に置き換えるためのものであり、私たちに対象そのものを与えるものではないからである。また、これは間接的にのみなされうる。「世界を一次的に満たすのは、電子や人間実践ではなく、あらゆる人間や非人間のアクセスから退隠する亡霊的諸対象である。これらはただ暗示によってのみアクセス可能であ

（29）Graham Harman, *The Third Table*, p. 6. 以下に記載するページ数はこの文献のもの。

り、また「魅惑」を通じて私たちを誘惑する」（一二）。魅惑とは、ある対象の存在を、その性質の文字記述で置き換えることなく、暗示で表すことを意味している。これはまさしく、芸術家がすでに利用しているタイプのコミュニケーションだ。「なぜなら一方で芸術は、白鯨やマンション、筏、りんご、ギター、風車を、原子より小さなその土台物質に解消することで、機能するのではない……しかし他方でまた［芸術］は、まるで単に日常生活の対象を複製したり、私たちへの影響を創造しようとしたりしているかのように、第一のテーブルを探すのではない」（一四）。

『第三のテーブル』は、OOOが、一方で科学的知、他方で哲学および芸術、この二つの違いとみなすものの良い説明を提供している。しかし、この問いのテクニカルな側面にはまったく立ち入っていない。つまり、美学が実在的対象と感覚的対象の間の割れ目を展開する方法のことである。すなわち『四方対象』で「存在書法」と呼んでいるものの速記言語で書くとRO‐SQだ。この論点については、『対象指向存在論』（二〇一八年）で、より詳細な最新の議論が展開されている。(30) 私たちはこれに目を向けたい。ただし、正反対の方向でその議論をたどっていくことになろう。私たちはまず、いわゆる美学的形式主義《フォルマリズム》について語るべきであろう。OOOにとってこれは、役に立つ面もあれば、役に立たない面もある。美学における形式主義《フォルマリズム》は、いくつか異なる事柄を意味しているが、おそらくは次のような見方として定義するのがもっともよい。すなわち芸術作品とは自己包含的単位であって、その一次的目的は、その時代の社会‐政治的な不正に対する抗議や、それが生まれた歴史的、自伝的文脈、ないし作品制作時点の芸術家の意図についての情報提供ではないとする見方である。芸術作品は独立し自律的であって、無私の観照の精神でアプローチされるべきものである。二〇世紀のフォルマリズムはしばしば、ヴィクトル・シクロフスキー（一八九三〜一九八四年）のようなロシアの人物たちにさかのぼる。合衆国での主要な名前を挙げれば、文学ではクレアンス・ブルックス（一九〇六〜一九九四年）のような〈新批評家〉や、クレメント・グリーンバーグ（一九〇九〜一九九四年）、マイケル・フリード（一九三九年〜）といった素晴らしい芸術批評家がいる。ＯＯＯはそれ自体、自律的対象の理論であるので、もちろん、芸術作品は自己包含的単位であるという形式主義者の見方を採用する。この考えは、一九六〇年代後半以来、芸術においてはずっと流行から外れている。しかしＯＯＯは、自律的芸術対象は人間的成分や人間の参加者を有してはならないとする、暗黙の追加的形式主義《フォルマリズム》的前提を受け入れない。ＯＯＯにとって芸術は本質的に劇場的であり、水が水素と酸素からなる合成対象であるのと同じように、（普通は）物理的作品に観客を加えることで成り立つ合成対象なのである。

　カントは、美学において決して文字どおりには「形式主義者」を自称しなかった――ただし倫理においてはそう自称しており、その理由は似ている――けれども、他方では、はっきりとこの運動の哲学的な先駆者である。芸術についての彼の最初の指摘は、芸術作品は美の自己包含的経験でなくてはならず、私たちを元気づけたり、私たちの政治的視点をよく見せたり、私たちに世界の動き方について何かを教えたりといった裏の動機に仕えるものではない、ということである。倫理哲学ではカントは同じ議論を行った。ある行為が倫理的であるには、それ自身のために実演されねばならず、死後の地獄を避けたり、立派な市民として公衆の好意を買ったり、ましてや夜にやましいところのない良心で眠ったりするためではない。倫理的行動はただ、義務の感覚からなされねばならない。カントはまた、美学的快は、実在的には芸術対象そのものにかんするのではなく、あらゆる人間によって普遍的に共有される判断の主観的条件にかんするものであると主張している。人間たちは、他の諸々の物のあいだで、芸術作品がそれらのうちもっとも偉大なものであるような、趣味の一般的な共通見解を確保するのである。奇妙にも、カント的形式主義の支持者グリーンバーグとフリードは、この優先性を逆転させる。それにより芸術対象それ自体が、人間主体が可能なかぎり考察から差し引かれるような、美学の場となるのだ。しかしこ

（30）Graham Harman, *Object-Oriented Ontology*, chapter 2, "Aesthetics is the Root of All Philosophy."

の違いは、それほど重要ではない。なぜなら本質的な形式主義の一手とは、思考と世界を種別的に分離することだからである。想定上は、芸術家にとって、カンバスと絵の具を混ぜる、木管楽器とストリングスを混ぜる、主役と悪役を混ぜる、ホビットとオークを混ぜる、こうしたことは良いことである。しかし決して、芸術を眺める人間を、作品の物理的要素と混ぜてはならない。眺める者の役割は、静かで公平な観照に取り組むことなのだ。

　こうした前提をOOOがきっぱりと拒絶していることは、OOOがフリードの「芸術と対象性」〔邦訳「芸術と客体性」〕をいかに読解しているかを考えてみればよくわかる。このタイトルで使われている「対象」は、まさにOOOの意味とは真逆である。この論文の動機は、裸の白い立方体や木の棒、金属の竿を部屋に設置するような、一九六〇年代のミニマリスト彫刻に対するフリードの批判である。フリードはミニマリストを異なる二つの欠点から批判している。彼はこれらの欠点を互いに密接に結合したものとして扱っている。すなわちリテラリズムと演劇性だ。「リテラリズム」という語でフリードが意味しているのは、これらの作品に美学的な捉えにくさがない、ということだ。白い立方体に出くわすなら、そこに見えているものこそが手に入るものである。表面的リテラリズムとはまさしく、「対象」という用語でフリードが――ハイデガーのように――意味するものである（他方でOOOは「対象」を、リテラルな表面の下に隠れるものを意味するために用いる）。「演劇性」でフリードが意味しているのは、ミニマリストの作品そのものに本質的なドラマの欠如がある以上、それはただ私たちからの反応を引き起こすためのものに過ぎない、ということである。演劇性とは、彼の主張によると、まさに芸術の死なのである。いま私たちの関心は、フリードがミニマリストに公正であるかどうかではない。彼の批評が的を射ているとさしあたり想定しておこう。その場合でも、OOOはフリードにこう応答する。彼がリテラリズムと演劇性を同一視するのは間違っている、と。というのも、これらは二つの異なる無関係の物だからである。前者は悪い、しかし後者は良い。芸術は、芸術対象をその可視的表面へと還元するようなリテラルなものではあり得ない。というのも、そのような場合、これは芸術ではないからだ。しかし、芸術は演劇的でなければならない。そのいくつかの理由は、形式主義の本質的な非適合性を示すものだ。これを説明するために、もっとも簡単なのは隠喩の事例について考えることである。

ある朴念仁が述べたリテラルな言明を想像することから始めよう。「暁は黄昏のようだ」。二つは一日のうち正反対の時刻に生じるもので、それぞれが私たちの実践生活で異なる役目を持っているが、たしかに暁と黄昏には似たところがある。両方の場合で太陽ははっきりとは見えなくなり、また空はほの昏く、地平の近くがまばらに色づく。この朴念仁が私たちに告げたことのリテラルな真実を、私たちは否定することはできない。それは明示的にも真であるように見えるだけでなく、彼の文の順序も、何らの支障なく、ひっくり返すことができる。「黄昏は暁のようだ」が意味するのは、日常言語では「暁は黄昏のようだ」ときっかり同じことである。しかし、いわゆる比喩的言語の例に目を向けてみよう。ホメロスでもっとも多く繰り返される隠喩のひとつが、「薔薇色の指先を持った暁」というものである。ここで私たちは直ちに、リテラリストの朴念仁の事例とのいくつかの違いに気づく。まず、暁はリテラルに指を持たない。空には指はなく、このことから私たちはこれが隠喩であるとわかる。第二に、この隠喩はリテラルな言明のように裏返すことはできない。もし詩人が代わりに「暁の先を持った薔薇色の指」と言ったとすれば、私たちはやはり隠喩を与えられるのではあるが、前と同じものではない。ホメロスは暁について語り、それに指の性質を与えたのであるが、私たちの想像した二番目の詩人は、指について語り、それらに暁の性質を与えたのである。第三に、慣れ親しんだ対象と馴染みのない性質との衝突のために私たちは、その対象について私たちが持つ意味を失い、無知の心でそれに近づくことになる。私たちは皆、暁が何か知っている。しかし――ホメロスをどれほど読み込んでも――指先を持った暁がどのようなものか、私たちは決して完全には確信していない。

ここですでに私たちはOOOの路地にまっしぐらに向かっている。隠喩の反転不可能性が示すのは、そこに結合された二つの対象が大きく異なる役割を演じているということだ。ホメロスの例では、暁は対象（Ｏ）の役を果たし、指先は性質（Ｑ）を提供する。第二の例では、反対のことが真である。しかし、私たちは先にＯＯＯでは、二つのタイプの対象（ＲＯ、ＳＯ）と二つのタイプの性質（ＳＯ、ＳＱ）が認められることを確認した。どちらのタイプを、ホメロスの隠喩では——あるいはそうした場合の他の隠喩では——扱っているのだろうか。指先‐性質は明らかにＳＱである。というのも、もし隠喩のうちに保持すべき識別可能な性質がなければ、言語よりもむしろ沈黙で対処しているだろうからだ。しかし同じく明らかに、この隠喩における暁はＲＯである。というのも、指先を持つ暁は、日常の暁とは違う仕方で神秘的な暁であることを見たからだ。この怪物的な新たな暁は、私たちから畏敬をもって遠ざかり、私たちの興味をそそりながら、陰へと退隠する。要するに、隠喩はＲＯ‐ＳＱの対として分析可能なのである。しかし、同じことがすべての美学に対して真である。いずれも、リテラルな対象ではなく、非リテラルな対象を提示するという点で通常の経験とは異なっている。

　しかし私たちはいまだ問題を抱えている。現象学から私たちが学んだのは、性質なき対象はないということ、また対象なしに自由に漂う性質もないということであった。今の場合、隠喩はＲＯ‐ＳＱ構造をもつ対象であることが明らかになった。しかし実在的対象（ＲＯ）は定義上、退隠しており、どんな直接的関係にもアクセス不能である。ホメロスの暁が陰に退却し、あらゆる接触から隠れているとすれば、どのようにしてこの隠喩のうちで何らかの役目を果たせるのだろうか。その答えは奇妙であるので、最初それが浮かんだ時、私は大いに驚いたものであった——それはいつも強力な新しい考えの印である。そう、暁は退隠している。それゆえに隠喩へと直接的に入ることはできない。したがって、それは、状況から退隠しない別の実在的対象に置き換えられねばならない。この隠れた実在的対象のために登場する代わりの暁とは何か。それは感覚的暁ではあり得ない。なぜなら、その場合、私たちはリテラルな言語の領域に引き返すことになり、いかなる隠喩も生じないであろうからだ。実在的暁に取って代わるものは、感覚的対象ではなく、別の実在的対象でなくてはならない。

答えは、私自身という美学的鑑賞者が、この場面で、暁に置き換わることのできる唯一の実在的対象であるというものだ。隠喩と他のすべての美学経験において、私自身こそが劇場的に引きずり出され、美学的対象になるのだ。この考えは少し奇妙に聞こえるかもしれない。だがまったく芸術と関わりがない訳ではない。というのもそれはすでに、ロシアの俳優コンスタンチン・スタニスラフスキ（一八六三～一九三八年）[31]のシステムから派生したアメリカの「メソッド演技」の基礎であるからだ。ホメロスの隠喩の事例において私という読者は、隠喩が働くという条件で（飽きていたり、気が散っていたり、心的に鈍い読者の場合には働かないこともあろう）、指先を演じる暁を演じるメソッドアクターなのである。分析に基づき、これが隠喩のみならず、すべての美学経験について真であることを示すことはできるだろう。さらに、こうしたその後のOOOの発展はまだ十分に紙に印刷されていないが、知が美学と完全に異なる軸に即して働くということも示すことができるだろう。つまりSO‐RQという、現象学にとって非常に重要なものと同じ軸である。これを、OOOにおける美学の重要な役割への最初の簡単な導入とさせていただこう。

E節の練習問題

1　エディントンの二つのテーブルとは何か。なぜOOOは両者を拒絶するのか。
2　OOOは、哲学と芸術の共通のつながりは何であるとみなしているか。
3　OOOの専門術語としての「魅惑」の意味を説明せよ。
4　カントの『判断力批判』はなぜ広く美学的形式主義の初期理論であると考えられているのか。

（31）Konstantin Stanislavski, *An Actor's Work*.〔邦訳：スタニスラフスキー『俳優の仕事』〕

5　ＯＯＯがこうした形式主義に同意する点、同意しない点はどのようなものか。

6　なぜＯＯＯはあらゆる美学の演劇的性格を擁護するのか説明せよ。

第四章　思弁的唯物論

ゴールドスミス・ワークショップの当時、カンタン・メイヤスー（一九六七年〜）は、その数年前まではその学生であったパリの高等師範学校に勤めていた。二〇一二年、パリ第一大学パンテオン・ソルボンヌ校に呼ばれ、現在に至っている。彼の父は高名なアフリカ学者にして経済人類学者であるクロード・メイヤスー（一九二五〜二〇〇五年）である。若い頃には一九六〇年代のシチュアシオニスト運動に惹かれたが、その後、青年メイヤスーは学部生として哲学に打ち込むようになり、かくしてバディウの力作『存在と出来事』（一九九八年）の虜となった。のちにバディウと若きメイヤスーは知的にとても親しくなり、バディウは、その弟子のデビュー作『有限性の後で』（二〇〇五年）に立派な序文を書いた。この著作は数多くの言語に翻訳され、すでに二一世紀哲学の古典に数えられてよいほどだ。

二〇一一年、私は、『カンタン・メイヤスー――作られつつある哲学』と題して、彼の哲学にかんする本を出版した。二〇一五年にはその拡張版が刊行されている。メイヤスー哲学の細かな説明を読みたい読者は、そちらの著作にあたられたい。ここでは、少し違ったやり方をしてみたい。これまでの章と同じく、ここではまずゴールドスミス・ワークショップでのメイヤスーの発表の簡単な説明から始めよう（A節）。そこから続いて、避けては通れぬ、『有限性の後で』の主要テーマにかんする議論に取り掛かろう（B節）。『数とセイレーン』でなされたステファヌ・マラルメの詩の見事な解釈は残念ながら飛ばして、まっすぐに彼の博士学位著作『神の非在存』のいくつかの抜粋へと向かおう。それらの翻訳はメイヤスーからの許しを得て、彼の哲学にかんする私の本に付録として収録している（C節）。

A　ゴールドスミスのメイヤスー

思弁的実在論ワークショップでのメイヤスーの発表は、書き起こしの四〇七頁から四三五頁にわたっており、そのあとに一三頁分の質疑応答が続いている。他の三名のスピーカーが形式ばらない仕方で講演したのに対して、メイヤスーは準備されたテクストを読み上げたので、彼の論証は、きっちりした構造と演繹的な性格を持っていた。講演はまず彼のもっとも有名な概念、「相関主義」に触れている。すぐさまブラシエや、グラント、そして私は、この用語が自分たち自身の論敵を指すものでもあると認識した。メイヤスーがこの用語を作ったのは見るところ二〇〇二年か、二〇〇三年のこと、つまり『有限性の後で』の出版のほんの数年前のことである。そのときメイヤスーは、反実在論の諸哲学が自分たちを観念論ではないと主張するのを妨げようと試みていた。その良い例のひとつはフッサール現象学者たちだろう。彼らは、フッサールは実在論／観念論という問いを「超えて」いると主張する。私たちは、さまざまな対象へ注意を向ける時点で、つねにすでに私たち自身の外にあるからだ。別の例はハイデガー派たちである。その主張によると、私たちはつねにすでに世界へと投げこまれてある以上、実在論／観念論をめぐる古い論争は、的を外しているのだという。にもかかわらず、こうした哲学の避けがたい要請とは、思考と世界は、ただ相関するものとして、つまり互いにペアとなるかぎりでのみ存在しており、どちらかを切り離して語るすべはないということだ。メイヤスー自身の言葉によれば、「たとえこれらの立場が主観的観念論ではないと主張していても、彼らが緻密に作り上げる外部が本質的に相対的であること、例えば意識や言語、現存在などに対し相対的であることは、彼らも自己反駁なしには否定できない。ある視点、つまり主観的アクセスとつねにすでに相関していないような、いかなる対象も、存在も、出来事も、法もない。これが相関主義のテーゼである」[1]。この点で相関主義は、思弁的実在論者四人全員の最初からの怨敵なのだ。

にもかかわらず、メイヤスーはこのグループ内で孤立し、相関主義の賞賛にまわる。そして、その帰結を逃れられるのはただその諸前提を認めることから始める場合のみであると主張する。公然と述べているとおり、彼はただ相関主義を批判するだけではなく、賛美しようともする。

> 私はこの点を強調したい――つまり、明白にどうしようもなく御し難い、この立論の類い稀な力強さを。相関主義は、強力であるだけいっそう単純な論証の上にやすらっている。この論証は次のように公式化できる。Xの贈与なしにXはない。またXの措定行為なしにXについての理論はない。何かについてあなたが話すなら、あなたは、あなたに対して与えられ、またあなたによって措定される何かについて話しているのだ。（四〇九）

繰り返しておけば、メイヤスーは相関主義を、ひとつのまっとうな哲学的立場であり、単に無視して済ますことはできないものとみなしている。私たちには相関主義から出て行くことはできず、むしろ内部でこれを徹底せねばならない、というほどにである。ややこしいことだが、二〇一〇年八月に私が行ったインタビューでは、メイヤスーはこの点を否定した[2]。しかしテクストが証拠としてはっきりこの

（1）Ray Brassier et al. "Speculative Realism," p. 409. 本文の以下に記載するページ数はこの書き起こしのもの。

（2）Graham Harman, "Interview with Quentin Meillassoux," trans. Harman, in *Quentin Meillassoux: Philosophy in the Making*. p. 213.

点を示している。もし次の相関主義的公理の根本的真理を彼が受け入れないとすれば、メイヤスー哲学は意味を持たないだろう。すなわち思考の外側にある何かを考えようとすれば、必ずそれを思考へ変えてしまうのであり、それにより語用論的矛盾を犯すことになる、と。ゴールドスミスでは、メイヤスーは「素朴実在論」を定義して、相関主義的円環に反駁することができないために単にそれを無視するような種類の実在論であるとしている（四三〇）。さらに質疑の際、スーヘイル・マリクに答えるかたちで、メイヤスーは、自らの「戦略は、相関主義的論証を通じて絶対へとアクセスすることである」とも述べている（四三六）。こうした忘れ難い一行命題のいくつかを別にしても、メイヤスーのゴールドスミスでの発表の全体は、相関主義的円環を否定するだけではそこから逃れることはできず、より「創造的」な解決が必要だ、という仮定に満ち溢れている。

　いずれにせよメイヤスーの講演は、三つの基礎的部分に分けることができる。第一部は、特にフィヒテを参照しつつ、相関主義的論証の力と彼がみなすものについて議論する。フィヒテの一七九四年版の「『全知識学の基礎』は、実在論に対立する相関主義的挑戦のもっとも厳密な表現の始まりを画す」（四一〇）。第二部は、ラリュエルの非哲学は相関主義的円環から逃れる道を見出していると唱えるブラシエの主張に反論する。メイヤスーの考えるところによれば、この円環はあまりに広く、ラリュエルもまだその内部に包含されている。ここからメイヤスーは、反駁不可能な哲学的論証を信用に値しないものとみなす非合理的方法にまで批判の矛先を広げている。第三部は、相関主義の脱出および、それに代わる思弁的実在論理論の確立にかんするメイヤスー自身の積極的な哲学的論証が提示される。この最後の論証については、のちの『有限性の後で』を扱う節と重なるため、ここではゴールドスミス講演の最初の二部、メタ哲学の部分に注目していこう。

　フィンランドの分析哲学者ヤーコ・ヒンティッカ（一九二九〜二〇一五年）から取られた語用論的《プラグマティック》矛盾あるいは行為遂行的《パフォーマティブ》矛盾という概念は、その内容がそれを発する行為自体と矛盾するような言明を指す。これは、文の内容のなかで生じるような、通常の矛盾とは区別されねばならない。メイヤスー自身の言葉によると、「[行為遂行的矛盾]は、例えば「ペテロは考え、かつペテロは考えていない」のような論理的矛盾ではない。そうではなく、言明の内容とその行為遂行、その実際的な明文化とのあいだの矛盾である」(四一一)。一例を挙げれば以下のようなものだ。「「私は考えない」は論理的矛盾を含むのではない。命題の内容と、私がこの命題を考えている、ないし発しているという事実とのあいだの矛盾からなる」(四一一)。メイヤスーは言及していないが、さらによく知られた例は、古代からある嘘つきパラドクスである。これは「私は嘘をつく」という文の解釈の困難さに関わっている。もしこの文を真だとすれば、その時この文は嘘を言っている。またこの文を偽であるとすれば、その時この文は本当に真実を告げている。グレアム・プリースト(一九四八年～)は、この種のパラドクスをめぐってひとつの哲学を打ち立てるという野心的な努力を行っている。興味深いことに、分析哲学者のジョン・コグバーン(一九七〇年～)は、すべての思弁的実在論を、行為遂行的矛盾に決着をつけようとする試みのための様々な戦略からなるものとして解釈しようとした。[3]

いずれにせよ先に見たように、メイヤスーは、フィヒテこそが、これまでのあいだもっとも強力な、相関主義的視点の擁護を打ち出したとみている。カントの物自体をフィヒテが全面的に拒絶したことを参照しながら、メイヤスーは問いかける。

哲学者は、自我から独立した実在へアクセスすることを主張する場合、実際には何をしているのだろうか。フィヒテ曰く、どの[措定行為]からも独立であると想定されたXを、措定しているのである。言い換えれば、Xを、措定されぬものとして措定しているのだ。あらゆる概念の外部にあって独立す

(3) Graham Priest, *Beyond the Limits of Thought*, Jon Cogburn, *Garcian Meditations*.

るものを考えると主張しながら、実際に自分が何をしているのかは言っていないのである。(四一二)

この点までは、メイヤスーは、カントに関係するかぎりでのドイツ観念論者の同伴者である。ただしすぐ後に彼は、ドイツ観念論者と道を分かつ。プリーストとよく似た仕方で、メイヤスーは最後に、フィヒテの「ダブルバインド」と呼ぶものを認める。

［哲学は］独立している実在的なものに対する思考の二次性を措定しなければならない――さもなくば感覚の受動性を説明できない――と同時に、矛盾なしにこのような実在を措定することはできない。この「ダブルバインド」……は究極的には、「実在論」が現代哲学にとって意味するものであり続けている――私たちには実在論が必要だが、それを主張することはできない、ゆえに主張しつつ、かつ、否認するのだ……。(四一二-四一三)

このバインドを否認したり、はぐらかしたりする実在論は、メイヤスーにとって、単に「素朴」なものでしかない。彼が明晰に述べるとおり、「現代的実在論であるとは、私にとって、語用論的矛盾というフィヒテ的宿命に実りある仕方で挑むことである……あなたがXを考えているなら、その時あなたはXを考えている、、、、……実在論は、語用論的矛盾の試験を通過できるだろうか」(四一三)。

明らかにメイヤスーは、相関主義的円環が、これを直接に反駁できない実在論に対する圧倒的反論になると考えている。この理由から、次節で見るように、メイヤスーは彼のたいへんな思弁的才能を捧げて、相関主義的円環を受け入れつつ、同時に、これに一貫的に従えば驚くべき新たな形の絶対へたどり着くのだということを示すための巧みな道を見出そうとする。しかし、円環的論証が実際、見た目ほどに堅実かどうかを問うことはできよう。ゴールドスミスの質疑応答の終わり頃にブラシエが質問したのはまさにそれだ。メイヤスーの刺激的な講演にしかるべき賛辞を述べた後で、ブラシエは、この点をまっすぐ突いている。「行為遂行的矛盾からの論証——まさに相関主義の鍵となる論証——は、あなたがそう示唆しているらしいほど、果たして強く、異論の余地ないものかは、疑問である」（四四六〜四四七）。ブラシエは続けて、私にはいまだに強力な反論であると思える点を述べる。

何かを措定されぬものとして措定することは行為遂行的矛盾である、というのがここでの主張である。しかし相関主義者は、措定された実在物と措定されない実在物の差異がすでにこの概念の内部、そしてこの措定行為の内部にあるのだと知っていると主張せねばならない。言い換えれば相関主義者は、ある関心外の実在物についての概念と、この関心外の実在物［自体］とのあいだに差異がないことをどうやって知るのだろうか。（四四七）

一例をあげよう。誰かがリンゴを、それについての思考の外にあるリンゴそれ自体として語るところを思い描いてほしい。メイヤスーは（のちには別の理由から見放す相関主義者のように）これを「語用論的矛盾」と呼ぶ。リンゴを思考の外に措定する人は、リンゴのことを思考している人であり、ゆえに自ずと矛盾しているからである。しかしブラシエの反論によれば、この一手を打つために、相関主義者は、思考の外の物に私たちが言及できないことを絶対的に知っていなければならない。すなわち「私にとってのリンゴ」と「リンゴ自体」が、事実上、同じ物を意味しているのだと知っていなければならない。なぜなら、私こそが〈リンゴ自体〉について話すその人なのだから、この〈リンゴ自体〉とはじっさい別の〈私にとってのリンゴ〉であるからだ。このような次第で、いわゆる相関主義者はじっさいただの別の観念論である。それゆえ、観念論を避けながら相関主義を徹底しようとするメイヤスーの努力は不可能なのである。

メイヤスーは応答で、ブラシエに反撃を仕掛けてこう主張する。相関主義者は何かを「知っている」とは主張しない。事実、〈実在自体〉の擁護者、例えばカントこそ、現われと即自のあいだに差異があることを知っていると、誤った主張をしている、と（四四八）。しかし、ここには間違いがある。メイヤスーの体系全体の一貫性を脅かすほどに重大な間違いだ。というのも第一に、相関主義者は、私たちにとってのリンゴについて語ることと、私たちから隔てられたリンゴ自体について語ることに差異がないことを絶対的に知っている。この「私たちにとって」は、他のどんな言明とも同じく、後者の言明にも自動的に暗に含まれていて、取り除くことはできない。ちょうどゴールドスミスの書き起こしに再録されている漫画『タンタンの冒険』のハドック船長の指から絆創膏を取り除くことができないようにだ（四二二）。しかしともかくも第二に、相関主義者とは懐疑主義者であり、思考の彼岸に何かがあるかどうか、端的に確信することができない。これは私による言葉のトリックではないし、ささいなことがらでもない。というのもこれは、メイヤスーが私たちを相関主義から引き離して彼自身の立場へ連れていくときに通る道であるからだ。まず彼は私たちに、思考の彼岸にあるものについて問うことはそもそも意味がないと論証することで、実在論とカントの「弱い相関主義」の両方を拒絶するように促す。というのも、そのように問うことは、〈思考の外の物〉の身分を要求するものすべてに一種の「ハドックの絆創膏」を貼ることだからだ。「思考の外のリンゴ」と誰かが言っても、私たちは直ちに、それを絆創膏を貼られたリンゴであるとみなすのだ。同じことが、私たちが思考しようとするものどれにも当てはまる。このためメイヤスーは、絶対的観念論者となる危険におかれる。そこで、第二の手としては（私には不可能な手に見えるが）、思考の外でリンゴを考えられないからといって、思考の外のリンゴのようなものがないことにはならない、という奇妙な主張をするほかない。つまり、私たちは絆創膏なしのリンゴを持つとはどういうことか、考えることができないが、しかしどこかにまだ絆創膏なしのリンゴがあるかもしれない。結局、どんな人間も絆創膏なしの世界を探求しおおせたものはいないというわけだ。

だがこれはうまくいかない。物自体についてのカント流の懐疑主義的論証を、「存在するとは絆創膏を貼られていることだ」とするバークリ流の論証の直後に提示することはできない。メイヤスーは、即自についての語りは無意味だと排除した後で、即自がとにかく存在するかもしれないと主張することはできない。というのも、この後者の主張になんの意味があるというのだろうか。そして、もしメイヤスーがこの後者の懐疑主義的ステップを、最初の絶対的ステップに付け加えることができないのなら、相関主義的円環の受容によって彼はあけすけな観念論へと至ることになろう(4)。

　しかしここでメイヤスーの発表の第二部へ目を転じよう。そこではまずフランソワ・ラリュエルについて議論がなされたあとで、より一般的な問題へ入っていく。ラリュエルは、はなはだ読むのが難しい哲学者で、一九七〇年代来、多数の書物を著してきた一方、英語圏でよく知られるようになったのはようやく最近のことである。彼のもっとも野心的著作のうちには『哲学と非哲学』や『非哲学の原理』があるほか、彼の有名な同時代人に挑発的な論争を仕掛ける『アンチ・バディウ』がある。ラリュエルが思弁的実在論と結ぶ関係は、問うに値する問題だ。アンソニー・ポール・スミスという、思弁的実在論をオンライン、オフラインの両方でことあるごとに批判することではじめて世間の注目を浴びるようになったラリュエルの専門家は、次のように論じている。ラリュエル自身が、「少なくとも一九八一年頃より前からある種の「実在論」哲学に関心を示しており、そのはるかあとでハーマンやマヌエル・デランダの仕事が出てきたのである」と(5)。実在論をカッコつきにしている時点で、すでに、スミスによるラリュエル的実在論の擁護の貧弱さが露呈している。むしろもっと興味深いこととしては、同じページ

（4）この論点についてのさらなる議論として以下を参照せよ。Harman, *Quentin Meillassoux: Philosophy in the Making*, pp. 137-41.

（5）Anthony Paul Smith, *François Laruelle's Principles of Non-Philosophy*, p. 116.

でスミスが、ドリュー・S・バークによる未発表インタビューでのラリュエルの言葉を引用しているところである。そこで言われていることによれば、ラリュエルは「いつも〔思弁的実在論〕には馴染めないと感じてきた。私にはどうやら、ある種の形而上学的ノスタルジーが目につくのだ」。本書では、ラリュエル（あるいはバディウやラトゥール）と思弁的実在論の関係について、十分に議論する余裕はない。ただしラリュエルが思弁的実在論のグループの内部で、際立った極をなす著者の一人であり続けていることは言っておくべきであろう。ゴールドスミス・ワークショップの時点でブラシエはすでに、ラリュエルの「非哲学」の代弁者として、何年も国際的に知られるようになっていた。他方、メイヤスーはこの非哲学の潮流については何も積極的なことは言っていない。私自身は、二〇一一年にラリュエルの『差異の哲学』[6]について批判的書評を書いたが、この書評は現時点まで、スミスや他のファンたちを怒らせている。

　ブラシエは『ニヒル・アンバウンド』で、メイヤスー自身の解決よりもラリュエルの「超越論的実在論」のほうが、うまく相関主義的円環を逃れることのできる方法だと主張している。ゴールドスミスでのメイヤスーの狙いのひとつは、この主張をはねつけることであった。メイヤスー自身の言葉によれば、「〔ブラシエ〕は、ラリュエルが「哲学」と呼ぶものと、私が「相関主義」と呼ぶものとは同一でありうると主張している。その結果ブラシエが言うには、ラリュエルとその非哲学は、たしかに知的直観の負荷はかかるが、私自身のものよりもラディカルで確実な非相関主義を作り出しているそうだ」（四一六）。紙幅の都合によりラリュエルに対するメイヤスーの反論をここで一歩一歩追うことはできず、いくつかのもっとも基本的な点に限って取り上げねばならない。メイヤスーの目標は、彼曰く、「相関的な仕方でラリュエルの立場を再構成することであり、そのために彼が「〈実在的なもの〉」と呼ぶものが、まさに措定された「〈実在的なもの〉」であること、及び非哲学が創造する諸概念がこの矛盾を廃棄できぬままだ移動させていることを示す」ことである（四一八）。この再構築の結果は驚くべきものではない。

というのも私たちはすでにメイヤスーが、その廃位を目指す相関主義的円環をかなり高く賛美しているのを見ているからだ。「実在的なものとは、［ラリュエル］曰く、［哲学を生じせしめる］対象性の円環からラディカルに無縁で独立している」（四一八）。語用論的矛盾のテーマ曲の開始の合図だ。「［ラリュエル］曰く、〈実在的なもの〉が思考に先立つ——特殊な哲学的思考において。また〈実在的なもの〉は思考と無縁である。しかし、彼が行っていることの次元は、彼が述べていることに対立する。彼はまず思考するのだから……〈実在的なもの〉とは、実際には、思考に依存する〈実在的なもの〉についての観念である……」（四一九）。メイヤスーは続けて、ラリュエルの有名な「非哲学」という語に陰りを落とす。これは私から見ても正当なことである。ヴィトゲンシュタインからハイデガーを経てその他大勢に至るまで、哲学を終わらせたとする主張は、これまで散々あったのではないか。しかしこれをまさに、ラリュエルはやったと主張しているのである。私たちは非哲学者となるために対象性の円環を廃止し、「〈実在的なもの〉の公理のもとで思考する。その時、思考は、〈実在的なもの〉によって〈最終審級において決定された〉ものとしてみずからを知るのだとラリュエルは言う。すなわち思考がみずからを知るのは、ラディカルにではなく、相対的に自律的なものとして、なのだ」（四二〇）。メイヤスーは、そのためラリュエルは相関主義を逃げ切れていないと結論する。なぜならラリュエルは、他の人々と同じく、単に「措定された」〈実在的なもの〉に到達したにすぎず、違うことをやっているという彼の主張は、論証というより、単なる力技の帰結だからである。しかしじつ、これが成り立つのは、メイヤスーとともに、相関主義的円環が哲学的思弁の逃れがたい最初の地平であるという主張に同意するかぎりでのことだ。そしてこの点において、反対に私は、ラリュエルとブラシエの側に立つのである。ただ

（6）Graham Harman, "François Laruelle, *Philosophies of Difference: A Critical Introduction to Non-Philosophy*."

し、ラリュエルのとる方法には反対したい。そのうちには「哲学」を「非哲学」に置き換えねばならないという彼の主張も含まれる。というのもソクラテスでさえ、すでに相関主義的円環より〈実在的なもの〉によって規定されているからだ。さらに言えば、ラリュエルは〈実在的なもの〉を、分節化されておらず、無媒介的に識別可能な〈一〉としてみなしがちである。このような〈一〉を、OOOははっきり言って承認できない。

　ともかく、措定されざる〈実在的なもの〉への到達が想定上は不可避にしくじるということに対して、ラリュエルがどのように反応するかについてメイヤスーもこの機に不平をこぼしている。〈実在的なもの〉を話題にした時点でそれはもはや私たちにとっての〈実在的なもの〉でしかないという相関主義者の主張に打ち勝つことはできない——このことを認識した上で、ラリュエルは、彼の非哲学を受け入れようとせずに「抵抗」しているとして読者を非難することになる。実のところ、メイヤスーはこれを、相関主義者との遭遇に際して大半の者に起こるであろう反応だと見ている。メイヤスーの見るところでは、相関主義者は、唯一無二に強力な論証を有しているのだ。彼が認めるには、「この円環は単調であると同時に、明らかにしつこい。いつもただの同じ反論であり、冗長で苛立たせるものだ。もしXを措定するなら、その時はXを措定しているのである、と。時に私たち［でさえ］、こうした腹立たしい状況に出会う。立派で精妙で興味深いある理論が、愚かな敵が繰り出すよく知られた瑣末な論証によって反駁される場合だ」（四二二）。こうした状況において、ポスト・カント派の実在論者は、疲弊し、怒り出すだろう。そして絆創膏が指から指へと張り付いて取り除けないハドック船長のように、振る舞うだろう。

　メイヤスーによると、哲学のハドック船長たちには、こうしてひたすら「離脱の論理」のみが残されている。彼らは、相関主義的論証に反駁することなく、ただこれを放り出すための道を探している。メイヤスーが言うには、この努力は近代において二つの主要な形式をとる。第一には、彼が「〈豊かなよその地〉」の教義と呼ぶものである。歴史的な例としては「ショーペンハウエルが、独我論とは突きくずしえない砦であるが、そもそも攻めても無駄である、なにせ中身は空だから、と述べていた。独我論は誰も反駁できない哲学であるが、誰も信じることのできない哲学でもある。それゆえこの砦はそのまま放っておくことにしよう。そして広大な世界を探求することにしよう」(四二二)。間接的にOOOに向けていると思しき批判コメントにおいてメイヤスーがこの戦略を呼ぶところでは、それは「物の実り豊かな具体性というレトリックであり、逃げ口上を繰り返すことのツケを描写や文体で払っているのである。ラトゥールは時に、このような仕方で、相関主義とのすべての繋がりを絶ち切る。なかなかの才覚とユーモアでそのようにしている」(四二三)。あちこちにちりばめられたお世辞に騙されてはいけない。メイヤスーがはっきりと信じているのは、〈豊かなよその地〉に訴えることは、敵を扱うための準-哲学的な仕方だということだ。「離脱の論理」の第二の形式は、もっとまずそうだ。それは、敵の動機づけを告発することである。メイヤスーは、この戦略を、マルクスやフロイトといった大人物にまでたどっている。彼らは敵の見方を、階級闘争やリビドー奇形のせいにするのだ(四二四)。哲学は単に論証のみに集中するべきであり、裏の動機を探ってイライラしたり、疑ったりするような堕落に陥ることは許されない。

そこで私としては、一切の嫌味なしに、こう言おう。理性に基づく論証へのこうした委任には、メイヤスーの倫理的な貴さが感じられ、そのため私たちも、恥じる思いから、その真理を受け入れてしまいかねない。これは特に、分析哲学が幅を利かす英語圏や他の国々に生きる人々によくあることだ。分析哲学は何十年も、「論証」こそ哲学において重要だという観念で、私たちを脅してきた。メイヤスーにとっては、この方法を試行するための彼のモデルは、分析哲学ではなく、数学である。彼は私たちに、次のページでこの点を思い出させている。「[相関主義的]円環の論証は、論証であり、またそのように扱われねばならない。あなたは、数学者たちが病的に、ないし十全に、もどかしいリビドーを抱えていると想定されるからといって、数学的証明を拒否したりはしまい。あなたはただ自分を反駁しているものを拒否しているのである！」（四二六）しかしメイヤスーや彼の師バディウがしばしば即断して主張するように、数学がほんとうに、哲学が行っていることの良い類例となっているだろうか。私はそうは思わない。また私に賛同するひとりの大哲学者が、ホワイトヘッドである。この点は、私の著書『ネットワークの君主』で議論している。(7)ホワイトヘッドから引用すべき最初の重要な原理は以下である。「哲学の体系というものは、決して論破されず、ただ見捨てられるだけ」である。(8)ホワイトヘッドが正しければ——私は彼が正しいと思っているのだが——そのとき分析哲学者たちがあれこれの立場の「論破」を目指すことに取り憑かれているのは、要点を捉え損ねている。存在は存在し、非存在は存在しないとするパルメニデスの哲学は、後代のギリシャの思想家から論証によってコテンパンにされたために、捨てられたわけではない。その哲学の質素倹約ぶりのせいで、実在性の広大な大部分が取りこぼされているからである。いいかえれば、パルメニデスは、〈豊かなよその地〉に向きあい損ねているので、〈豊かなよその地〉を引き合いに出すだけで簡単に出し抜くことができるのだ。哲学者たちは論理的な誤謬をしでかすのではない。より重要なことは、実在性の大部分を考慮することに失敗してもいるということだ。ホワイトヘッドはこの点を直接的に述べている。「論理的矛盾はもっとも謂れなき誤りであり、通常それは枝葉末節のことである。したがって批判を受けて、諸体系は、単に非論理性をさらけだすのではない。それは非適合性と不整合性に悩むのである」。(9)この二ページ後にホワイトヘッドはさらに要点に近づく。「数学の主要な方法は、演繹法であり、哲学の主要な方法は、記述的普遍化なのである。数学の影響によって、演繹法の本来の役目が普遍性の勢力範囲をテストする検証という本質的に補助的な様式にあるとする代わりに、演繹法が哲学の規範的な方法として哲学に押し付けられた」。(10)ここで、「論証」こそが重要だとする観念にともなう多くの間違いについて、さらに細かく述べていくこともできるだろう。しかし私たちは、まったく論証なしに強力な哲学的言明を作ることができることを指摘すべきでもあろう。ポップカルチャーに取り入れられ、人口に膾炙するクリシェになってしまう以前、ニーチェのもっとも霊感に富む箴言のひとつであったものについて、考えてみよう。「私を殺さないものは、私をいっそう強くする」[11]。おそらくこの言明に対して「論証」を与えることもできようが、それはニーチェの最初の論証いらずの断言の、ばかばかしい劣化版にしかならないだろう。もしかすると、次のように言われる何かになるだろう。「あなたがある傷を生き延びるかぎりにおいて、あなたはそれから学びを得ることができ、未来の災厄に対してもっと耐えれるようになる。それを個人的な成長の機会と考えなさい。つまり、あなたがそれについて考えるとき、あなたを殺さないものは、じっさいにあなたをより強くする」。論証として文章化されてしまえば、〈超人〉のいきのよい雄叫びは、通俗的な凡庸さへと還元されてしまう。市場には幾千もの力強く、「論破」に向いた論証がある。しかし結局、それらのほんのひとにぎりのみが私たちに響いて、私たち自身の哲学の基礎になるのである。

さらに、すべての論証が平等に扱われるわけではないという事実もある。それはなにも、ろくでもないちっぽけな人間本性が理由ではない。もしもあなたが無神論者であれば、見かけ上どれほど根拠がしっかりしたものであれ、奇跡についての報告に対し、極めて大きく抵抗するだろう。あなたがキリスト教徒の場合、反対のことが真であろう。哲学者ダニエル・デネットは、一人称的意識経験を説明するという実在的「ハードプロブレム」はない、という見方を熱心に説いており、ディヴィッド・チャル

(7) Graham Harman, *Prince of Networks*, pp. 167ff.
(8) Alfred North Whitehead, *Process and Reality*, p.6.〔邦訳：ホワイトヘッド『過程と実在』1、八頁〕
(9) *Ibid.*〔同前〕
(10) *Ibid.*, p. 8.〔同前、一四頁〕
(11) Friedrich Nietzsche, *Twilight of the Idols*, p.6.〔邦訳：ニーチェ「偶像の黄昏」『ニーチェ全集14』、一六頁〕

マーズによるもっとも強烈な反対論証にすら、一ミリも譲らない[12]。メイヤスー自身はいつも、相関主義的円環の想定された強さにかんする異論に対して、相手が尻込むほどに素早く応答する。つまりは、目の前にあるすべての論証を、あたかも原理上平等であるかのように検証し、すべてについて注意深く検証したのちに最良の物を選ぶという具合にはなっていないのだ。私たちは、私たちの前に出されたテーゼをひとつひとつ丁寧に検証するようなことは、決してやらないのである。そのかわり、私たちのそれぞれが、事物が真実味を帯びているならそのような姿を取るべきだと私たちが考えるような一般的なあり方に肩入れするのである。こうしたことは、メイヤスーの知的生活のお気に入りのモデルである数学では、そんなにあからさまに実施されることはないだろうが、科学哲学ではよく知られた事実である。イムレ・ラカトシュ（一九二二〜一九七四年）は、私たちがいかに少量の論破的論証にではなく、リサーチ・プログラムに肩入れしがちであるか、見事に記述している。私たちは強い反証や変則の中でさえ、これらのプログラムにしがみつく。そのお気に入りのプログラムを廃棄するのは、これがだめになりかけていると思えてようやくのことなのだ[13]。

さて、メイヤスーがあげる「離脱の論理」の二番目の例へと移ろう。論敵の動機を問うことだ。一方では、人格攻撃《アド・オミネム》こそ議論においてもっとも避けられて然るべきだというのは本当だ。しかし、動機がいっさい考慮に入れられないと主張するのは、欺瞞的だろう。たとえば、（ドミニコ会士）聖トマス・アクィナスの指定質量《マテリア・シグナタ》と（イエズス会士）フランシスコ・スアレスによるこの理論の拒絶について、二人の怒れるカトリック神父が議論しているのをあなたが目撃するとしよう。のちに誰かがあなたに、一方の神父はドミニコ会で、もう一方はイエズス会だと教えてくれる。これは有益な情報である。というのも、純粋に知的な論争と思われていたものが、もしかすると事情は、それぞれの神父が、自分の陣営の哲学的英雄を最初から擁護しているということだとわかるからだ。あるいは、誰かが、見た目は理性的だが、やはりとても怒って、道徳法律などなく「力こそが正義だ」と論じているところで、あなたがたまたま、彼らが暴力的ギャング活動というややこしい背景を持ち、少なくとも一件の殺人容疑をかけられていることを知ったなら、と想像してもよい。メイヤスーの場合でも、哲学におけるすべてが証明と反駁の問題だと主張する彼の動機のいくつかを知ることは有益だ。ひとつには、彼は合理主義者であり、それゆえ哲学は合理主義でなければ、線路を外れ、溝に落ちてしまうと想定している。別の動機として、メイヤスーは、ホワイトヘッドとは異なり、哲学とは本質的に、揺るぎないいくつかの第一原理からの演繹の問題であると考えている。そして彼にとって相関主義的円環は、それらすべての第一原理として役にたつのだ。この第一原理こそ、「素朴実在論者」として生きてゆくという罰に脅かされながら、乗り越えねばならないものである。動機についての主張が難癖だったり、攻撃だったりする場合もあるかもしれない。そうした場合にはそれらの主張は手際よく抑えつけられるべきである。しかし、動機が決して表明されるべきでないとする考えは、本質的に、哲学にはレトリックの場はないとする主張に通じている。これは、まぎれもない合理主義的偏見である。

　メイヤスー哲学のうちで働くデカルト的二元論に関しては、ちょっとした手品があることを、次の話題に移る前に指摘しておくべきだろう。問題の一節は以下のとおりである。「しかし、絶対の二つの主要な形式がある。一方の実在的形式は、私たちによるアクセスから独立した思考しない実在である。他方、観念論的形式は、相関そのものの絶対化である」（四二七、強調は追加）。メイヤスーは、観念論的絶対へと到達しようと望んではいない。それは本質的に彼をヘーゲルへと向かわせるだけだろう。ヘーゲルの哲学においては、思考‐世界の相関は、カントが主張するのと異なり、有限ではない。それは無

（12）David Chalmers, *The Conscious Mind*.〔邦訳：チャーマーズ『意識する心――脳と精神の根本理論を求めて』〕
（13）Imre Lakatos, *The Methodology of Scientific Research Programmes*.

限な関係であり、二つの対立する極は、概念のより高次の統一においてこの無限の関係へと止揚されるのだ。ところがメイヤスーは、実在論的絶対を獲得しようと目指す。彼はこれを、私たちのアクセスから独立した「思考しない」実在と呼んでいる。しかしここで、メイヤスーが討論の用語を密かに移動させたことに注意しよう。実在論的絶対とは、そもそも、私たちのアクセスの外部にある思考されない実在だと想定されていた。つまり、誰かがこれについて考えるかどうかにかかわらず、存在するような実在である。しかし突然メイヤスーは、それは思考しない絶対でもあろうと慮るのである。たとえ心の外にあってほしいと私たちが望む物の多くが、我らが仲間の人間であるとしてもだ。さらに望むらくは、彼らが思考する物であると判明して欲しくもあろう。メイヤスーがここで行っているのは、思考する種類の物（心）と別の思考しない種類の物（死物質（無機物））の無駄な分類を、議論のうちに密輸することである。この分類は思弁的実在論にいくつかの帰結をもたらすことになろう。というのもメイヤスーは、数年後、二〇一二年のベルリンでの見事な講演でこの原理を採用し、グラントの哲学とOOOの両方とも生気論的「主体主義」であり、それゆえ、相関主義を乗り越える正当な方法ではないと論じているからだ。(14) メイヤスーにとって、相関主義の乗り越えは、合理主義的演繹を基礎としたデカルト的な心と物質の二元論へと至らなければならない。さもなくば、それは何ら解決ではないのである。

A節の練習問題

1　メイヤスーは「相関主義」という語で何を言おうとしているか。またなぜそれは思弁的実在論にとってこれほど重要な用語なのか。

2　なぜメイヤスーは「相関主義的円環」から究極的に離脱することを望んでいるにもかかわらず、「相関主義的円環」をきわめて強力な論証であるとみなすのか。

3　なぜブラシエは、「語用論的矛盾」へのメイヤスーの依拠を、相関主義的円環を利する論証として拒絶しようとするのか。

4 どのような理由から、メイヤスーは、ラリュエルが相関主義からどうにか逃れていると主張するブラシエの論証に疑問を挟むのか。

5 メイヤスーは頑なに、哲学でも数学でも論証は反対論証にのみ向き合わねばならず、議論からの「離脱」に立ち会ってはならないとする。この原理を守らないことから帰結すると彼が懸念する、準知性的な攻撃の二つの形式とはどのようなものか。

B　メイヤスーの『有限性の後で』

メイヤスーの素晴らしいデビュー作は、間違いなく、思弁的実在論から生まれたもっとも有名な個別業績である。すぐさま国際的な喝采を浴びたことは、これが現れてから最初の一〇年のうちに一ダース以上の言語に翻訳されたことからもうかがえる。私によるメイヤスー論でもすでに『有限性の後で』を細かに取り上げているが、やはり思弁的実在論の起源にとってあまりに重要な著作であるため、ここでも軽く扱って済ますわけにはいかない[15]。このため私はここで、この明晰な論証によって書かれた著作の五つの章すべてを取り上げ、いくつかの批判的指摘を加えよう。願わくば、それらが新たな議論のきっかけとなるように。

この本は冒頭で、近代哲学の古典的な区別のひとつを蘇らせることを提案している。「一次性質と二次性質についての理論は、もはや取り返しがつかないほど効力を失ってしまった過去の哲学に属してい

(14) Quentin Meillassoux, "Iteration, Reiteration, Repetition."〔邦訳：メイヤスー「反復・重復・再演」〕

(15) Harman, *Quentin Meillassoux*, pp. 6–53.

るように思われる。この理論を立て直す時がきた」[16]。一般には、ロックがこの区別の由来であるが、すでにデカルトにもその萌芽は認められる。この背景には、事物のもろもろの特性——味、色、臭い、手触り——が存在するのは、物自体においてではなく、ただそれら事物に対する私たちの関係においてのみだ、とする考えがある。これらがいわゆる二次性質である。一次性質とは、私たちがそれらに気づいていてもいまいと存在すると言われるものであり、「縦、横、高さ、運動、形、大きさ」のような事物の特徴を含んでいる（三）〔一二、英語版と仏語版で順序が異なるが、ここでは仏語版・邦訳版に準拠した〕。これらは純粋に物理的かつ非主観的特性であり、したがって存在するのに観察者を必要としない。はじめてこの理論に決定的に異議を唱えたのはバークリであった。彼は、いわゆる一次性質も実のところ二次的であると主張した。というのも、それらはただ、人間や神の心によって目視された時のみ存在するからである。この理論の最後の死は、明らかにカントによって告げられた。カントは「縦、横、高さ、運動、形、大きさ」を、直接的に知ることのできる物の実在的な外的特性としてではなく、単に私たちの純粋な時間‐空間的直観と悟性の諸カテゴリによる生産物として扱ったのだ。それ以来、少なくとも大陸的伝統に連なる哲学者にあっては、二次的／関係的性質と異なるものとして一次的性質が存在し、またこれにアクセスが可能であると主張することは、めったにないことだった。この状況に対するメイヤスーの態度は逆説的である。その逆説こそが、彼の哲学に独特の風采を与えている。一方で、メイヤスーは、実在的にあるがままの事物の一次性質へとアクセスすることが可能だと考えて<u>いる</u>。他方で、にもかかわらず彼は、一次と二次の区別を真っ先に無効にする相関主義的な反論に同意する。この二点を、ひとつずつ確認していこう。

メイヤスーは、カントよりもデカルトにより共感を抱いていると言うことは公正であろう。カントは、『有限性の後で』の悪役として描かれていると言って間違いない。メイヤスーは、一次性質についてのデカルト理論を復活させようと望んでいるのだ。とはいえ、性質は一次的なものとして記述可能であるとするデカルトの評決には同意するわけではない。彼が言うには、「デカルトのテーゼを現代の用語によって再活性化させるためには……次のように主張することになるだろう。対象について数学的用語で定式化されうるあらゆるものを、対象それ自体の固有の特性として考えることは有意味である」（三）〔一二〕。彼の師バディウは、存在論は内在的に数学的であると主張しているが、同じくメイヤスーは、（観念的な）数学が、それが記述する（実在的な）物と、正確に一致しうるのはいかにしてか、という問題に直面している。彼はこれについて異論を先取りし、彼の数学主義に限界を設定している。その後、第一章でメイヤスーは、物理学者がどのように四〇億年以上も昔の地球形成を記述するのかについて語りながら、次のように指摘する。

私たちの物理学者は、物質に関してデカルト的なテーゼを支持しているが、それがピタゴラス的なテーゼではないということは注意しておく必要がある。つまり、地球の形成の存在が本質的に数学的であるとは言えないし、すなわち祖先以前的言明のなかの数字や等式がそれ自体で存在していると言うこともできないだろう。そうなると、地球の形成とは数や等式のような観念的な実在だと言わねばならなくなるからだ。（一二）〔二七〕

それでは、現実の地球形成と、この過程の一次性質を適切に記述する数学との間の違いとは何か。デカルトにとって、この違いとは、現実の形成が延長する物《レス・エクステンサ》、つまり無機的な自然物質において起こるのに対し、その数学的記述は思惟する物《レス・コギタンス》、すなわち人間的思考として知られる思惟実体において繰り広げ

（16）Quentin Meillassoux, *After Finitude*, p. 1.〔邦訳：メイヤスー『有限性の後で』、九頁〕。以下に記載するページ数はこの本のもの〔以下、必要な範囲で既訳を一部変更した〕。

られるということだ。メイヤスーは、二〇一二年のベルリンでの講演「反復・重復・再演」で、デカルトと同じ解決を利用している。数学が一次的に記述しているものとは、思考と対立するものとしての「死物質〔無機物〕」の実在である。これは単に、「無意味な記号」という形でこうした物質に内属する形式を指し示している。メイヤスーの主張では、これと対照的にグラントやOOOは、死物質〔無機物〕に擬人的特性を投射する「主体論的」生気論の罪を負う。この主張の重要性は、誇張しすぎることはない。メイヤスーは数学者でありかつ実在論者（少なくとも「唯物論者」）であろうとするがゆえに、実在と私たちによるその数学的記述とを分けるためには死物質〔無機物〕の概念が必要なのである。それゆえ、メイヤスーはグラントとOOOの肖像を、度の外れた生気論者として描かねばならない。こうして、彼にあっては、思惟と死物質〔無機物〕の基本的なデカルト的二元論が優勢となるのだ。数学のおかげで、メイヤスーは、あるがままの事物の一次性質にアクセスすることができるようになるはずである。これが、ブラシエ（とOOO）を深く悩ます、いわゆる「知的直観」である。

さてこの逆説の第二の支流へ目を移そう。というのもメイヤスーが自分を数学指向の実在論者として提示するなら、彼が抱えるのは、ふつう「素朴」実在論と呼ばれるものへの軽蔑に他ならないからだ。彼のゴールドスミス講演を論じた際に見たように、メイヤスーは、一次性質に対抗する論証は非常に強力であるため、この克服には何らかの知的術策を要すると考えている。事物を直接的に思考へ転じさせることなしに思考の外で事物について考えることはできない。これこそ、メイヤスーが、ドイツ観念論の代表者たちから借りる論証である。「私たちが即自を表象するなら、その時かならず即自は「私たちにとって」のものとなる。ヘーゲルがふざけて言ったように、対象がそれ自体として何であるかを知るために、対象を「背後から取り押さえる」ことはできないわけだ」(四)〔一四〕。こうした苦境を表す、すでに有名となったメイヤスーの用語が「相関主義的円環」であることは先に見た。初めてこの用語を導入した時に彼が述べているように、「カント以来の近代哲学の中心概念は相関になったようだ……この観念によれば、私たちは思考と存在の相関にのみアクセスできるのであり、どちらか一方のみを切り離してアクセスすることはできない。したがって今後、そのように理解された相関の乗り越え不可能な性格を認めるという思考のあらゆる傾向を、相関主義と呼ぶことにしよう」(五)〔一五‐一六〕。メイヤスーの主張では、素朴実在論者になりたくなければ、相関主義的円環の刑を甘受した上で、生きて反対側に脱出するほかない。これにより、ある事物の一次性質は数学化されうるという彼の主張は、かなり違った色合いを帯びる。数学化を行おうとするあいだも、相関主義的円環の外の事物に直接アクセスすることはもはやできないからだ。歴史的に言うなら、「カントまでの哲学の主要な問題のひとつは実体を思考することであったのだが、カント以降はむしろ相関を考えることが問題となった」(六)〔一七〕。この状況に照らせば、単に「私たちにとって」そうあるのではなく、真にあるがままの事物を、いかに数学化できるのだろうか。これが、メイヤスー哲学の発展を、前例のない方向へと引っ張り、驚くべき帰結をもたらす、中心的な逆説なのだ。

さて、主流の大陸哲学者たちが最初にメイヤスーを読むと何が起こるかといえば、彼らは「相関主義」という用語を、さっと追い払うのである。結局のところ、実在論と観念論の問題が「擬似問題」であることは多分、何十年ものあいだわかっていた。さらに大陸におけるメイヤスーの批判者たちの主張によれば、相関主義という立場は、すでに実在論と観念論とを「超えたところで」落ち着きを得ている。残念なことに、私の愛する現代の学派――現象学――こそが、この窮地にかんする責めのほとんどを受けるべきものである。フッサールにとって、私たちは、ツグミや郵便受け、想像上のケンタウルスの戦いなど、様々な対象を志向しながら、つねにすでに心の外部にいる。しかし、このように思考の外部世界への想定されたアクセスは、じっさい(そして私もメイヤスーに同意するとおり)、実在的対象ではなく、相関的な対象に囲まれ閉じ込められているにすぎない。現象学のようなケースにおいては、「この外部の空間は、私たちに面するものの空間でしかない、私たちの固有の実存に相関している資格でのみ存在するものの空間でしかないのである」（七）〔一九〕。私の前にあるみずみずしいスイカは、それに固有の権利において知られているのではない。それはただ、私たちの心の前で繰り広げられる一連の現われの本質的核にすぎない。すべての心が画像から差し引かれるなら、スイカは存在を持たない。というのは、観察者とのありうる相関の外側に、スイカそれ自体はないからだ。『論理学研究』におけるフッサールの有名な一文によれば、少なくとも原理上、心による何らかの作用の対象でないものを、いかなるものであれ存在すると想像するのは不条理である。ハイデガーの場合にも同じことが成り立つ。なぜなら、ハイデガーの有名な用語である生起（出来事）は、「存在も人間も「それ自体で」存続するものとしては措定され得ないような……共-帰属」を要請するからだ（八）〔二〇〕。この論点を証明するのに、生起についてのハイデガーの謎めいた文章を検討する必要さえあるまい。というのも、『存在と時間』でもすでに、世界とは人間的現存在の相関項であるからだ。では、こうした現象学的伝統に属する単なる相関的対象ではなく、むしろ敢えて「批判哲学以前の思想家にとっての《大いなる外部》、絶対的な《外部》」（七）〔一九頁〕に遡ってみてはどうだろうか。

　この方向へメイヤスーが最初の一歩を踏み出すのは、彼が「祖先以前性」および「原化石」の用語を発明する時点である（一〇）〔二四〕。彼は、単純に科学的なタイムラインを考えるよう、私たちを誘う。宇宙開闢《かいびゃく》から一三五億年、地球形成から四五億六千万年、地球上に生命が初めて出現してから三五億年、現代人類に似た被造物の物理的な起源からほんの二〇〇万年。これらの日付の最初の三つは、少なくとも、いかなる意識性にも先立つ時点を参照している。それゆえメイヤスーはこれらを「祖先以前的」と呼ぶ。また関連する用語として、「地球上の生命に先立つ、祖先以前的な実在や出来事を示す物証」を「原化石」とする（一〇）〔二四〕。さて、祖先以前性と原化石は、相関主義者の立場に何をもたらすだろうか。ここでメイヤスーはしばしば、科学が相関を何かしらの仕方で「反証する」と主張しているかのように、誤読されている。単にそのようなことではない。そうなるには、メイヤスーはあまりに相関主義的論証を尊重しすぎている。ともかく相関主義者はつねに人類以前の日付についてのあの言明を、私たちにとっての人類以前の日付へと転換することができる。これにより、科学の文面どおりの主張は、より広い相関主義的存在論に包摂される。「出来事Yが人間の出現のX年前に起こった」という形式の言明を考えてみる場合、相関主義者なら、単にここに「私たちにとって」という修飾語を追加するだろう（一三）〔二九‐三〇〕。例えば、ビッグバンは、人間たちにとっては、人間に先立つこと一三五億年前に起こった、と言える。相関主義者にとって、「存在はその贈与に先立っては存在していない、存在は贈与に先立つものとしてみずからを贈与する」（一四）〔三二〕。祖先以前的過去にかんする科学的に決定された事実を主張したところで、こうした立場から相関主義者を参らせることはできない。彼らはつねに祖先以前的過去を、相関的な用語で再解釈できるからだ。それゆえ、メイヤスーがのちに質問に答えて明白にしているように、祖先以前性や原化石への依拠は、「論証」ではなく、単に興味深いアポリアなのである。彼の論点は、科学者が明白に正しく、相関主義者が明白にまちがっている、ということではない。少なくとも、まだそうではない。むしろ凶悪な矛盾がこれら二つの立脚点の間に存在している、ということだ。メイヤスーがこの矛盾の両方の側へと共感を寄せているとすれば、両者に公正をはかる術を見出すことこそ彼の責務である。

　第二章の冒頭でメイヤスーは再び次の定式を取り上げている。「祖先以前性を思考するということ、それは思考なき世界を思考するということである。思考なき世界とは、すなわち、世界の贈与なき世界である」（二八）〔五三〕。同じ段落で彼はさらに、同義語としてその要点を述べているが、ただしそこには、先に引用した文との微妙だが決定的な違いが含まれている。すなわち「私たちは、思考がいかにして、……私たちが存在しようがしまいがお構いなく存在しうる……ある絶対的なものを把握することができるかを把握しなければならない」（二八、強調引用者）〔五三〕。二つの文の違いは以下のとおりである。前者では、私たちが世界の贈与なき世界を考えるよう求められているのに対して、後者では焦点が、

「私たちが存在しようがしまいがお構いなく」存在する世界へと移っている。この二点はまったく同じというわけではない。「世界の贈与なき世界を考える」という要求は、カントの物自体が完全にパスしている試練である。というのも、カントは、物自体がどのようなものかを知ることは私たちにはできないと主張したが、同時に、私たちはそれを考えることはできるとも述べているからだ。カント哲学において、私の眼前のクルミの木がそれ自体で、つまり時空間についての私の純粋直観と、悟性の一二のカテゴリの外部で、どのようなものであるかを尋ねることは、決して無意味なことではない。ただこの木がどのようなものであろうと、それを直接知ることはできない。しかし相関主義的論証を称揚するメイヤスーにとって、現在時点において、私の思考の彼岸に存するような物自体はない。クルミの木それ自体を考えることも、やはりそれを考えることであり、それゆえ結局は、思考の外にあるのではなく、思考にとってのクルミの木となるのだ。要するにメイヤスーは「物自体」が意味することの標準を、微妙に移動させようとしているのだ。今ここにおいて活動的な何かはもはやない。それはいまだ、これを把握する私たちの有限な人間的能力の彼岸にとどまっている。彼の本が『有限性の後で』と題されているゆえんのひとつである。対して、メイヤスーにとっての物自体とは、単にあらゆる思考の存在に先立って存在しうる何か（祖先以前性）、あるいはあらゆる思考の存在の先と後に存在しうる何か（隔時性）であるとわかる。カントにとって、ベテルギウスという名の星は、どうしようもなく、私たちが考えるかぎりでのベテルギウスたるものと直ちに異なっている。対してメイヤスーにとってこの星は、もし私たちが正確に考えており、その一次性質を適切に数学的な仕方で獲得するのなら、私たちがそれとして考えているものと異なっていない。ベテルギウスが私たちの思考の相関物でない唯一の理由は、ベテルギウスが時間における思考の後と先にも存在しうるからである。別の仕方で言うならば、メイヤスーにとっての「物自体」は、私たちの有限性といっさい関わらない。それはただ、思考する種としての私たちの、遅まきの出現と死すべきさだめとのみ関わっている。人間種がいまだ存在するかぎり、アクセス不可能なベルギウスそれ自体などない。この即自は、人間が――また他の思考する種が――まだ現れていないか、もはや存在しないかぎりにおいてのみ、実在的に活動しだすのである。

メイヤスーの批判者のうちには、彼が「数学をフェティッシュ化している」と非難した人々もいる。つまりメイヤスーは、真理へのアクセスを得る特権的通路として、数学的手続きに依拠しすぎている、というのである。この異議はもっともではあるものの、じっさいにそう言われているとおりかは、それほど定かではない。ゴールドスミスでは、そうではない理由について、彼はいくつかの手がかりを与えている。私の見るところ、むしろ大きな問題は、彼が時間をフェティッシュ化しようとすることである。まさに先ほどあげた例が、その一事例である。後ほど本書で私たちは、彼がほとんど偏狭的に時間に専心していることを示す別の目印を見つけるだろう。例えばメイヤスーは、自然法則はどんな瞬間にも、いかなる理由もなしに変化しうるというラディカルな主張を行う一方で、様々な自然法則が宇宙の様々な部分で、同じ時間のもと、活動しうるとは、いっさい主張していない。偶然性のショックは、いつの日か、自然法則が目の前で理由なく変わるその日に、私たちを待ち受けているものであるが、しかし、私たちが遠く離れた別の太陽系へと空間を旅行する際にも気づかれるような類いのものではない。別の例を挙げれば、メイヤスーは、二つのビリヤードの球が互いに別の方向へ跳ね返っていくのではなく、むしろ爆発したり、あるいは花や他の物に変わったりしない特別な理由はないと主張するが、ただしそれは未来において、のことである。ところがもう一度述べれば、彼は因果的必然性を、何か時間経過の上に展開されるものとして扱っており、そうした「通時的」因果性が、時間を横切ってではなく、いかなる瞬間にも存在するような「共時的」因果性と並行していることを忘れている。例えば、金の原子はつねに、特定の金の特性を有する金分子を生み出すように見える。メイヤスーは、彼の体系のうちで、この化学的法則が未来においていかなる理由もなく変化する余地を残しているわけだが、なぜ、まさにこの瞬間にこの法則が必然性をもっているのかについては述べない。金原子の集合体がまさにこの瞬間、時に金分子、時にプラチナ分子、時に銅分子、時にウラン分子となってもよい、ということが、なぜただちに是とされないのか。要するに、私たちの現在の時間の一瞬や、宇宙を横切る空間的旅行は、メイヤスーにとっては、鉄壁の自然的必然性に支配されている、まったく冴えのないことがらであるように見える。この思弁的哲学者にとっては、ただ時間だけが、あっと言わせる驚きを備えているのである。

少なくとも今のところ、メイヤスーがこの異議を真剣に受け取っている兆しはない。まったく反対である。二〇一二年のベルリンでの講義で、彼は、空間よりも時間を優先しているとして非難を浴びせる人々については、さっと一蹴する仕方でコメントしている。あたかもこうした異議は明らかに根拠のない、つまらないもので、嘲笑する以上の価値はないかのごとくに。また別のところ、『有限性の後で』英語訳に新たに追加された数ページ（一八–二六にかけてアスタリスクで囲まれた箇所）〔三七–四九〕では、田舎の一軒家で誰にも見られずに落下する花瓶は、意識が存在する以前の祖先以前的出来事と同じく相関主義に逆らうものだという考えをはねつけている。メイヤスーが言うには、落下する花瓶は単に意識における「欠落」であり、それはちょうどフッサールが、家の裏側がいま見えないのだとしても簡単に歩いていけば良いし、また好きな時にそうできるのだと言っているのと同じである。メイヤスーの結論によると、「目撃者なしの出来事……による伝統的な反論が相関主義を危機に陥れることがないとしたら、それはその反論が、贈与がすでにある時に生じた出来事を対象としているからだ。……というのも、空間において隔たった出来事について話すとき、この出来事は、それを考察する意識と共時的でしかないからだ」（二〇）〔四〇〕。しかしこれは問いを手もとでごまかしているに過ぎず、争点の片面しか引き受けていない。争点とはすなわち、あらゆる思考に時間的に先行するものは、今まさに存在しながら相関者にいまだ目撃されていないものより、相関主義者にとっての内在的な危険であるのかどうかということだ。これが重要なのは、まさにその点こそ、メイヤスーが、宇宙の全部分ないし部分–全体関係のすべてにおいて同時発生的出来事はロボット的に同一の鉄壁の自然法則に従うものと想定しながら、時間のカオス的力に固執しているように見える、いくつかの契機のひとつであるからだ。彼の一見ぞっとするハイパーカオスは、ただ未来の瞬間にのみ属するのであり、いままさに起こっていることに属するのではない。

　メイヤスーの興味深い第二章の論証に戻ろう。すでに見たように、彼は相関主義的円環の乗り越えを急務と見てはいるが、同時に、この円環の本来の強さを無視しないことも必須と見ている。「独断論に戻ることはできない。この点において、私たちはカント主義の後継者でしかありえないのである」（二九）〔五四〕。メイヤスーが認めているとおり、これは物の一次性質と二次性質のデカルト的な区別を修復する彼の試みに、明らかに逆らうものである。デカルトは実際、神と世界の存在に関して、それらが直接的な合理的論証によって確証されうるとカント以前のやり方で推量するとき、独断論者であるか「素朴実在論者」である。デカルトにとっては残念なことだが（あるいはメイヤスーがそう主張するのだが）、相関主義者はつねに次のように述べながら、デカルト的論証をねじ伏せることができる。「あなたはただ、神と世界が私たちにとって存在すると証明したにすぎない。というのも思考と世界の相関の外にとびだして、物がそれらの固有の権利のもと、私たちにとって在るということから離れて、実在的に在るのかどうか確かめることはできないからだ」と。それゆえメイヤスーの主張によれば、相関主義から脱出しようとする試みにおいて私たちが取るべき出発点は、デカルト的なものではなく、カント的でなければならない。ひとつの意義深い例は、神の存在にかんする有名な「存在論的証明」のデカルト・バージョンを考えるときに得られる。神は無限に完全であり、在ることは在らぬことよりもいっそう完全であるがゆえに、神は在らねばならない。メイヤスーが読者に思い出させているように、カントは、こうした証明についてのもっとも有名な批判者である（三二）〔五八〕。カントにとって、もし三角形が在るなら、その時それは三つの角を持つに違いないが、しかし三角形が在るに違いないとは何によっても言えない。神の場合も例外ではない。もし神が在るなら神は無限に完全であろうが、「完全性」が神の性質のひとつとして考えられるからといって、神の存在が導かれるわけではない。メイヤスーが忘れがたい仕方で述べるとおり、「存在することをアプリオリにその受取者へ賦与できるような「驚異の述語」などありはしないのだ」（三二）〔六〇〕。より一般的な仕方でメイヤスーが述べるのによれば、神の存在にかんする存在論的証明をめぐるデカルトとカントの違いは、より大きな違いを示している。すなわち何らかの必然的存在者がなければならないかという問いをめぐる違いである。メイヤスーはこれをライプニッツの有名な充足理由律と関連づける。すべての在るものにとって、それが在らぬのではなく在る理由がある、という原理である。技法的には、他のすべての事柄の基底に何らかの究極的な必然的根拠があると想定せずとも、充足理由律を支持することはできる（これはOOOの立場である）が、メイヤスーは、そこでもたらされる無限後退を口実にこの可能性は除外しているように思われる。「思考は、そのように理由律に服すことで無限後退に入るのを避けたいならば、あらゆる事物の理由たることができるひとつの理由、またそれ自身の理由も含んでいるような理由へと到達せねばならない……」（三三）〔六二〕。しかしカントは単に、必然的存在が存在することを拒絶しているのではない。むしろ、必然的存在があるかどうかという問いは、『純粋理性批判』におけるカントの四つのアンチノミーのひとつへと受け渡されている。つまりカントはこの問いが回答不能であるとみているのである。対照的にメイヤスーは、この問いは回答不能ではないが、しかし、否定において答えられねばならないと考える。必然的存在は、存在することができない。さもなくば私たちは独断的形而上学にはまりこんでしまうだろう。十分に興味深いことに、メイヤスーもまた、必然性に反対するための政治的な理由を持っている。「イデオロギー批判とは要するにつねに、不可避なものとして提示される社会状況が実は偶然的なものだと論証することである。これは本質的に、必然的存在体を捏造するものとしての形而上学への批判に合致する」（三四）〔六二〕。しかし少なくともこれを読む者にとっては、充足理由の完全撤廃が、諸々の社会状況を偶然とみなすために支払う必要のある代価であるか、はっきりとはしない。いずれにせよ、メイヤスーが充足理由に反対するのは、ハイデガーやポストモダニストのように、彼が「形而上学」を軽蔑語として使用しているからである。彼自身の体系的哲学を指すのに彼が好む言葉は「思弁」である。彼が述べるように、「絶対的なものにアクセスできると主張するあらゆる思考を「思弁的」と呼ぶことにしよう。他方、何らかの絶対的存在者へのアクセス、あるいは充足理由律を介しての絶対的なものへのアクセスを主張するあらゆる思考を「形而上学」と呼ぶことにする」〔三四〕〔六三〕。

先に見たとおり、相関主義がメイヤスーの第一の敵であるとしても、彼はこれを単に追い払うのではない。真剣な相関主義的反論とみなすものを迎え撃つことができるような論証を行おうとするのである。そしてここにおいて彼は、この本で初めて、相関主義に二つの種類の区別を設ける。この区別こそ、彼の論証にとって決定的であることがのちにわかるだろう。最初のものは以下のとおりである。「カントの超越論は「弱い」相関主義として捉えられる。なぜか。それは、〔カントは〕思考から即自への関係を完全に禁じているわけではないからである」〔六四、ハーマン引用中の「即自 the in-itself」は原文では「絶対 the absolute, l'absolu」〕。第二のものは予想されたように、反対の名をもつ。「〔対照的に〕相関主義の強いモデルでは、即自を認識できると主張するのが不当であるばかりでなく、即自を少なくとも思考することとならばできると主張することもまた不当なのである」〔三五〕〔六四 - 六五〕。注記しておけば、カントの弱い相関主義とその対案たる強い相関主義とがふたつながら「相関主義」と呼ばれるのに対して、メイヤスーが「相関主義的円環」と呼ぶものは、強いバージョンにのみ該当し、カントの弱いバージョンには該当しない。この円環の教えるところとは、私たちは思考の外にある何かを、思考の中に入れるのでないかぎりは、考えることができない、ということだ。これはもっとも非カント的な論証である。というのもカントは、私たちは思考の外部の物自体を考えることができるとする、正反対の原理に執着しているからだ。実際、カントに続くドイツ観念論者は、まさにこの点でカントを攻撃している。メイヤスーは（ゴールドスミスでのハドック船長の絆創膏にかんする議論に特にはっきり認められたとおり）相関主義的円環の論証上の利点を評価するかぎりにおいて、強い相関主義を、この教義のカント的な弱い変種よりも好んでいるのだ。

ここが、私が別のところで「メイヤスーのスペクトラム」と呼んだものを導入するのにうってつけの機会である――もちろん彼がこの語を使うことはない。自分にちなんだ名前をつけることの馬鹿らしさを考えてみれば、当然である[17]。世界が思考の外部に存在するか否かによって可能となる諸々の立場のスペクトラムを考えてほしい。このスペクトラムのもっとも左（政治的な意味ではない）には、メイヤスーが「素朴実在論」と呼ぶ立場がある。それは、心の外には世界が存在しており、私たちはそれを知ることができると主張する。もっとも右には、対極の立場があり、メイヤスーはこれを「思弁的観念論」と呼ぶ。心の外には何も存在せず、私たちはそのことを知ることができる、とする立場である。これによれば相関主義はスペクトラムの中間に位置づけられる。私たちがちょうど見たとおり、メイヤスーはこれを二種類に分割する。「弱い」バージョンは、思考の外の物について、それらを知ることなく、思考することができると主張する。そして「強い」バージョンは、弱い相関主義は、思考の外に位置すると言われる物自体を思考する点で、矛盾していると主張する。それゆえ弱い相関主義は自己矛盾的であるとして不適格となり、私たちには、素朴実在論、強い相関主義、思弁的観念論の三つが残される。自身の哲学的立場の発射台としてこれら三つのうち一つを選ぶよう強いられる時、メイヤスーは強い相関主義を選択する。だが彼はすぐさま、見惚れるような仕方でそこからも立ち去ることになる。彼は、相関主義的円環には長所があると考えるゆえに、素朴実在論を拒絶する。つまり私たちは実在的なものを直接的に考えることはできない。そうするためには、そのものについて考えねばならず、するとそれは、私たちにとっての実在にしかならないからだ。彼はまた思弁的観念論も拒絶する。というのも、思考と世界について想定された絶対的相関の外に何かがあることはないと推量するいかなる理由もないからだ。たとえ、山河が、それについての私や神の思考の外に存在することを私には証明できないという点で、バークリが正しいのだとしても、とはいえこれは、山河が存在していないという反対の主張を証明しているわけではない。このためにメイヤスーは、素朴実在論者でも、思弁的観念論者でもなく、強い相関主義者と自分をみなすのだ。

いまや、強い相関主義者が素朴実在論者と異なることは明らかであるはずだ。後者は直接的に実在世界へアクセスすることができ、かつそれについて何事かを知ることができると考えるのに対して、強い相関主義者はこれをきっぱりと否定する。強い相関主義者を絶対的観念論者から区別することのほうが難しい。じじつ私の見るところでは、メイヤスーはそれに失敗している。また彼自身の思弁的唯物論が──これから見るように──強い相関主義を一挙に裏返すことで生まれてくるものであるとすれば、思弁的唯物論とは不可能な立場であるように私には思われる。というのも、強い相関主義と思弁的観念論の間に想定される違いとは一体なんであろう。両者ともに、物を思考の外で思考することなく思考することはできないことに同意する。それにより、想定された物自体とは、結局私たちの思考の相関物にすぎないことを確かめるのである。メイヤスーの主張では、二つの違いは次の点にある。思弁的観念論では、思考の外で物を思考できないがゆえにこの物は存在できないと推量されるのに対して、強い相関主義者は、単に私たちが思考できないからといって、物が存在できないと結論するいかなる理由もないと主張する。私が見るかぎり、この区別は失敗している。強い相関主義者は観念論を免れることはできていない。これをなしうるのは弱い相関主義のみであり、これこそまさしくOOOが、メイヤスーの優遇する強い相関主義よりも、むしろ弱い相関主義と呼ばれているものをラディカル化する理由である。OOOの視点からすれば、メイヤスーは両方の道を取ろうとしている。カントを倒すために物自体を無意味と呼びながら、思考の外には確実に何もないとする主観的観念論者の大ぼらを打ち破るために物自体

(17) Harman, *Quentin Meillassoux*, pp. 14ff.

を再び有意味にしている。しかしこの点に関して実在的な中間的基礎はない。把握不可能な物自体について語ることは有意味であるとするか——その場合私たちは弱い相関主義者である——、さもなくば、このようなことについて語るのは無意味であるとするか——その場合私たちは観念論者である——、のいずれかだ。ゆえに、強い相関主義は不可能な哲学的立場である。どうやらメイヤスーも、彼が行っているものがどれほど繊細な哲学的操作であるかに気づいており、少なくとも四度、明らかに反論が予想されるにもかかわらず、それは可能な立場であると断言している。ここに私が見つけた四つの例をあげよう。

1 「なぜなら思考には、私たちにとって無意味なものがそれ自体においては真であるという可能性を退ける手段がないからである。なぜ、無意味なものが、だからといって不可能だということになるのか」（三六）〔六六〕

2 「ゆえに、矛盾は絶対的に不可能だと知っているという主張には意味がない。私たちに与えられた唯一の事柄は、私たちは不可能なものは決して思考できないという事実、これのみである」（三九、強調は引用者）〔七〇、ハーマン引用中の「不可能なもの impossible」は原文では「矛盾 self-contradictory, contradictoire」〕

3 「何であれ、思考不可能なものでさえ、〔絶対的に〕不可能であるとは言えない」（四〇）〔七三〕

4 「したがって、相関主義の強いモデルは次のテーゼに要約される——思考不可能なものが不可能であるということは、思考不可能である」（四一）〔七三〕

メイヤスーが直面している困難は、ここでの問題が単に無意味は不可能であるということではなく、無意味を同時に有意味なものとして取り扱うことだ、ということである。すなわち、かりそめに相関主義的円環を受け入れる点でメイヤスーと手を組むとしても、そこで「テーブルの上にリンゴがある」や「私にとってテーブルの上にリンゴがある」といった言明を考えるなら、単に前者が偽で後者が真であるというわけではないのである。むしろ、両方の言明とも正確に同じ意味を有している。というのも、メイヤスーに従えば前者は直ちに後者へと変換されるからだ。なぜなら相関主義にとって「テーブルにリンゴがある」とは、自動的に、あるのは思考にとってである、ということを含意し、ゆえに「私にとってテーブルの上にリンゴがある」と異なる何物も意味していないからである。厳密にいうならば、これは観念論である。なぜなら強い相関主義者は、思考－リンゴの相関の外に存在する何かに関して、まさにその相関にかんする言明にただちに転じてしまわないような、どんな言明も作るのを禁止するからだ。しかしメイヤスーは観念論者にはなりたくない。人間とは独立な事物の一次性質について、有意味な数学的言明を作れるようになりたいからである。この理由のために、第二段階において彼は、「思考の外」という句を再び有意味なものとして扱うことを試みる。なぜなら、もしこれが有意味でなければ、私たちは観念論以外のどんな哲学的立場も維持できないだろうからだ。要するにメイヤスーは、弱い相関主義に対しては観念論的な手を打ち、観念論に対しては、弱い相関主義的な手を打つのである。もし思考の外の物自体について語ることが有意味でさえないのなら、私たちは観念論に抗うことはできない。しかし私たちがこれを有意味と認める瞬間、私たちは突然、再び弱い相関主義者となる。それゆえ、強い相関主義的立場は存在していない。私たちはすぐに、なぜこれが、メイヤスーが乗り越えることのできていない恐ろしい問題を提起するのか、見ることにしたい。

しかしまず私たちは、現代思想の本質的信仰主義をめぐる彼の重要な議論を考えなければならない。形而上学の終わりは、合理的に証明可能なさまざまな絶対の終わりを意味していた。これによってすべての信念は、それにいかなる合理的理由も与えられないかぎりにおいて擁護可能となる。「したがって、「思考の脱絶対化」と見なされる形而上学の終焉は、絶対への任意の宗教的（あるいは「詩的－宗教的」）信念を理性によって正当化することに存する」〔四五〕〔八〇〕。違った仕方で述べられるのによれば、「イデオロギーの終焉は、全面的な宗教性の勝利という形を取ることになった」〔四五〕〔八〇－八二〕。言い換えるならば、形而上学の終焉は、信仰主義の、すなわち信念の理由づけの責任に対する信仰の支配の、全面的勝利であることが明らかになる。この終焉は、信仰主義の他の否定的な特徴のうちでも特に盲目の狂信を正当化する。盲目の狂信は、理由を挙げて自分を弁護するふりをすることもない。メイヤスーは第二章を、この論点について、典型的に雄弁な言葉で締めくくっている。「独断論に対しては、あらゆる形而上学的絶対の拒否を続けなければならない。しかし他方で、さまざまな狂信の増大する暴力に対しては、思考のうちにささやかなる絶対を再発見することが重要なのである――ともかくも、何らかの啓示のみによって絶対を排他的に保有しうると自認する者たちの権利要求に対抗するのに十分なくらいの、ささやかなる絶対を、思考のうちに再発見することが重要なのだ」〔四九〕〔八七－八八〕。

第三章には『有限性の後で』の哲学的核心が含まれている。メイヤスーは、相関主義的円環と科学的実在論の葛藤の革新的解決に取り掛かる前に、ありがたくも、この問題をなす各項について要約している〔五一〕〔九〇－九二〕。第一に、祖先以前的実在を考えるとは、単に私たちにとってのではない、絶対的実在を考えることである。第二に、私たちはどんな必然的存在体の存在も認めることはできない。さもなくば、（実際にカントが正体を暴いた）独断論ばかりではなく、政治的イデオロギーの餌食ともなろうからである。最後、第三に、私たちは素朴実在論者に戻ることもできない。相関主義的円環は、無視するよりも、むしろ正面から立ち向かうべき強力な論証であるからだ。まさにこの理由によって、弱い相関主義モデルと強い相関主義モデルのどちらかを選ぶにあたって、私たちは、強いモデルのほうにより大きな力があることを認めねばならない。要するに、私たちに必要なのは、「強いモデルの編み目をかいくぐることのできる非－形而上学的な絶対」〔五一〕〔九二〕なのである。メイヤスーは、私たちは実在論的絶対も、相関主義的絶対も認めることはできないとする派生命題を追加している。というのも、いま思い出されたとおり、実在論的絶対は、相関主義的円環の力によって除外されているし、また相関主義的絶対は「事実性の編み目をパスできない」（五一）（九一）からである。ついでに注記しておけば、相関主義的絶対の例として、メイヤスーは「観念論的ないし生気論的」哲学という仲間の例を挙げている。観念論‐生気論をこのようにひとまとめにすることは、メイヤスーにとって、ベルリン講義での論争相手となるほどに重要なものであるが、実際のところ無分別というものだ。というのも、ベルリンで彼が述べたとおりに言えば、どのような意味で観念論と生気論の両方が、世界と思考の「相関を絶対化する」というのだろうか。もちろん、曖昧な意味においてのみだ。というのも、観念論が行うことは、ちょうどバークリの哲学（ただしグラントの読み方ではなく、主流のバークリ読解）におけるように、思考‐世界の相関の外にあるものはなんにせよ、存在することから締め出すことだからである。しかし「生気論」――ここでメイヤスーは実際は「汎心論」、つまり万物が生きているというのではなく、万物が思考しているとする考えを意味しているようだ――は、そのようなものではないと私は主張する。汎心論哲学者が私たちに、この岩は思考している、この塵も、この木も、西の空のあの星もそうである、と述べるとき、彼女が述べているのは、万物は思考するということである。彼女は、思考の外には何も存在しないと言っているのでは断じてない。言い換えれば、何かが思考の外に存在すると言うことは、実在論（ただしグラントの使い方ではなくこの語の主流の使い方で）と呼ばれるのに対して、世界には思考しない何かがあると言うことは、デカルト的二元論と呼ばれる。これら二つの異なる教義を、メイヤスーはあまりに性急に同一視している。

　そのような異論を脇におけば、メイヤスーが、一見すると正反対の相関主義と祖先以前性の板挟みになりながらも、この窮地に対処しようとする際の戦略には、まことの才気のひらめきがある。彼はカント的相関主義に対し、素朴実在論によるよりも、観念論的な応答の方に知的な美点を見ている。「カントの超越論哲学に対する形而上学の第一の反撃［つまりドイツ観念論］を範例にしなければならない」

〔五一〕〔九二〕。これらの思想家たちの偉大さは、「相関主義の発見を認めたことである……つまり私たちは〈私たちにとってのもの〉にしかアクセスできない、即自にはアクセスできないのだ、と。しかしそこから、即自は認識不可能だという結論に至るのではなく、相関性こそが真なる唯一の即自だという結論に至るのである」〔五二〕〔九二〕。メイヤスーは、これをたいへん大きなブレイクスルーであるとみなしているのに、どうして単にフィヒテ派やヘーゲル派となって、カントに対するこれら思想家の観念論的応答を率直に是認しないのであろうか。その理由は、彼が観念論は相関の事実性を説明することに失敗していると考えているからである。すなわち、思考と世界が在らぬのではなくむしろ在る理由について、どんな理由も与えられることはないという事実、またそれゆえに思考‐世界の相関性は、神や運命と同じ必然的存在者ではないという事実である。したがって「理解せねばならないのは、相関ではなく相関の事実性が絶対をなすのはなぜか、である」〔五二、強調トル〕〔九二、仏語「相関項 correlat」は英訳では「相関 correlation」と訳されている〕。第一に、事実性が印づけるのは、まさしく絶対についての人間的知に対する認識論的制限である。事実性は何か純粋に否定的なもの、メランコリックでさえあるものといった様子をもつ。しかしメイヤスーは、この見かけ上は陰気な状況を、ブラシエがニヒリズムについてそうしたのと同じように肯定的機会とみなす。「事実性こそ絶対の知であると明らかになるだろう、なぜなら、私たちは最終的に、思考の不可能性であるとこれまで誤って捉えていたことを、事物のなかに位置づけ直すことになるからだ」〔五三、強調トル〕〔九三〕。事実性を特徴づける理由の不在は、普通、人間的有限性の印として解釈されるが、むしろメイヤスーによって、物そのものへと投影されるのである。「理由の不在が存在体の究極の特性である、そうであるしかない」〔五三〕〔九四〕。そして再び。「理由の究極的不在――これからそれを非理由と呼ぶことになるが――は、絶対的な存在論的特性であり、私たちの知の有限性の印ではない」〔五三〕〔九四〕。

当然、相関主義者は、これは誤解であり、事実性とは事物が実在的にある仕方についての私たちの根本的な無知を表しているのであって、存在する事物が偶然的であることについての私たちの目下の知を表すのではないと主張するだろう（五三‐五四）（九四‐九五）。この点で相関主義者に応答するために、メイヤスーは、五人の哲学的キャラクターの間での見事な想像上の対話を提示している。彼らに偽のイタリア名さえついていれば、ブルーノの本から引かれたキャラクターであるように聞こえるだろう。代わりにメイヤスーは、この五人に単純な記述的な名前を与えている。キリスト教独断論者、無神論独断論者、相関主義者、思弁的観念論者、そして思弁的唯物論者である（この最後はメイヤスー自身である）。論証は、二人の独断論者が、死後の生について争うことから始まる。キリスト教徒は死後にも生があることを確実に知ることが可能だというのに対して、無神論者はまったく正反対のことが証明可能であると反論する。そこに相関主義者が加わる。彼が「強い」ほうか、「弱い」ほうかは明示されていないが、どうやら強い相関主義者のようだ。キリスト教と無神論者の両者が独断論的な実在論的観点を擁護するのに対して、相関主義者は、死後の生それ自体についてはどんなことも知り得ないと、気取って反論する。しかし今や第四のキャラクターが現れ、彼らすべてを言い負かす。主観的観念論者である。この勝ち誇った人物は、二人の独断論者と一人の相関主義者、彼らは自分たちが認めている以上によく似ていると告げる。「というのは、三者はいずれも私たちの現在の状態と根本的に異なる即自が存在しうるだろうと考えているからである――自然な理性にとって到達不可能な神というのも即自であるし、また純然たる無にしてもそうだ」（五五）（九七）。言い換えれば、「〈私たちにとって〉とは異なる〈即自〉は思考不可能であるため、観念論者はそれを不可能と宣言する」（五六）（九八）。しかし、他の三人の対話者と比べて自らを理論的に独特だと感じているのは、思弁的観念論者だけではない。相関主義者は、自分の優位を言うために同じ主張を行う。というのも、二人の独断論者と一人の観念論者はみな、思考の外に何があるかについて、正確な真理を知っていると考えている（キリスト教徒にとっては天国ないし地獄、無神論者にとっては無、そして観念論者にとっては外部のなさ）のに対して、相関主義者は、自分だけが、何らかの絶対的な他性の可能性に対して開かれたままだと感じている。自分だけが自らの無知を率直に認めているのに、他方で三者は横柄にも真理を有すると主張しているのだと感じているのである。

この討論が行き詰まるところで、メイヤスーの思弁的唯物論の登場である。「この者は、今度はあの二人の独断論者も、観念論者も、絶対を同定しようとしていないと主張する。なぜなら、絶対とは、不可知論者が理論化するような〈他でありうる力〉それ自体であるからだ」〔五六〕〔九九〕。もちろんメイヤスーはここにひねりを加えている。他でありうる力は、相関主義者が考えるのと異なり、もはや私たち自身の無知を指すのではない。それまでに挙げられたどんな選択肢（天国／地獄、無、いっさいの変化なし）も、他の多くの選択肢と並び、可能であるという知を指すのである。なぜ、単に無知にかんする相関主義者の主張ではなくて、こちらの方に納得すべきなのだろうか。ここでメイヤスーは、賢い論証を提供する。相関主義者自身、思弁的唯物論者へと変身せざるを得ないのである。なぜなら、さもなくば相関主義者は単にもうひとりの観念論者だからだ。この論証は以下のようになされる〔五六－五七〕〔九九－一〇〇〕。観念論者と違って、相関主義者は、何かが相関の外部に存在することは可能であると主張する。この可能性は単に私たちにとってのものではあり得ない。なぜなら、その場合、私たちは絶対的に、思考の円環の内部に囚われたままであり、われ知らずに本当にただの観念論者であるからだ。そうではない。もし相関主義者が観念論者と違うことを主張するならば、その時、思考－世界の相関の外部に存在する何かは、ひとつの絶対的な可能性でなければならない。すなわちメイヤスーの言葉によれば、「相関主義者による観念論者への反駁は、事実性の思考に抱懐される〈他でありうる力〉の絶対化（脱－相関化）によってなされるのである」〔五七〕〔一〇〇〕。相関主義者はこの点をすこし長めに反駁しつづけるが、すでにその論証は敗北している。思弁的唯物論は反論に最後の二頁を費やして、議論をまとめ、自らの勝利を寿ぐのである。

この論証から何を作り出せば良いだろうか。活気があり、また目新しくもある論証だが、私には先に引用した理由で、これは失敗しているように思われる。この形式の論証は単に、相関主義者は、観念論者と自分が異なると主張したいならば、他である能力を絶対として考えねばならないということを示す。もし相関主義者が観念論を避けたいのならば、そのための唯一の道は、他性を、単にそれを知る私たちの能力にかかってくる制限としてではなく、事物における実在的可能性として扱うことだ、というのは確かにそうである。それだけで十分に相関主義者は思弁的唯物論者になるだろう。しかしメイヤスーが四頁にわたる討論で証明していないのは、相関主義者が観念論者と実在的に違っている、ということだ。先になぜ私は強い相関主義――メイヤスーがもっとも敬意を払う相関主義――が自らと観念論者を区別できないかについて述べた。というのも、強い相関主義者が（カントがそのもっとも身近な例であるような）弱い相関主義を避けるのは、ただ私たちは物自体を思考の外で思考することさえできない、ということによってであるからだ。何事かを思考することは、端的に、それを思考することである。もし何かが私に与えられれば、メイヤスーがゴールドスミスで述べているように、それは私に与えられるのである。しかしこの線にそうならば、強い相関主義は実質上、「木自体」と「私たちにとっての木」という二つの句が、同じ意味を持っていると言っている。なぜなら前者は自動的に後者をカバーするからだ。またそれは、端的に観念論的な立場である。まさにカントに対抗してドイツ観念論が採用した立場だ。繰り返せば、強い相関主義とは単に観念論のもうひとつの名前であり、観念論と区別される立場の名前ではない。それゆえ強い相関主義、そしてその絶対化から生じんとする思弁的唯物論は、離陸して出発することができない。それは単に観念論のまた別の形式なのである。

　討論の明快な要約において、メイヤスーは「相関主義の中心にある裂け目を特定した」と主張している（五九）〔一〇三〕。なぜなら、もし強い相関主義と観念論が異なることを受け入れるならば（私は受け入れないが、しばらくは彼に付き合おう）、相関主義者は二つの矛盾する選択肢を持つからだ。この両方とも、相関主義者は何かに対し降参し、これを絶対化することが要請される。ひとつの選択肢は単に事実性を諦め、観念論者となることである。主流派（グラント的でない）バークリの流儀で、思考‐世界の相関をあらゆる実在性の根として扱うのである。別の選択肢は、相関の絶対性を諦めることだが、これはその事実性の絶対化を要請する。するとそこでは、何かがつねにそうであるのとは別のものでありえ、また単に私たちがそれについて無知であるというわけではない、ということになる。これは私たちに、メイヤスーの本におけるもっとも見事な定式のひとつを連れてくる。「私たちは、もはや充足理由律――すなわち、あらゆる者はこのようであり別様ではないことの必然的理由を持つ――の変種を主張しているのではなく、むしろ、非理由律の絶対的真理を主張している」（六〇）〔一〇五〕。この含意は深刻であり、相変わらずここでも、時間がメイヤスーにとって作動の中心にある――ちょうど皮肉にも、メイヤスーの批判者ピーター・グラットンにとってと同じように。[18]メイヤスーにとって、それは「あらゆるものを滅ぼすことも生じさせることもできる時間」である（六二）〔一〇七〕。この時間は「ハイパーカオス」と記述される（六四）〔一一〇〕。ただし、ヘラクレイトスやベルクソンのいうような流れを想像すべきではない。なぜなら「特定の存在体の破壊も永遠の存続も、いずれにせよ理由なく起こりえなければならないのだという主張が要請されるのである。偶然性とは、何でも起こりうるということであり、何も起こらないかもしれないということ」であるからだ（六三）〔一〇九〕。メイヤスーが、私たちは今うまく相関主義的円環を切り抜けたと宣言する以上（六三）〔一〇九〕、私たちは新たな絶対へと直面しているわけだが、それは心安らぐものではなさそうだ。

私たちが目にしているのは「……」むしろ脅かさるるべき力である――それは秘められた何かであり、あらゆる事物も世界も破壊できるものである。それは、非論理的な怪物も生み出せる。決して作動しないままでいることもできる。確かにあらゆる夢を生み出せるし、だがまた、あらゆる悪夢も生み出せる。狂乱する無秩序な変化を起こすこともできれば、隅々まで不変で不動の宇宙を生み出すこともできる。それは、もっとも激しい雷をはらんだ大雲のようであり、もっとも奇妙な晴れ間を見せもするし、不穏に平静な時もある。（六四）〔一一一〕

こうしたカオスこそ、メイヤスーが彼の哲学の一次的絶対として考えるものである。これと比べれば数学は単に派生的絶対に過ぎない（六五）〔一一二〕。

このハイパーカオスは不安を起こさせるものだが、それでもメイヤスーは、その彼岸へと至る知性の通り道があると主張する。それは、彼が「形成素《フィギュア》」と呼ぶことになるものを見つけることである（八〇）〔一三四〕。彼が哲学に残されたすべてであると主張するところの、あの偶然的で非必然的な存在者らの必然的特徴に対して彼が与える名前である。これらの形成素のうちでも筆頭が「無矛盾律と「ある」（すなわち、無ではなく何かがあるということ）」である（八〇）〔一三四〕。メイヤスーは、これら形成素の双方に対し、前例のない魅惑的な証明を与えている。最初、無矛盾は、純然たる偶然とカオスの哲学にとって貧困な選択肢のように聞こえる。ところがメイヤスーは、哲学者たちによって矛盾と純然たる生成変化のあいだに作られる通常の繋がりを拒絶する。彼曰く、「私たちには、実在的矛盾のテーゼを至高の流れのテーゼに結びつけるのは深い間違いであると思われる」（六九）〔一一八〕。驚くべきその理由とは、矛盾的存在体はいっさい変化することができないということだ。「このような存在体が別様に生成変化しえないというのは、これは、生成変化しようとするところの他性をまったくもたないだろうからである」（六九）〔一一九〕。彼はこの主題を続ける。「矛盾的存在体が存在すると仮定してみる。それに何が起こりうるだろうか。それは非存在になりうるだろうか。しかしそれは矛盾しているのである。もしそれに存在しなくなることが起こるのであれば、そのパラドクス的な「本質」に従って、存在

（18）Peter Gratton, *Speculative Realism.*

しないと同時に存在し続けることになるだろう」（六九）〔一一九〕。もっと色彩豊かに述べるなら、「このような存在体は、「あらゆる差異を吸い込むブラックホール」であろう。そこでは、あらゆる他性が取り戻しようもなく失われる」（七〇）〔一二〇〕。第二の形成素については、メイヤスーの論証をより簡潔な形で述べることができる。「何もないのではなくむしろ何かが存在することは必然的である、なぜなら、他のものでない何かが存在することは必然的に偶然的だからである」（七六、強調トル）〔一二九〕。つまり、偶然性が実在的であるためには、存在しないこともできる存在物と、存在することもできる非存在物の両方が、つねになくてはならない。ここでは単に、何もないのではなく何かが存在せねばならないというこの主張と、『神の非存在』の少なくともひとつに見られるむしろまったく別の主張、すなわち死物質〔無機物〕（プロティノスの宇宙論と同じくメイヤスー宇宙論の最低点）さえ、いかなる理由もなく無から《エクス・ニヒロ》発生しうるという主張とのあいだの、興味深い緊張関係を押さえておきたい。

　まだ厄介な問題が残されている。第四章は、新たな資源を補充してこれに正面から取り組んでいる。メイヤスーはいま、相関主義的立場を、その知の不確かさを取り上げて、これを物へと直接転送することで、裏返した。物はいま絶対的に偶然的であり、単に私たちによって知ることができないというものではない。ブラシエが特に嫌う有名な一節において、メイヤスーが主張するには、私たちは「事実性についての私たちの把握のなかに、絶対の真なる知的直観を発見」するであろう（八二）〔一二七〕。この絶対とはハイパーカオスであることを私たちは知っている。そこでは自然の諸法則はどんな瞬間にでも、いかなる理由なしに変わってよい。しかしもしこのとおりなら、なぜ世界はこれほど安定的であるように見えるのだろうか。というのも、もっとも衝撃的な自然災害や歴史的破局でさえ、歴史上の知られるすべての時代、宇宙の測定可能なすべての部分を統べてきたと思われる、同じ時空間経験の法則にしたがっているように見えるのだ。言い換えるなら、なぜこの想定されたハイパーカオスは、見た目にこれほど非カオス的なのか。次のような批判があるかもしれない。「もし物理法則が実際に偶然的であるなら、それは気づかれているだろう——そして私たちには、そのことを知るための場所にもはや私たちが存在していないという機会がたくさんあるだろう、というのも、そうした偶然性に由来する無秩序は、あらゆる意識も粉砕してしまうだろうから」（八四）〔一四〇‐一四一〕。メイヤスーは、彼がヒュームの問題の思弁的解決と呼ぶものを通じて、この異論に取り組む。この解決は次のように定義できる。「同一の原因は、未来においても、他がすべて等しいという条件で、同一の結果を引き起こすだろう、ということを証明することは可能か」（八五）〔一四二〕。「思弁的解決」を提供するとき、メイヤスーは形而上的解決（ライプニッツ）、懐疑的解決（ヒューム）、超越論的解決（カント）とは異なる解決を言わんとしている。簡潔に述べよう。ライプニッツの形而上学的解決は神そして全可能世界のうちの最善世界が必然的に存在することを証明する。ヒュームの懐疑的解決は、原因と結果は単に、物が一見同じ仕方で頻繁に起こるのを見る私たちの習慣に基礎付けられていると言う。カントの超越論的解決は、原因と結果が、人間悟性それ自体の構造によって実在に課されるのでなければ、一貫した経験など可能ではないと主張する。メイヤスーは、これら異なる戦略のすべての間の共通のつながりに注意する。「その共通点とは、すべての解決が、因果的必然性という真理を疑いの余地なく認めていることにある」（九〇、強調トル）〔一五〇〕。これはまさしく、メイヤスーが問いに付そうと狙っていることである。因果的必然性を証明できないのは何もないからだと述べるのは奇妙に見えるが、メイヤスーは、非ユークリッド幾何学についてそうした事例を考えるように言う。ロシアの幾何学者ニコライ・ロバチェフスキー（一七九二〜一八五六年）が、任意の線に対し任意の点から唯一の平行線が引かれるとするユークリッド的公準を否定する幾何学をうちたてることの不条理を証明しようとした時、彼はそれがまったく不条理でないことを見つけた。「［彼は］ユークリッド幾何学とは異なってはいるが、それと同じくらい一貫した新しい幾何学に到達したのだった」（九二）〔一五四〕。同じくメイヤスーはこう考えている。もし私たちが因果的必然性の消去へのショック状態で始まるとしても、「私たちは徐々に発見するであろう。この非因果的宇宙は、因果的宇宙と同じく一貫的で、因果的宇宙と同じく私たちの現在の経験を説明しうる宇宙である。けれどもさらに、私たちは、それが、物理的必然性の信奉に内在している謎から解放された宇宙であることを発見するだろう」（九二）〔一五四〕。この非ユークリッド的哲学への道は、驚くまでもないことだが、数学を通り抜けていく。

まずメイヤスーは、ジャン゠ルネ・ヴェルヌ（一九一四～二〇一二年）の有益な議論へと迂回する。メイヤスー家の古い友人であり、ブリッジの王者として、また有名なボードゲーム《リスク》の発明者として非常に有名だが、またいくつかの哲学書の著者でもある。メイヤスーは、ヴェルヌの『射幸的理性批判』（フランス語でのみ入手可）を激賞している。これは彼の評価によれば、「一七世紀の哲学者たちのような簡潔さで書かれ」ている（九五）〔一五八〕。ヴェルヌは、古典的哲学者たちから消えてしまっている論証、いかに私たちは、世界のうわべの安定性から自然法則の必然性を推論するのかについての論証を提供する。メイヤスーはすぐにヴェルヌの論証を却下することになるとはいえ、範例的明晰さの点でこれを尊重している。カントがアプリオリな領域を必然性とつなぐのに対して、ヴェルヌはこれを偶然性と結びつける。例えば、もし普通の六面サイコロを二つ持っているとすると、任意の投擲に際して三六の可能な結果がある。ちょうどクラップスのように、単に二つのサイコロの数字を足すだけの場合、七がもっともよく出る合計の目であり、二と一二がもっともでにくい目であることがわかるだろう。サイコロごとに六つの数字のどれも等しく可能であることがわかっているので、私たちは投擲ごとの結果に対する確率の計算を始めることができる。しかし、ある時点から、投擲がもはやランダムではなくなるように見えると想像してみよう。一時間サイコロを投げ続けたところで、毎度、同じ数字が出続けている。一時間まるまるかけずとも、私たちは、何か隠れた原因があるに違いないと結論するだろう。例えば、それぞれのサイコロの中に鉛片が隠されており、このために結果は、純粋にランダムであることからずれてしまうのだと。メイヤスーはここでヴェルヌに沿いつつも、いっそう極端な状況を想像している。「私たちが遊んでいるサイコロが、一時間ではなく、一生を通じて、いや、人類の記憶すべてを通して、同じ目を出し続けていると仮定しよう。さらに、このサイコロには六つの面どころではなく、何百万もの面があるのだと仮定してみよう」(九六 - 九七)〔一六一〕。もしも、人類史の全体のあいだ投げ続けられた百万面サイコロでさえ、一投ごとに同じ結果を出すことになるのなら、明らかに高い確率で何か隠れた原因がこの結果を導いているだろう。ここでブリッジ・プレイヤーでありゲーム・デザイナーであるヴェルヌは、自然法則の働きをいかに確信するかという問題に、賭博師の確率論理を見事に適用しているのだ。

しかしこの確率論理はまさしくメイヤスーが拒否するものである。この問題とは、彼がみるところ、ヴェルヌが、「賭博師が宇宙の内部にある出来事(サイコロの投擲とその結果)に適用している確率的推論を、宇宙それ自体に拡張している」ことだ(九七、強調トル)〔一六二〕。彼が思い描いている宇宙は、ビリヤードのボールが衝突に際して互いに跳ね返るような仕方で構築されているのではなく、「ボールが二つとも飛翔したり、融合したり、二頭の無垢だがふてくされた雌馬に変身したり、赤くて銀色のたおやかなユリの花に変身したり」(九七)〔一六二〕といった仕方で構築されている。言い換えるとヴェルヌが思い描いているのは、多くの可能な宇宙を表す百万あるいは兆の面をもつサイコロであり、「あらゆる機会で、この〈サイコロ宇宙〉は、同じ物理〈宇宙〉の目をだす——私の宇宙、私が日常つねに観察してきた宇宙である」(九七)〔一六二 - 一六三〕。

ヴェルヌは、彼以前のヒュームやカントよりも明示的に、宇宙全体はイカサマサイコロの投擲の結果であると考えている。ただしこのイカサマサイコロには、鉛片ではなく、隠れた法則が仕込まれている。ヴェルヌはこの隠れた要素を「質量」と呼んでいるが、メイヤスーは、これは「摂理」(九八)〔一四六〕と呼ぶのが良いだろうと不平を述べている。

どのような基礎にもとづいてメイヤスーは、私たち皆が日常、私たちの知的で個人的な生活の導き手にしているようなこうした確率論的推論に反論するのだろうか。彼の論証の要点とは、確率は、私たちが可能な結果の全体性を、つまりサイコロの面の全体性を知らないかぎりは、計算可能でないということにある。これらの面は、いかにも、それ自体として全体化できるかぎりにおいて無限でさえあるだろう。「長さの決まった一本の均質な紐が、両端から等しい力で引っ張られているという例を取り上げてみよう。私はその紐がどこかの点で切れるという正の確率を計算できる。たとえ、これら「切断点」が、「無次元」であるがゆえに、理論的には紐の上に無限に存在しているのだとしても、である」（一〇二）（一六九）。しかし、無限の可能な結果が問題であるような場合ですらこうして確率が計算可能であるのに対して、カントールが発見した超限領域を話題にするなら、状況は一変する。カントールの仕事は、メイヤスー自身はもとより、バディウの哲学の要のひとつである。カントールの偉大な発見を表現するひとつの方法は、カントール集合論の標準的ツェルメロ－フレンケル（ＺＦ）公理化に目を向けることだ。この公理化からは、「無限量がひとつに閉じることなく諸々の無限量へと複数化すること」（一〇四）（一七二）が帰結する。もっと簡単に述べるなら、それらすべてを含むひとつのもっとも大きな無限があるのではなく、多くの異なるサイズの無限があるということだ。はじめはカントールの同時代人のほとんどがこれを拒絶したが（そのために彼はついに心の病に罹る）、よく知られるようにドイツの大数学者ダフィット・ヒルベルト（一八六二～一九四三年）は一九二六年、「誰も私たちを、カントールが私たちのために創った楽園から、追放することはできないだろう」[19]と述べている。例えば、Ａ個の要素をもつ無限集合を取り上げ、続いてＢを、Ａの内部の部分すべてのあいだの可能な関係の全体数として定義するなら、そのとき明らかにＢは、Ａよりもつねに大きいであろう。この方法で、私たちは数え切れない数の無限集合を構成することができるのであり、そのそれぞれが、先行する集合よりも大きくなる。メイヤスーは次のように述べている。

つまり、もとの集合から部分を集めることで、そのつど前の集合よりも大きな量をもつような無限集合を作り、これを無際限に連ねていくことができるのである。これが、アレフ数の列、あるいは超限基数の列と言われる。けれども、この列それ自体は全体化されえない。すなわち、それはある「究極」の量として集められることがないのだ（一〇四）〔一七三、「究極」につく鉤括弧は原文では「量」につく〕。

この時点で、注意深い読者は、ヴェルヌに対抗するメイヤスーの戦略を見極めたかもしれない。世界の内部にある可能な出来事は全体化可能であり、それゆえ確率についても計算されうるのに対して、可能世界の数は全体化不可能である。それゆえヴェルヌが、自然法則の背後に隠れた原因がなければ、自然法則がこれほど安定して見えることは「極めて起こりそうにない」と述べるとき、その推論は不当なのである。メイヤスーの見方によれば、自然法則がある時点でどんな理由もなしに変化することは、起こりうることでも、起こりえないことでもない。あるいは反対に自然法則が何百万年も、ひょっとすると永遠に同じものであり続けることは、起こりうることでも、起こりえないことでもない。この推論と同じくらい驚くべきことだが、これはやがて『神の非存在』のための主要な知的道具を提供することになる。私たちはすぐにこの本が、特定の可能な未来の出来事（神の突然の誕生と死者の復活）に完全に捧げられていることを見るだろう。これは、確率という点から計算されるなら、信じがたいほどにありそうに思われないことだ。カントールをこのように出来事の確率に適用することに人びとがいっそう馴染み始めたいま――ただしこれはつねに論争を招くもので、多くの人はやはり避けることになるだろうが――、他のもっと若い哲学者たちが、この論証を利用し始めるのが見られるようになるのではないか。

（19）David Hilbert, "Über das Unendliche," p. 170.

『有限性の後で』の重厚な論証がいま完了したところで、メイヤスーの簡潔な第五章では、いくつかのより一般的な結論が記述され、まとめが行われている。彼の懸案事項の第一列目は、「祖先以前性」の概念を、過去と未来の両者に関わる概念、「隔時性」概念へと拡張することである。というのも、思考の発生に先立って存在する存在体のみならず、いつしかくる思考の絶滅の後に存在する存在体もまた問題であるからだ。隔時性の重要な側面のひとつは、たとえ人間が宇宙そのものの誕生と同時に存在した（それゆえ原化石は存在したことのない）とするようなシナリオを想像しても、思考なき世界という可能な未来の状況が、いまだ相関主義への有効な反論となるということだ。この理由により、メイヤスーは、「ガリレイ＝コペルニクス的転回の意義とは、思考があるか否かにかかわらずありうるものについて思考できるという思考の能力を、逆説的に開陳することにほかならない」（一一六）〔一九三〕。さらに以上の点に、「数学化可能なものを思考の相関項に還元することはできない」（一一七）〔一九五〕という発見が伴ってくる。

数学が、思考と独立したものへとアクセスする道を進んでいたのに対して、メイヤスーが主張するには、哲学は絶好の機会を吹き飛ばし、まったく正反対のことを行っていた。というのも、カントは自分が哲学においてコペルニクス的転回を行っていると自負しているが、じっさいには「プトレマイオス的反転」（一一八）〔一九六、ハーマンの頁数表記の誤記を修正した〕を私たちに提供しているからだ。というのも、現代数理物理学によって初めて、世界についての非相関的な絶対的知を獲得する手段が得られたのに対して、「〔カントの〕超越論哲学は、この世界そのものと非相関的なあらゆる認識の無効化を、物理科学の思考可能性の条件として示した」からである（一一八）〔一九六〕。

メイヤスーが、自然科学は、マクロコスモスとミクロコスモスの両方の領域においてさらに仰天すべき新たな風景を探すために、どこまでも遠くへと行ってしまったと述べるとき、彼は間違いなく正しい。また彼が、哲学者は「いっそう狭められたゾーン、土地、生息地」に拘束されるようになったが、「そこで主人にとどまっている」（二一二）〔二〇〇〕というとき、彼はかなりの程度、正しい。彼の注目すべき著作は、多くの読者たちにすでに霊感を与えてきた感動的なアナロジーで締めくくられる。「ヒュームの問題がカントを独断のまどろみから目覚めさせたのだとしたら、祖先以前性の問題が私たちを相関のまどろみから目覚めさせ、思考と絶対の和解へと導いていくということを望む余地もまた残されているのである」（二一八）〔二一四〕。

B節の練習問題

1　メイヤスーによれば、相関主義者は、「原化石」に基づく実在論的論証にどのように答えることになるか。

2　「強い」相関主義と「弱い」相関主義の違いは何か。またメイヤスーはどちらがより強力な論証であると考えるか。それぞれのタイプの哲学者について、ひとつ以上の例を挙げよ。

3　メイヤスーにとって「無理由律」の意味するところは何か。

4　なぜメイヤスーは、ジャン゠ルネ・ヴェルヌが与えた自然法則の安定性にかんする未遂の証明に賛同しないのか。（回答で数学者ゲオルク・カントールに言及せよ）。

5　なぜメイヤスーは、カントに「プトレマイオス的反転」の罪を帰すのか、説明せよ。この主張にあなたは賛成するか。

C　神の非存在の瞥見

最近の大陸哲学では、たいていの時代にひとつかそれ以上、有名な未刊行著作があり、広い公衆に熱烈に待望されてきた。数十年のあいだは、ハイデガーの『哲学への寄与』が、『存在と時間』以上の隠れた傑作として噂されていた。ただし私の見るところでは、それが事実でないことは証明された。のちに、デリダによるいくつかの未刊行エッセイが、限られた数名の内部者のあいだにのみ流通した。バディウの『諸世界の諸論理』は、それに先立つ『存在と出来事』の出版から一七年間も激しく待たれてきた。前著の心酔者たちは、この続編にがっかりしたが、私は後者のほうがどちらかといえば気に入っている。ラトゥールの重要著作『存在様態の探求』が二〇一二年に出版されたのは、ほぼ二〇年のあいだ噂され、また草稿が出回ったその後であった。一般に、大陸哲学の文化的な奇癖のひとつは、公衆に未露出ながら報じられるところでは重要であるような著作に対して前もって愛着を寄せることであろう。現在、そうした期待の高い未刊行書籍の最有力候補は、おそらくメイヤスーの『神の非存在』である。この著作のもととなった博士学位論文は、オンラインで入手することはもはや困難ではないが、翻訳はなされていない。メイヤスーも、現在準備中のこの本の、報じられるところでは複数巻にわたる改定版から、一部を早まっておすそ分けする気はない。しかし、一種の妥協として、彼はようやく、オリジナルに加筆修正した二〇〇三年版からの抜粋について、私に論評することを快く許してくれた。唯一の条件として、メイヤスーは私の論評がそれのみで表に出ることのないように、またこの本のうち私が論じている部分は、どれもオリジナルに即した形で表に出すように、と主張した。こうした理由から、メイヤスーについての本の補遺として、私は『神の非存在』（二〇〇三年版）の六分の一をフランス語から英語へと翻訳することを引き受けたのである[20]。

『神の非存在』の最終的な装いは誰にも予想がつかないけれども、二〇〇三年の草稿で議論された主要テーマは、その真髄においてメイヤスー的であるので、やがて刊行されるべき書籍においてそれが消えてしまうことは想像しがたい。この研究計画の第一の論証は、タイトルからほぼ推測できよう。神は存在しない、しかし、未来に存在する。二つの文の意味を説明することはたやすい。「神は存在しない」あるいは「神は死んだ」と哲学者が述べるのを聞くのはありふれたことだが、これは、メイヤスーがこのテーマに関して抱いている関心ではない。メイヤスーの神の非存在という概念は、なかんずく、かの有名な悪の問題への応答として意図されている。つまりもし神が至善、全知、全能ならば、なぜ神は、「子供が犬に貪り食われることを許容する」ような、悪しき物事が生じるのを許すのか（二八四）。とくに二〇世紀は、多くのおぞましいほどに不正なる死に満たされており、ホロコーストや、カンボジアのキリング・フィールドを許容するような神など、メイヤスーの目には、ただの胸糞悪い神としかみなされない。[21] 悪の問題に対する彼の新鮮で驚くべき解決とは、すなわち、神はまだ存在していない、とすることだ。神は、二〇世紀や他のすべての時代の極悪が生じるのを「許容」したのではない。なぜなら神はそれらを止めるにはまだそこにいなかったからだ。もちろんその代わりとなる解決は、無神論のそれであろう。神はいない。これからもいない。私たちは皆、この地上で悲惨に耐える人々のための死後の生での贖いなどない不正な世界のうちに投げ出されている。メイヤスーにとって、これは死者のための正義の希望を一切諦めてしまう、シニカルなアプローチである。文の第二の部分、「神は未来に存在するだろう」についていうと、この主張はやはり衝撃的で、それが公表されて以来、メイヤスーは、唯物論‐無神論の左派という点で彼を支持していた人々の幾人かを失うことになった。しかしこの点で、メイヤスーへの応援を行うことも可能である。彼への反論となりうる唯一の実在的論証とは、未来の未規定な時点で神が唐突に存在するようになる見込みはバカバカしいほどに低いので、私たちはこの観念をほとんど真面目に取り上げられない、というものだけなのだ。しかし、『有限性の後で』の末尾近くでカントールを大胆に使って確率的推論を破壊している時、メイヤスーは、究極的存在論的事象の評価

（20）Quentin Meillassoux, “Appendix: Excerpts from L'Inexistence divine.”

（21）同じ論証を短くまとめたものとして以下を参照せよ。Quentin Meillassoux, “Spectral Dilemma.”〔邦訳：メイヤスー「亡霊のジレンマ」『亡霊のジレンマ』〕

基準としての確率を消去しようと試みている。確率が視野から消されるとき、私たちは、その代わりに、世界におけるもっとも意義のあるいくつかの可能性に焦点を当てることができる。じっさい、メイヤスーの提示の多義性をどう読むか次第では、これらの驚くべき出来事の二、三はすでに起こったものである。物質がどこかの時点で無から《エクス・ニヒロ》生じたのか、それともつねにそこにあったものなのか、テクストを根拠に完全に明らかにできるわけではない。メイヤスーの著作には、どちらの読み方も支持しうる文章が見つかる。しかし生命が物質から、また思考が生命から、何の理由もなしに生じたことは彼にとって明らかである。これはあとひとつ、最後の発生の可能性を残している。現に存在する人間的思考の〈世界〉から、正義と潜勢的な神が現れるのだ。幸先のよくないことだが、メイヤスーは、これが果たして起きるとする保証はない、とも付け加えている。

　ともかく私のメイヤスー書に含まれる『神の非存在』抜粋の冒頭へと戻ろう[22]。彼はそこで、無から《エクス・ニヒロ》の降臨とは何を言わんとするのか、明らかにすることから始めている。これはどうしても、彼が普段なら避けるような、伝統的宗教概念のように聞こえてしまう。「無から《エクス・ニヒロ》の降臨とは、存在が全面的に原初的な無から生じたことを言おうとするのではない。言わんとしているのは、古典的表現を使えば、原因よりも結果のほうにより多くが含まれるということである。ゆえに、この「より多く」は、どんな理由もなしに降臨するのであり、したがって何も（どんな法も）これを制限することはない、ということである」（二二六）。このことは、現時点で存在している物質、生命、思考の三つの秩序について、メイヤスーが繰り返す議論からもすでに明らかである。物質のどんな特定の配置も、自動的に思考を生じせしめるのではない。生命のいかなる状態も、自動的に思考をもたらすのではない。せいぜい、新たな次元と、それが以前の次元のうちに持つ「土台」の間に何らかの種類の関係があるのだが、両者に直接的な因果関係があるわけではない。少なくとも、すでにひとつ反論をあげることができる。三つの主要秩序が物質、生命、思考であると主張する際、メイヤスーは、明示的に論証することさえせずに、むしろ伝統的な分類を採用している。私たちが知るとおり、彼にとっては鉱物界と植物界の境界線をぼかすような生気論は耐えがたく、この場合、おそらく証明する任務はじっさい生気論者の方にある。しかし、その次の溝は、なぜ特に生命と思考のあいだに位置付けられるのか。なぜ、動物界の内部に他にも溝がないのだろうか。バクテリアとイルカの溝はじっさいイルカと人間の溝と比べて、それほどなおざりにしてよいのか。ここに、メイヤスーの立場が引きずるデカルト主義のもうひとつの論点が見つかる。たしかにメイヤスーは、デカルトが神の他に認めている実在のただ二つの領域、物質と思考のあいだに「生命」を導入しているとはいえ、である。読者は『神の非実在』にこの点に関わる論証を探しても無駄である。また――ちょうどハイデガーが、最終的にあてが外れた動物生命についての一九二九～三〇年講義のためにかき集めることができたように[23]――この目的のための科学的な逸話を探してもやはり無駄である。

原因よりも結果により多くが含まれるという主題に戻ろう。これはメイヤスーにとって重要な概念であるが、彼はこの論点を興味深い仕方で押し出している。原因よりも結果により多くがあるだけではない。可能的な様々な結果が、現勢的な様々な結果に先立ってあるのでもないのだ。メイヤスーは、この論点に関して現代の思想家の多くがするようにドゥルーズを引用するのではなく、カントールの言葉を利用する。「〈宇宙〉の本質は、可能な諸事例からなるひとつの〈宇宙〉の降臨において開示される。ただし、この〈宇宙〉は、諸事例からなる諸々の〈宇宙〉を集めたひとつの〈宇宙〉という形で、〔事実

（22）Harman, *Quentin Meillassoux*, pp. 224-87. 以下に記載するページ数はこの本のもの。

（23）Martin Heidegger, *Fundamental Concepts of Metaphysics*.〔邦訳：ハイデガー「形而上学の根本諸問題――世界‐有限性‐孤独」『ハイデッガー全集29・30』〕。ハイデガーに公平を期せば、この講義の退屈をめぐる節は、もっとうまくいっている。

上にせよ原理上にせよ）リストに登録されることはありえない。なぜなら、これら諸〈宇宙〉の〈全体〉は存在することができないからである」（二二七‐二二八）。そして、充足理由律への異議にしたがって（ここは私の知るかぎり唯一、彼が時間的原因と同じくらいに部分‐全体関係に言及しているところである）、メイヤスーは、諸性質とそれらの下にある理由とのあいだにある、どんな決定的つながりも拒絶している。「赤にはなぜということがない。なぜならどんな物質的対応物も、この赤がどうして赤であるかを私たちに告げることができないからだ……。というのも物質は、生物の感覚力のうちに赤が降臨する以前から、赤の潜在性、薄桃色の亡霊に憑依されているのではないからである」（二三〇）。この美しい言葉のすぐ後には、さらに次のように続く。「もし性質が突然生じるのなら、それは無から生じたのであって、性質が永遠なるものとして潜んでいる〈全体‐宇宙〉の潜在性から生じたのではない」（二三〇）。こうした仕方で事物を見ることによって、メイヤスーは、なんであれ発生するものはすでに早期の胚胎的形式で現前していたのでなければならないとする哲学者たちの視点を軽視することができる。とりわけ彼は、ドゥニ・ディドロ（一七一三〜一七八四年）による物活論《ハイロゾイズム》擁護の議論を嫌う。生命はもっとも低次の無生命の物質にすら何かしら秘められた形であるとする見方だ。私たちはすでに、この論点に対するメイヤスーの否定的な見方をよく知っている。「私たちは確かに前に進むことができる。物質と有機的生命の間には「程度」の差異しかないと断言することができるのだ。……［しかし］鉱物的「生命」の連続性が……生命が最大の強度にまでもたらされたとき、どのようなものとなるのか、誰もまだ把握したことはない」（二三一）。要するに、「生命の降臨の以前には何も生きてはいない」（二三四）。

　メイヤスーはここで、彼が「内在的倫理」と呼ぶものを提案する。この表現が指すのは、「唯一望ましい生としてこの生を措定する倫理……この生が不死であることを望むほどに、この生への欲望を明らかにする倫理」（二三六‐二三七、強調トル）である。しかし、彼の念頭にあるのは、ニーチェの永遠回帰のようなものではまったくない。つまり、私たちの生のすべての細部が、未来において無限の回数繰り返されるようなものではない。そうではなくメイヤスーが考えているのは、この世界における死者の復活だ。ただし、それら生の前には未来が開かれているのであって、ニーチェにおけるように以前に起こったことが運命的に繰り返されるのではない。死者の復活は主流の啓蒙世俗主義者たちには、悲壮な宗教的神話のように聞こえるかもしれないが、私たちはすでにメイヤスーが、宇宙における重要な出来事に確率的論証を適用することを良しとしないことを知っている。「［復活］は、じっさいに起こったことのあること［物質から生命が、あるいは生命から思考が降臨すること］と同じように、驚くまでもない出来事である」（二三八）。彼は予想外の用語法を導入し、直観に反する仕方で、特殊的世界については大文字で〈世界〉と書き、全体としての（全体化不能な）宇宙にたいしては小文字で世界と書く。そのようにする理由には、哲学的な重要性がある。「諸々の〈世界〉が突然、世界から生じる。もしこれら〈世界〉がここで初めて大文字で書かれる権利を持つのなら、それは、ひとつの〈世界〉には、世界よりも多くが含まれるからである。というのも、起源におけるよりも、続いて生じることのうちに、多くがあるからだ……」（二三八）。このため、私たち人間存在が世界に対して相対的な後進勢であることは、実は良い兆候なのである。ブラシエが人間的自負心の「哀れな」特徴について話す一方で、メイヤスーは、我らが種の自尊心の劇的な増加に投機する。「人間は、世界の永遠真理にアクセスできる。それゆえに、思考する存在と見なされる人間以上のものは、もはや何も現れることはできない」（二三九）。ハイパージーニアスな人工知能や、他の遊星からの超存在の到来を待っても無駄である。なぜなら、これらは単に、人間がすでに到達可能であるような永遠真理をより実効的に処理するものに過ぎないからだ。永遠真理を把握するこの能力は、単に超然たる知的実践であるだけではない。なぜなら、そこには正義の感覚も含まれるからだ。これを定義すれば、「人間としてのすべての人間どうしの厳密な平等である。私たちの条件がそこへのアクセスを保証している永遠真理は、じっさい様々な差異とは無縁、すなわち思考者どうしの数えきれぬ必然的な差異に無縁なのである」（二四〇）。そして、あらゆる不正義については「その極みこそやはり死である。不条理な死、早い死、平等性に冷淡なものたちによって与えられた死である」（二四〇）。しかし、正義に対する人間特有のこの能力、コスモスのより低い次元に見出されないこの能力にもかかわらず、メイヤスーはまだ、私たちは物質や生命や思考に依存していると主張する（二四〇）。正義は、もしこれら三つの先行する次元がすでにいかなる理由もなしに存在に来たることがなかったのならば、存在していなかっただろう。

「象徴化」という用語をメイヤスーが特殊な仕方で使用していることに触れないわけにはいかないだろう。これは、彼の見方によれば、メイヤスー哲学の「基本的かつ独特な特徴のひとつ」である。彼はこの用語を、「存在と宇宙の内在的な合理的絆」（二四三、強調トル）を意味するものとして定義している。とりわけ、メイヤスーによる象徴化の用法は、ニーチェのような倫理的教説に対置される。ニーチェにとって、創造者は単に、新たな価値を歴史を動かす方法として法制化するものだ。メイヤスーにとって、価値は、私たちが世界について何かを発見する助けとなるものと想定される。たとえ最初は、それらが合理的な収穫であって、単なる個人的偏見の帰結でないか確信できないとしても、である。「あらゆる哲学的な企ては、致し方なく証明不可能であったり、さらには偽であったり、イデオロギー的であったりするひとつの公準から出発する……哲学は、価値とは単に社会的に有用な技巧ではなく、存在論的真理に依って立つものだという、いまだ正当化されざる確実性に賭けることから始まる」（二四四）。象徴は、これら二つの領域のあいだの橋を意味している。ここで哲学者の数だけ多くの象徴があると想像されるかもしれないが、メイヤスーが認めるのは、たった四つの基本的な象徴のみである。彼はこれらを、歴史上の、それぞれに長さが非常に異なったいくつかの時代を支配するものとみなしている。コスモロジー的象徴、自然主義／ロマン主義的象徴、歴史的象徴、そして事実論的象徴である。

コスモロジー的象徴は、古代ギリシャに生じたもので、哲学の黎明と関連しており、「価値と存在の二つの言説の最初の分離から生まれたものである」（二四六）。メイヤスーはこの分離を分裂と呼ぶ。なぜなら一方で、天文学とソクラテス以前の自然哲学は、天空の神話的な説明を放棄して、その代わりに合理的な説明を置くからだ。しかし、にもかかわらず、倫理はしばらくのあいだ伝統的な思考方法に依拠する。「それゆえ、教養あるギリシャ人が、惑星の運動に関わるような言説を信じることをやめた後でも、アキレスの功績を物語ることで勇気を説明するということがありうるのだ」(二四七)。ソクラテス以前の人々はいまだ試みもしなかったが、ソクラテスやその後の人物によって企てられたことは、自然と倫理の異なる二つの言説の間の壊れたつながりを修復することであった。最終的に、コスモロジー的〈象徴〉は天界を導く合理性を示し、人間に自らの事柄を導く際にもこのような合理性を採用するように求めたのである。

さて「コスモロジー的〈象徴〉の崩壊」に目を向けよう。これは「ニュートンによって惑星軌道が直線運動へと分解されたことに結び付けられる。この直線運動は、[本性]によって地上の運動と同一である」(二四九)。アリストテレスによる自然な運動と暴力的運動の区別は消え去り、またそれとともに、宇宙の合理的正義はもはや誰にも信じられなくなり、そこから私たちが霊感を授かる見込みも消えた。メイヤスーはこの崩壊に、「啓蒙の人物らを糸のように横切っている恍惚的で放蕩的な懐疑主義」(二四九)の原因を見ている。新たな〈象徴〉である自然主義ないしロマン主義的〈象徴〉は、ジャン＝ジャック・ルソー(一七一二〜一七七八年)に由来する。彼は「コスモロジー的〈象徴〉に見られた月の此岸と彼岸の対立を、自然と社会の対立に置き換え」ようと試みた(二五〇)。善はもはや天空に見出されない。天空は単にもうひとつの暴力的運動の場となった。いまや善は哀れみのうちに、無垢な子供への私たちの同情のうちに、また生きる自然、動物性、身体のうちに啓示される。しかしこの〈象徴〉は、数十年後には、その明白な欠点の重みのもとで崩壊する。この欠点とは、例えば「哀れみは、戦争、暴力、残酷さと同じように、生命において共有されるものではない」(二五〇)という明白な事実だ。この短い時代に変わるのは、メイヤスーが「ギリシャ的〈象徴〉の真の後継者」と呼ぶもの、つまり歴史的〈象徴〉である。私たちの価値の保証者としてコスモスも自然も信じることができなくなったいま、私たちは、私たちが価値づけるものの源泉としての〈歴史〉のうちに安堵を得る。メイヤスーは、〈歴史的象徴〉は、長い間うまくいってきたが、いまや私たちの眼前で消え去りつつあると主張する。歴史が私たちを適切に導く良い候補であるように見える理由を見るのは簡単だ。「歴史の動きは本来、人間的ではない。なぜならそれはどんな個人的意志の帰結でもないからである。しかし自然法則のように、それは不条理ではない。なぜなら歴史は、その絶頂が〈正義〉であるような合目的性を知っているからだ」（二五一）。これは特に、二つの対立する目的論的な経済理論のうちに可視化されている。自由主義者にとって、個人のあらゆる利己的な行為は、結合して、より大きな善へと至る――ちょうどあの有名な、ベルナール・マンデヴィル（一六七〇～一七三三年）のミツバチの寓話のように。同時に「マルクス主義者にとっては、社会的生成の原理は、なんであれ人間を疎外するものの必然的自己崩壊を通じて生じ、こうした仕方で人間の解放が達成される」（二五一）。

これら三つの〈象徴〉すべてに共通しているものは、実在的必然性への信念である。もっとも最近では、歴史と経済が私たちを容赦ない論理で正しい方向へと導くだろうと信じられていた。対照的に、「事実論的〈象徴〉は、新たな象徴化を提案する。それは最初の非形而上学的象徴化である」（二五五）。世界は「もはや確定的で永久的な実体ではなく、むしろ法則なき変化の可能性に同一である」（二五五）。結果として私たちはこの世界をもはや、あらゆる可能世界のうち、本来的に最善ないし最悪なものとして考えることはできない。なぜならこの世界は、考えられるかぎりで、これらのどちらにもなりうるからだ。もし私たちが事実論的〈象徴〉を採用するならば、ある可能な正義〈世界〉への私たちの熱狂は、何が私たちを鼓舞するものとなろう。しかし、もしその〈世界〉がどうにかして実在的になるならば、何が生じるだろうか。そのような完全な〈世界〉には退屈や抑うつをもたらすものがないだろうか。正義〈世界〉を望む現在の倫理と、その〈世界〉が到来したのちの倫理とのあいだの差異は、メイヤスーが

「倫理的分裂」と呼ぶものだ（二五六〜二五七）。また彼は、「〈象徴〉の熱狂に支配される倫理と、より真なる原理によって支配される倫理との矛盾の正確な本性を決定すること」（二五七）は可能であると考えている。

倫理は神にも、カントの義務のようなトートロジー的概念にも、基礎付けられることはできない。端的に他の種に対する「人間種の優秀さ」（二五八）に根拠づけられることもできない。それは単に、権力闘争の事実論的結果に過ぎないだろう。そうではなく、「問題なのは、他のあらゆる存在に対する思考する存在の（事実上ではなく権利上の）必然的上位性を証明することであり、他方で、そうした存在が必然的に存在しているという観念を拒絶することだ。この必然的に存在することは、私たちの存在論に反するものだからである」（二五八）。意味あって、メイヤスーはすでに最初からそのような証明を目指してきている。彼は、原因はつねにその結果よりも下位にあると考え、さらに人間的思考こそが原因連鎖の終点にある最終次元であると主張する。人間の価値「が引き出されるのは、永遠――人間は死すべき定めにあるそのステイクホルダーである――についての思考からであり、永遠それ自体からではない。永遠はただ生成変化の中立性にしか行き着かない」（二五九）。批判者によっては、人間のこうした優遇を、ありきたりな人間中心哲学の一例として見ることもあるようだが、メイヤスーは、人間の上位性は、これまで真剣に主張されてこなかった考えだと強調する。結局、この方向でなされたそれまでの主張は、どれも人間の上位性を派生的な仕方で打ちたてようとしてきたのであり、人間に価値を与えるのにも〈神〉や善を（メイヤスーが推奨するように）思考せず、ただそれらを観照することでのみそうしてきたのだ（二五九）。もっと明瞭に述べるなら、「価値は、知るという行為それ自体に属する。人間が価値を持つのは、彼らが何を知るかによってではなく、彼らがなぜ知るのかによってである」（二六〇）。

ここでブラシエとメイヤスーの重要なもうひとつの違いに遭遇する。両者は、実在の把握に至るための科学および／ないし数学の範例的役割に傾倒する点では共通しているのだが（この点はグラントやO

OOとは異質である)。私はメイヤスーが、どんな形式のプロメテウス主義も絶対的に拒絶していることに触れよう。それは、彼が正義よりむしろ権力と結びつける教義である。「プロメテウス的人間主義は、他ならぬ、自己製造されたものとしての人間の宗教的バージョンである。それは人間によって権力を偶像化することだ。権力を神のうちに偶像化する代わりに、神となった人間に偶像化するのだ」(二六二)。残念ながら、私たち人間が神に移し替えるのは、私たち自身の最良の部分ですらない。というのも、「人間が宗教的神に移し替えるのは、[ルートヴィッヒ・]フォイエルバッハや若きマルクスが主張したように、自身の本質ではなく、むしろ自身の本質の堕落であるからだ」(二六二)。宗教は普通、もっとも恐ろしい行動や集団的処罰を、怒りと復讐心に満ちた神の領分とする。しかしもしプロメテウス的な展望を受け入れ、「もし人間が神となるならば、その時、人間がどうして同じ種類の行動を自分から遠ざけておくだろうか。神の犯罪のすべてが人間にアクセス可能となり、神もどきの人間たちは、自然災害のうちに主の至高の善性を読み解く神学者と同じ巧妙さで、つねに自らを正当化できるだろう」(二六二―二六三)。

しかし私たちは、プロメテウス主義の邪悪な誘惑に加えて、別の倫理的問題にも直面している。すなわち、どんな現在の行動にも正義の〈世界〉が非原因的に依存しているとするなら――というのも、もしそれが生じるなら、これはまったくどのような理由にもよらないのだから――「怠惰な宿命論」(二六三)へ私たちが落ち込むことを何が妨げるだろうか。ただ怠惰であるくらいなら、私はむしろ前進することにし、サド的放蕩者のライフスタイルを選択するだろう。私が搾取し、拷問し、快の絶頂で殺害する者たちは誰も、いずれにせよ正義の〈世界〉において復活するだろうとわかっているならば、である。もし恐怖すべき死後の生もなく、また私の犠牲者のすべてが復活することになっているのなら、どうして手の届く誰でもかまわず犠牲にして、自分が楽しまないのか。メイヤスーは、サド的犯罪者の例に直接には言及していないが、怠惰な宿命論者には法を課している。怠惰な宿命論者は「じっさい、彼自身の生命の永続化を望む恣意的な欲望を表明しているにすぎない。復活に向けての個人的で気まぐれな欲望は、この復活を終りであるかのように考え、終りの条件として考えてはいない」(二六四)。結局メイヤスーは、いまここでの正義の行為を通じて積極的に待たれるのでない正義〈世界〉は、実のところ、正義〈世界〉ではないと主張する。というのも、「復活が、正義の行為に待ち受けられていないところで生じたなら、そこに普遍的なものは何も含まれていまい。私たちは、ただ私たち人類に訳も分からず匿名的に押し付けられた再開をやりくりすることに追われよう」(二六四)。第四〈世界〉における生命は、「私たちの実存の経過を、過去の記憶を充填しつつひっそりと再開することとして」(二六五)理解されるべきである。ここには、可能な正義〈世界〉がそのようなものとしてあるのは、ただ前もって正義の行為に積極的に関わった人々にとってのみである、という奇妙な含意がある。では、正しい行為でこれを待ち受けるようなことを何も行わなかった、ナルシストでサイコパスの殺人者たちの正義〈世界〉の経験はどのようなものとなるだろう。この問題点は述べられないまま残されている。この論点において私たちはただ、メイヤスーがそれについて言いそうなことを思弁することしかできない。

私たちはいま、「現在の倫理(来るべき降臨を希望することの倫理)と、この希望の後に続き、文字どおり絶望の倫理として現れる未来の倫理とのあいだの」(二七〇)倫理的分裂の解決の点に到着している。正義〈世界〉が到来すれば、正義を求める私たちの以前の欲望には、もはや意味はない。そしていま手にするのは「早逝から解放されるという条件において本来的に備わる慈悲心」(二七〇)の倫理である。しかし、これは誰に対しても働くわけではあるまい。なぜなら、正義がそれ自体で終点ではなく、単に「思考の彼岸にある何かの痕跡」(二七一)でしかない人々がいるからだ。明らかにメイヤスーは、そのような超越を求める根本的に宗教的な飢餓に関わることはいっさい望んでいない。というのも、私たちの目下の生の再開だけで、彼にとっては十分な希望の対象であるからだ。「その対象の実現という見立てを支えていないような「道徳性」はすべて、宗教的道徳性である」(二七一)。

最終的に、存在と人間の間のつながりを提供するのは、さらなる別の〈象徴〉ではなく、キリスト似の媒介者である。これには少なくともひとつ、キリスト教版のキリストには見られない独特な特徴がある。このメシア的形象から期待すべき善性、全知全能性に並んで、独特なひねりも加えられているのだ。つまり、この媒介者は、いったん復活が生じるなら、おのれの上位性を廃止することができ、かつすべきなのである。「この特有の身振りによって、媒介者自身の権力の偶然性は、他の誰とも平等になろうとする意志へと従属する。このような仕方で、媒介者は、この全能の事例においてさえ、自身の権力の選民とならないことという至高の人間的可能性を受け入れる」（二七三）。お聞きのとおり奇妙なこの全知全能の媒介者は、いったんすべての人間の復活が起こったなら、最後には私たちに混じって、ちょうど別の平均的な隣人のように生きることになろう。こうしたことすべては明らかに、哲学者階級ではいつも流行の無神論の性分に反している。しかしメイヤスーは、宗教のファンでないのと同じく、無神論のファンでもない。無神論の主要な問題は、それが「実存の宗教的領土分割の批准」へと行き着くことである（二七四、強調トル）。つまり「無神論は、宗教が譲ってくれる不満足な領土で満足することからなる……ひとはまず、内在の領土は宗教の記述しているとおりに［悪い］ものだと認めることから始め、その後で、この領土のみが存在する唯一の領土だと宣言し、最後に、その事実にもかかわらずそこを生活可能にするためのあらゆる可能な仕方を発明する」（二七五、強調トル）。無神論にのこされるのは、せいぜい「私たちの有限性の「優雅」で「皮肉」な喜び、絶えざる闘争によってもたらされる上位の愉しみ」（二七五）なのだ。

この本の結論部は、最近のフランス哲学では非常におなじみのひとつの問いから始まる。「いかに私たちは、ユダヤ的宗教とギリシャ的理性との合同を考えることができるか」（二七七）。メイヤスーはもちろん、宗教にも、無神論にも、このような合一化が起こるように求めてはいない。「無神論者にとっては、神は司祭のためのことがらである。哲学者にとって、神は司祭に任すにはあまりにも深刻すぎることがらである」(二七九)。私たちは神の被造物ではなく、むしろ神のありうる祖先である。そして多くの私たちの苦しみは、おそらく、来るべき神の陣痛に過ぎない。さらに、デカルトによる動物についての不適切な理論を不幸にも反響させてはいるが、「私たちが苦しむのは、自らの生成の可能的人間性を知ることのない動物とは違って、私たち自身の可能的神性を私たちが知っているからである」(二八〇)。本書は、神と人間のあいだの四つの可能な関係をめぐる有益な議論によって終わっている。そのうちの三つは、すでに審理されてきた。第一に、私たちは、神は存在しないがゆえに神を信じないと決めることができる。これはもちろん無神論の立場であり、ゆくゆくは「悲しみ、生ぬるさ、シニシズム」(二八六)へ行き着き、それゆえに却下されるべきである。第二に、私たちは神が存在するがゆえに神を信じることができる。これは、取り分けても、「愛としての神と権力としての神の……混同」へ、そして子供を犬に貪り食わせるような残酷ささえ正当化する弁神論へと行き着く(二八六)。第三に、神が存在するがゆえに神を信じないという、もっと珍しい選択肢がある。これをメイヤスーは、ルシフェルの立場と等しくみなす。つまり「この世界の邪悪への責任を誰かに背負わす反動的欲求を表現する、創造主への反逆の」立場である(二八七)。第四の選択肢のみが、まだ審理を受けていない。神が存在しないがゆえに神を信じるという選択肢だ。この新たな対案がついに提案されたからには、「ひとは選択せねばならない」(二八七)。

『神の非存在』の偉大な独創性は、同時に、このプロジェクトにとっての将来の最大の難問を提起する。先に言及したとおり、メイヤスーの自然な読者層は、以前は、バディウの著作やブラシエの『ニヒル・アンバウンド』に集まっていたのと同じ種類の合理主義者、唯物論者、無神論者、政治的左派だったようだ。メイヤスー自身は、いっさいの疑いなしに合理主義者であり、唯物論者であり、政治的左派であるが、彼の著作の一見したところ非無神論的な方向性は、さもなければ彼の見方に共感的であった多くの読者を遠ざけることになるだろう。この理由は、部分的には、哲学の読者のうちには神について語る理論はいっさい真剣に受け取りたがらないものがいるからである。それがどんなに見事に論じられていてもである。メイヤスーのするように、救世主《メシア》的媒介者を求める欲求を投入するなら、多くの読者にとってスープはますます飲み込みづらくなる。以上の考察すべてに基づけば、『神の非存在』にとってもっともあり得そうな成果とは、多くの読者を得つつも、彼らは本の弁証法的独創性に畏敬を示して賞賛しながらすぐには信じようとはせず、その宗教的響きを持った結論を追いかけようという気になるものは極めてわずかしかいない、といったところだろう。

にもかかわらず、私は、この本のもっとも直観に反する主張のもうひとつのものが、本書の重要な未来を約束していると考えたくなっている。神がこの本の主題であるという事実を脇におくとしても、死者の復活のまったくのありえなさだけで十分、読者のあいだには、『有限性の後で』のもっとも驚くべき結論すら成しえなかった仕方で哄笑と疑念とが沸き起こるだろう。しかし、可能世界の数が超限数となることを考えれば、これら世界の法則を蓋然的とも非蓋然的とも呼ぶ方法はない、とするメイヤスーの論証にはなおも関心に堪えるものがないだろうか。ひとつの哲学の可能な未来の遺産を判断するときに、私たちはあまりにしばしば、どんな論証がもっとも多くの人々を説得するだけの本当らしさを持つかに注目してしまう。しかしじっさい哲学は普通その影響を転覆されることによって――普通はラディカル化されるか、逆転されることによって――広げていく。それゆえ哲学はもっともしばしば、意図されていたその意図とはまったく逆の目的に利用されることで生き延びるのである。(24) もっと奇妙なことはこれまでも起こってきたが、それでも私のにらむところでは、メイヤスーが大勢の若い哲学者を納得させて、潜在的な神の降臨と死者の復活とを待ち望ませる、ということはないだろう。おそらく彼の奇妙な道具箱のうちもっとも便利な装置――相当に異なるマインドセットを有する他者たちにも実り多きものとわかるであろうその装置――とは確率の批判であり、ある状況についてもっとも「ありそうな」ものより、もっとも重要な可能的順列を焦点化することである。この指標のひとつは、おそらくメイヤスーの著作がこれまでに別の領野に応用されたうちでもっとも重大なものが、思弁的唯物論を株式市場の新たな理解に応用したエリ・アヤシュの『ブランク・スワン』だったことである。この素晴らしく奇妙で、おそらく非実践的というのでもない哲学が、こうして応用されることが今後ほかにも出てくるだろうと思われる。

C節の練習問題

1 「神の非存在」という言葉の意味は何か。

2 未来において突然に存在する神は不条理なほどに非蓋然的であるとする主張を行った批判者に、メイヤスーはどのように応答するだろうか。

3 ブラシエは人間の自負心を「哀れ」とみなしていることを先に見た。私たちはいま、メイヤスーが人間を最高度に可能的な存在体であり、知性のいかんによらず、どのような異種にも取って代わられないとみなしていることを確認している。これらの対立する見方のそれぞれの理由とは何か。またどちらがより説得的と思われるか。

4 私たちはまさに神が存在しないがゆえに神を信じなければならないとメイヤスーが言うとき、それは何を意味しているか。

5 多くの現代哲学者が無神論者であるのに、メイヤスーは無神論を有効な哲学的立場であるとは考えない。なぜそう考えないのか。

（24）この考えは最初に以下で発展された。Graham Harman, "Meillassoux's Virtual Future."

結論　思弁的実在論の二つの軸

新たな知的潮流の場合にしばしばそうであるように、思弁的実在論の最初の聴衆は主に年若い読者であった。すでに名を成した思想家世代のうちで最初に出版物で応答したうちのひとりがスラヴォイ・ジジェクであったが、彼は新たな流行に対して典型的な警戒を示したのだった。ヘーゲルにかんする大著『レス・ザン・ナッシング』（二〇一二年）で、ジジェクは少しの寄り道をして、ゴールドスミスに登壇した四人の著者たちを論じている。そこで彼が言及しているのは、

思弁的実在論の限界であり、この限界は、それがすぐさまグレマスの記号論的四方形をなす四つの方向性に分裂したという事実のうちに示されている。すなわちメイヤスーの「思弁的唯物論」、ハーマンの「対象指向哲学」、グラントの新生気論、ブラシエのラディカル・ニヒリズムである。二つの軸に沿って、これら四つの立場に位置が与えられよう。神性／世俗の軸、そして科学／形而上学の軸である。(1)

ジジェクからの注目は、どの著者にとっても歓迎すべき出来事であるはずだが、しかしこの始まりの

（1）Slavoj Žižek, *Less Than Nothing*, p. 640.

一節にはすでに三つの問題がある。第一に、なぜひとつのグループが四つの異なる立場に分裂することが「限界」と見なされるべきかはわかりかねる。とりわけ、私たちそれぞれの違いは、ゴールドスミス・ワークショップが開かれる以前から十分、目に見えていたのだから。私が見るところでは、立場の多様性はいつも、思弁的実在論の最大の強みであった。それこそが、グループがまだ友好的な議論のためのフォーラムとして存在していた日々を私が懐かしむ最大の理由でもある。第二に、四つの方向性は「グレマスの記号論的四方形」を作りはしない。アルジルダス・グレマスが分析した四方構造は、人間思想の歴史に見出された、数多あるうちのひとつに過ぎないし、また記号論という著しく反実在論的領野は、間違いなく、はっきりと実在論的な四つの哲学を理解するための正しい枠組みではない。

ここから私たちは、先に引用した一節に示された第三にして最大の問題へと至る。哲学における四方構造が一般に二つの異なる軸ないし二元論の交錯からもたらされると示唆している点では、ジジェクは正しい。ただし残念ながら、彼はひとつしか正しい軸を捉えていない。「二つの軸に沿って、これら四つの立場に位置が与えられよう。神性／世俗の軸、そして科学／形而上学の軸である」。テーゼの二番目は、当たっているというばかりでなく、思弁的実在論の著作にひとしきり打ち込んでいる人なら誰にとってもすぐさま明らかでもある。ジジェクが正しくも述べているとおり、「メイヤスーとブラシエの二人は、実在はラディカルに偶然的であり、形式化された科学を通じて了解されるとする科学的実在観を擁護する……けれども、ハーマンとグラントは、非科学的で形而上学的なアプローチを擁護する……」(2)。実のところメイヤスーは、自然科学以上のものとして数学を強調している。またブラシエが、メイヤスーくらい堂々と、特別に偶然性に打ち込んでいるとは私には言えない。しかし以上を脇に置くなら、ブラシエとメイヤスーは二人ともに、数学および／ないし自然科学を実在の本性にかんする特権的言説とみなす思弁的実在論者であるのは明らかである。グラントもまた、科学について多くを述べるが、彼の議論には、いくらかシェリング的な「マッド・サイエンティスト」の感じが伴う。現代科学についてグラントは、マトゥラーナ＝ヴァレラのオートポイエーシス理論のような潮流に関心を寄せているが、一方で、その種のことは、熱心な科学主義者ブラシエが、手元から追い払いがちなことである。グラントの支持者のうちには、グラントの哲学は「自然主義」と両立可能であると反論するものもあるが、私たちが見たとおり、その自然主義が根ざすのは観念の思弁的形而上学であって、ブラシエが熱烈に愛好する類の消去主義的な「死の部隊」風の科学ではない。

ジジェクが間違っているのは、思弁的実在論の第二の軸についての診断である。彼はこれを神性／世俗の軸と呼ぶ。これはうまくいかない。必要もないのに無理に設けられたものだからだ。四人のＳＲの著者のうち、神性について語っているのはメイヤスーしかいないのだ。完全に想像上の「神性」の軸の第二のメンバーを見つけるために、ジジェクはOOOを次のように誤読せねばならない。「ハーマンは、直接的に宗教的（少なくとも精神主義的《スピリチュアリスト》）な汎心論を［選んでいる］……」[3]。これまでのOOOの著作にはいかなる宗教的なものも見当たらない。もちろん、そのフレーズが何を意味するにせよ、「直接的に」宗教的と呼べそうなものは何もない。さらにOOOは、グラントの哲学と同じく汎心論と両立可能ではない。私たちがすでに見たように、OOOは汎心論ではない。そうではなく、心的領域と非心的領域を分けることに先立つ水準で、対象の統一理論を提供しているのである。

しかし少なくともジジェクは、四人のゴールドスミスの著者らを分かつ第二の軸を特定しようと真面目に取り組んでいる。これは簡単な仕事ではない。私もグループの初期メンバーとして、長年、四人の立場の不一致を理解しようと時間を費やしてきたが、それにしてもこの本を書き始めるまでは、もう一つの分割原理が何であるかはっきりと分かっていなかった。だがいま私には、この第二の軸とは、一方

（2）Ibid.
（3）Ibid.

にＯＯＯとブラシエを、他方にグラントとメイヤスーを配するものであることが明らかであるように思える。というのも、最近のブラシエとそのサークルがＯＯＯを敵意を込めて睨んでいるとしても、これら二つのサークルは、ひとつの決定的な点において根本的な意見の一致を見ているからである。すなわちブラシエなら思考と世界と呼ぶもののあいだ、またＯＯＯなら感覚的と実在的と呼ぶもののあいだの、特殊な共約不可能性である（ただしブラシエは「思考」を人間のものに制限するのに対して、「感覚的」は人間に制限されない）。これは明らかにメイヤスーには当てはまらない。彼は数学化を通じた即自の把握に特別の困難を認めていない。だが、ブラシエはそのプロセスを、「知的直観」に訴えるものだとして批判している。彼は（そして私も）、そのような直観など不可能だと考えるのである。グラントに関しては、ある意味において彼もまた叡智界を復旧するのだが、最終的に彼は一元論者であって、単一の生産的自然に依拠する。この自然は、統一的な自然エネルギーの様々な「遅鈍化」ないし「縮約」を通じてのみ個体化される。それゆえ、グラントにとって、実在とそのイメージの間には、ブラシエやＯＯＯの場合のような危険な跳躍はないのである。

もちろん、ブラシエとＯＯＯの間には別の重要な差異がある。両者は、私たちがイ、メ、ー、ジ、にのみ直接的なアクセスを持つという見解で一致しているが、ＯＯＯは明示イメージと科学イメージの両方が、実在的なものから計り知れぬほど隔たっているとみなしている。ブラシエはこのアプローチを「取り返しのつかない他性」への不毛な献身であるとして非難し、科学イメージこそが、相対的に貧しい明示イメージと比べて物自体を「より近くまで追求する」のだと主張している。科学は、科学イメージと実在の間の距離を「測定」できるし、またしなければならないと彼は主張する。ただし、公平に言って、これは彼が証明していることというよりは、彼にとっての理論的欲望のようなものだと思われる。科学がしばしば理不尽なほど低い尊敬しか受けない大陸哲学を背景にもつブラシエが、「科学は思考しない」とする不正確なハイデガー的格言に反対するのは疑いなく正しい。ハードサイエンスの認知的達成を彼が評価しているのも見事な点である。しかし、あたかも法の強制執行が問題であるかのように、科学に与えられるべき「最大の権威」を彼が要求するのは、あまりに反対方向へと振り切れてしまっている。また一般に彼は、人間認知の別の領野については嘲る調子で語るのである。ブラシエにとって非常に重要なのは、哲学が、おのれが出くわすどんな非合理的無意味をも沈黙させるための装備を固めることである。ＯＯＯは、無意味が哲学への最大の脅威であるという点には端的に同意しない。というのも、無意味はそれほど長くは続かないのであり、この領野から一掃するのに積極的な理論的迫害をほとんど必要としないからである。ＯＯＯが見るには、哲学へのより大きな脅威は、偏狭さと馴れ合いである。偏狭さは、哲学からあまりに多くの実在が排除され、世界の視野が、確立された知的方法によって支配できる範囲へと制限される時に、いつでも見出される。馴れ合いはいつでもどこにでも見つかる。それはあらゆる哲学が生まれてくる奇異さにとっての宿敵である。

私の望みは、この本の読者が、二〇〇七年以来、思弁的実在論を大陸哲学におけるかくも新鮮で驚くべき出来事にしている相争う様々な考えについて、いまや十分な見識を抱いてくれていることである。ゴールドスミスでのメイヤスーの締めくくりの言葉を引用するなら、「私はこの大会のタイトル――思弁的実在論――は完璧な選択だったと思う。これはそれ自体で一種の出来事である」[4]。私の見るところ、ゴールドスミス・ワークショップで公になった四つの立場は、依然、今日の哲学的地勢に見出されるもっとも興味深い方向性のうちの四つである。しかしどんな哲学も、別のものに反駁されたり、さらに先へ進むものが出てきたりするまでは、本当のところで理解されてはいない。私は特に、この本を読むもっと若い世代の読者に向けて挑戦状を送りたい。これら思弁的実在論の異なる四派の要点をまず自分のものにしたうえで、いつかさらに先へと進んで欲しいと思う。

（4）以下でのカンタン・メイヤスーの発言。Ray Brassier et al.,“Speculative Realism,”p. 435.

訳者あとがき

本書は二〇一八年にポリティ出版から刊行されたグレアム・ハーマンの著作*Speculative Realism : An Introduction* の邦訳である。二一世紀の新たな哲学潮流「思弁的実在論」については、日本でもすでに多くの紹介がなされてきた。とはいえ、その全体像を一望のもとに見渡すことのできる機会はそれほど多くはなかったろう。本書は、その中心で活躍する哲学者のひとりハーマンが、この潮流の原点と言うべき二〇〇七年四月二七日のゴールドスミス・ワークショップを振り返った上で、そこに集った彼を含む四名の哲学者の基本的着想を、主著および最近の思想的発展に基づいてつぶさに解説したものである。現時点における思弁的実在論の最高の入門書であるといって過言ではない。

〝始まりの四人の思弁的実在論者〟——こんな言い方をするといかにも伝説めくが、ゴールドスミスに集ったこの四名から、不和や拡張を伴った一つの大きな哲学潮流が開始したことは疑いない。改めてここでその名を挙げておくのがよいだろう。レイ・ブラシエ（プロメテウス主義）、イアン・ハミルトン・グラント（生気論的観念論）、グレアム・ハーマン（対象指向存在論）、そしてカンタン・メイヤスー（思弁的唯物論）である。本書ではゴールドスミスでの発表順に解説が並ぶ。順番に読み進める必要はなく、読者がすでに関心を持っている著者の章から開始してよい。ハーマンは折に触れ、四者それぞれの思想的立場の類似や相違について論じているので、そこから読者は、おのずと別の章へと向かう手がかりを得られることだろう。

ただし一点だけ注記しておきたい。ハーマンも「はじめに」で断っているとおり、彼以外の三名についての解説はハーマン自身の哲学的立場からの評価に基づくものである。解釈のいくつかは、それ自体、今後の議論に開かれている。したがって読者には、本書の記述を無心に吸収するだけではなく、ここでの議論を足がかりに、各哲学者の思想そのものを追跡することも求められるだろう。四名のうちハーマンとメイヤスーについては、それぞれ主著と呼べる仕事の邦訳もあるうえ（ハーマン『四方対象』など／メイヤスー『有限性の後で』）、論文翻訳に解説論文、解説書など日本語で読めるものも多い。たいしてブラシエとグラントについては、現時点では前二者と比べて日本語での紹介の程度は限られているが、ともに主著『ニヒル・アンバウンド』、『シェリング以後の自然哲学』の邦訳が進行中であるとも伝え聞く。四様の立場を踏まえた思弁的実在論の議論が、日本語でさらに活発となるのも時間の問題であろう。本邦訳がその導入のための一助となれば幸いである。

さて本書の内容については、本文で十分に親切な論述が行われている以上、ここでさらなる解説を重ねる必要もないだろうが、このあとがきの機会を利用して、思弁的実在論の意義についての短い考察を付け加えさせてもらうことをお許しいただきたい。

思弁的実在論の名が日本で紹介されるようになって以来、すでに繰り返し述べられてきたことであるが、この思潮の重要な争点のひとつとは、何よりカントの超越論哲学という現代哲学の地平を乗り越えることである。すなわち人間の認識は、時間・空間という純粋直感と悟性のカテゴリというアプリオリな条件のもとで現象する対象とのみ関わるのであり、物の実在すなわち「物自体」は認識不可能である、とする立場の克服である。メイヤスーは、この克服すべき立場を「相関主義」と名付け、存在と思考の相関の内部に留まる哲学的立場であると一般化しながら、その範囲をハイデガーやドゥルーズといった二〇世紀の哲学者にまで広げている。本書には、いわばこうした現代哲学の岩盤を突き破って進もうとする四者四様の道が解説、検討されている。

本書で特に興味深い論点のひとつは、「結論」で論じられるこれら四派どうしの関係図式であろう。スラヴォイ・ジジェクの提案の批判的修正というかたちで、ハーマンはこの四様の哲学を二軸に即して整理している。第一の軸は科学／形而上学の軸である。第二の軸は、ハーマンはそのように名付けてはいないが、二世界論／一世界論の軸と呼べそうである（詳細は本文で確認していただきたい）。このうち、前者の軸はジジェクとハーマンとがともに採用するもので、科学の側にブラシエとメイヤスー、形而上学の側にグラントと対象指向存在論（OOO）とを配置する。ここで、この科学／形而上学という分配の意義について踏み込んで考えてみたい。というのも思弁的実在論における科学の参照は、単なる学際的交流のようなものではなく、もっと本質的なところで科学と哲学の強い緊張関係を示していると思われるからだ。そこで、科学／形而上学の軸に照らしながら、改めてそれぞれの議論の特徴について見ておきたい。

科学の側に位置づけられるブラシエとメイヤスーは、相関主義と取り組むにあたって、それぞれ自然科学と数学に賭ける哲学者であるとみなせる。両者とも、実在への道を用意するものとして科学的合理性に期待する点が特徴的だが、さらに注意すれば、この科学的合理性は、それ自体で人間という有限な存在者を超え出るものとして問題にされている。ブラシエは、科学の自己展開が人間の日常や生存を顧みず己の道を突き進む動きへの哲学的伴走を試みる。メイヤスーもまた、カントの「コペルニクス的転回〔革命〕」が、科学の力能の解放に尻込みして人間主義の領土に退避した「反転〔反革命〕」であることをとがめ、科学と哲学が再び手を組み直すことを求める。したがって両者ともに科学が問題であるのは、それが人間の誇るべき能力であるからではなく、むしろ人間を既に超え出た理性の力能であるからだと言えるだろう。この点、両者とも、フランス合理主義哲学の系譜の最先端で、数学と存在論を接続する哲学者アラン・バディウの影響を強く受けていることも注目されよう。さらに、そこから帰結する第二の特徴として、二つの哲学はいずれも目的論的な統制を欠いた世界にとっての「未来」を問いなおす哲学ともなっている。かたや絶滅や虚無のヴィジョンとして、かたやいまだ存在しない神の到来として。このように見るなら、この科学陣営をさしあたり、次のようにまとめておくことができる。この陣営では、一九世紀来、科学の中心に認識主観として置かれてきた人間の主人性が、理性の横溢によって覆されんとするのだと。

他方で、形而上学の側に置かれたグラントとOOOについても、科学との関係において同じことが企図されているように見える。つまり、ここでもまた、認識の中心としての人間の主人性こそが、廃位されねばならないのだ。ただし手段は異なる。こちらでの転覆は、認識者の面前に置かれ続けてきた対象に、その尊厳が譲位されることで行われると言えるだろう。OOOにとっては言わずもがな対象こそが、カントの設定した現象と物自体とのあいだの主観の認識論的断絶を、存在論的に引き受けることになる。シェリングを読解するグラントにおいては、やはり対象の位置に縛られてきた自然が、生産性として解釈されることで、思考の生産者である主体の地位を新たに占める。両者ともに本書では、ブリュノ・ラトゥールのアクター・ネットワーク理論からの影響が指摘されていることも重要だろう。ラトゥールの科学人類学は、文化と自然を分割する科学者の主観性の優位を、諸アクターが織りなす実践の具体性の内部へと置き直すものだった。ただしOOOにせよ、グラントにせよ、この具体性の土壌自体が、いっそう多重的ないし多層的に複雑化している。その結果、「科学」陣営が「未来」を焦点に据えたのとは対照的に、こちらでは、美学的、人類学的な次元を参照しつつ「現在」そのものの複雑性に分け入っていくことが問題となるのである。

このように、科学/形而上学の軸とは、認識主観として君臨してきた人間に対する、かたや理性の過剰による、かたや対象の前面化による、二通りの仕方の挑戦であると見ることができるだろう。

ここで、こうした挑戦に関連して、本書ではあまり論点として強調されてはいないものの、その文脈をなしている科学テクノロジーの現在に触れておくのもよいだろう。というのも一見すると、人間主義の廃棄の傾向は、いまや人工知能の開発の試みや、身体器官、遺伝子、行動データという形で人間を徹底的に対象化する試み、さらに人間的尺度を超えた地球・宇宙環境の工学的制御への関心などにおいて、いっそう顕著になっているように思われるからだ。こうした現状は、「ポスト・ヒューマン」というキーワードとともに大いに議論されており、思弁的実在論もまたこうした状況への同時代的応答であると考えられている。

では、それはどのような種類の応答だろうか。思うにそれは、相関主義の超克を思索することで、この状況のいまだ解放されざる姿に迫ろうとする努力ではなかろうか。というのも、今日のテクノロジー状況とは、その人間不在の見かけにもかかわらず、いまだ人間主義的な相関性を脱しているか、定かではないように思われるからだ。一九世紀以来、人間主観を中心に提示された相関性は、その理論的認識の対象として――他者においてであれ自己においてであれ――素朴なもの、未熟なもの、野蛮なもの、異常なものなどをその膝下に従えてきた。しばしば、はっきりとした権力の含意さえ伴って、である。そうした主人的な顔つきは、今日も消え去ったわけではなく、むしろいっそうの擬人化を通じて機械や自然の上に一般化され、制御の意志として強化されているのではないか。

とするならば、ひとつの視点として次のように言えるだろう。思弁的実在論の挑戦とは、この一般化した主人的人間の相貌を砂上の絵のように掻き消しながら、科学技術とともにあるこの世界の（そしておそらくまた人間の）、よりリアルな顔つきを引き出そうとする試みなのだと。四者四様の哲学は、こうした状況にそれぞれの緊張関係を保ちながら、それぞれに異なる出口を描き出そうとするものなのだ。さて、このばらつきこそは、この試みが今後いっそうの力強さで取り組まれるにあたっての領野の広さを示していよう。これを、四人の哲学者の新奇なアイデアの是非を問うだけで、通り過ぎることはできない。むしろ、本書に既に取り組まれたその作業の片鱗を窺うことができるように、古代ギリシャから現代に至るまで、古今東西の哲学的概念をこの領野のうえで改めて検討し直すことさえ求められているのである。

かくして本書には、まさしく入門書の役目を果たすことが期待されるだろう。歴史の単線的発展や地理的従属関係に縛られない哲学的諸概念の思弁的なネットワークに参加し、またこれをより力強く、より複雑にするための共同作業への入門書としての役目である。

最後に翻訳作業について記しておく。まず森が「はじめに」・第一章・第二章の下訳を担当し、上尾が第三章・第四章・結論を担当した。その後、上尾が文章全体に手を加えた。訳語の選択も含め、訳文の最終的な責任は上尾が負う。訳語についてはほとんどの場合、既存の訳語を採用したが、複数の可能性があるものについては選択を行わざるを得なかった。また本全体で、鍵となる語の訳はなるべく一貫させる方針をとった。例えば object や form など、わずかな例外を除いてはすべて対象、形式など同じ日本語を当てるようにし、必要と思うところでは〔 〕内で別の可能な訳語を示している。また、その他の箇所でも〔 〕内は訳者による補足であるので注意されたい。訳者の力量の及ばなかった箇所もあろうと察せられ、誤訳・誤読については識者からのご指摘をお待ちしたい。

最後に、本書の出版に尽力いただいた人文書院の松岡隆浩氏に感謝を申し上げる。

訳者を代表して　上尾真道

Press, 2011).
Whitehead, Alfred North, Process and Reality (New York: Free Press, 1979).〔平林康之訳『過程と実在 1・2』、みすず書房、1981 ／ 1983 年〕
Williams, Alex, and Nick Srnicek, “#ACCELERATE MANIFESTO for an Accelerationist Politics,” Critical Legal Thinking blog, May 14, 2013, http://criticallegalthinking.com/2013/05/14/accelerate- manifesto-for-an-accelerationist-politics/.〔水嶋一憲・渡邊雄介訳「加速派政治宣言」『現代思想』46(1)、青土社、2018 年 1 月号〕
Wolfendale, Peter, *Object-Oriented Philosophy: The Noumenon's New Clothes* (Falmouth: Urbanomic, 2014).
Žižek, Slavoj, *Less Than Nothing: Hegel and the Shadow of Dialectical Materialism* (London: Verso, 2012).
Žižek, Slavoj, and Glyn Daly, *Conversations with Žižek* (Cambridge: Polity, 2004).〔清水知子訳『ジジェク自身によるジジェク』河出書房新社、2005 年〕
Zubiri, Xavier, *On Essence*, trans. A. R. Caponigri (Washington, DC: Catholic University of America Press, 1980).

2002).
Rovelli, Carlo, "Halfway Through the Woods," pp. 180–223 in *The Cosmos of Science: Essays of Exploration*, ed. J. Earman and J. Norton (Pittsburgh: University of Pittsburgh Press, 1998).
Sellars, Wilfrid, "Philosophy and the Scientific Image of Man," pp. 369–408 in *In the Space of Reasons: Selected Essays of Wilfrid Sellars*, ed. K. Scharp and R. Brandom (Cambridge, MA: Harvard University Press, 2007).〔神野慧一郎／土屋純一／中才敏郎訳「哲学と科学的人間像」『経験論と心の哲学』勁草書房、2006 年〕
Shakespeare, William, *Macbeth* (London: Bloomsbury, 2015).〔福田恒存訳『マクベス』新潮文庫、1969 年、ほか〕
Shaviro, Steven, *The Universe of Things: On Speculative Realism* (Minneapolis: University of Minnesota Press, 2014).〔上野俊哉訳『モノたちの宇宙』河出書房新社、2016 年〕
Shelley, Mary, *Frankenstein* (New York: W. W. Norton, 2012).〔芹澤恵訳『フランケンシュタイン』新潮文庫、2014 年。ほか〕
Simondon, Gilbert, *L'Individuation a la lumiere des notions de forme et d'information* (Grenoble: Editions Jerome Millon, 2005).〔藤井千佳世監訳、近藤和敬／中村大介／ローラン・ステリン／橘真一／米田翼訳『個体化の哲学――形相と情報の概念を手がかりに』法政大学出版局、2018 年〕
Skrbina, David, *Panpsychism in the West* (Cambridge, MA: MIT Press, 2007).
Smith, Anthony Paul, *Francois Laruelle's* Principles of Non-Philosophy*: A Critical Introduction and Guide* (Edinburgh: Edinburgh University Press, 2016).
Smolin, Lee, *The Life of the Cosmos* (Oxford: Oxford University Press, 1999).〔野本陽代訳『宇宙は自ら進化した――ダーウィンから量子重力理論へ』日本放送出版協会、2000 年〕
Sparrow, Tom, *The End of Phenomenology: Metaphysics and the New Realism* (Edinburgh: Edinburgh University Press, 2014).
Stanislavski, Konstantin, *An Actor's Work: A Student's Diary*, trans. J. Benedetti (New York: Routledge, 2008).〔岩田貴／堀江新二／浦雅春／安達紀子訳『俳優の仕事 第 1 ～ 3 部』未来社、2008 ／ 2009 年〕
Stove, David, *The Plato Cult and Other Philosophical Follies* (Oxford: Blackwell, 1991).
Uexküll, Jakob von, *A Foray into the World of Animals and Humans: With A Theory of Meaning*, trans. J. O'Neil (Minneapolis: University of Minnesota Press, 2010).〔日高敏隆／羽田節子訳『生物から見た世界』岩波文庫、2005 年〕
Vernes, Jean-Rene, *Critique de la raison aléatoire, ou Descartes contre Kant* (Paris: Aubier, 1982).
Watkins, Christopher, *Difficult Atheism: Post-Theological Thinking in Alain Badiou, Jean-Luc Nancy and Quentin Meillassoux* (Edinburgh: Edinburgh University

クラフト全集 1〜7』創元推理文庫、1974–2005 年〕
Luhmann, Niklas, *Social Systems*, trans. J. Bednarz Jr (Stanford, CA: Stanford University Press, 1996).〔馬場靖雄訳『社会システム　上・下』勁草書房、2020 年〕
Lyotard, Jean-Francois, *The Inhuman: Reflections on Time*, trans. G. Bennington and R. Bowlby (Stanford, CA: Stanford University Press, 1992).〔篠原資明／上村博／平芳幸浩訳『非人間的なもの――時間についての講話』法政大学出版局、2002 年〕
Lyotard, Jean-Francois. *Libidinal Economy*, trans. I. H. Grant (Bloomington: Indiana University Press, 1993).〔杉山吉弘／吉谷啓次訳『リビドー経済』法政大学出版局、1997 年〕
Metzinger, Thomas, *Being No One: The Self-Model Theory of Subjectivity* (Cambridge, MA: MIT Press, 2004).
Milton, John, *Paradise Lost* (Oxford: Oxford University Press, 2008).〔平井正穂訳『失楽園　上・下』岩波文庫、1981 年〕
Morrison, Toni, *Beloved* (New York: Vintage, 2004).〔吉田廸子訳『ビラヴド』ハヤカワ epi 文庫、2009 年〕
Morton, Timothy, *The Ecological Thought* (Cambridge, MA: Harvard University Press, 2010).
Morton, Timothy, *Ecology Without Nature: Rethinking Environmental Aesthetics* (Cambridge, MA: Harvard University Press, 2009).〔篠原雅武訳『自然なきエコロジー――来たるべき環境哲学に向けて』以文社、2018 年〕
Morton, Timothy, *Hyperobjects: Philosophy and Ecology After the End of the World* (Minneapolis: University of Minnesota Press, 2013).
Morton, Timothy, *Realist Magic: Objects, Ontology, Causality* (Ann Arbor, MI: Open Humanities Press, 2013).
Nietzsche, Friedrich, *Twilight of the Idols*, trans. R. Polt (Indianapolis: Hackett, 1997).〔原佑訳「偶像の黄昏」『ニーチェ全集 14』ちくま学芸文庫、1994 年〕
Omnès, Roland, *Quantum Philosophy* (Princeton, NJ: Princeton University Press, 1999).
Peck, Jamie, *Constructions of Neoliberal Reason* (Oxford: Oxford University Press, 2013).
Peden, Knox, "Ray Brassier, *Nihil Unbound: Enlightenment and Extinction*," *Continental Philosophy Review* 42/4 (2010): 583–9.
Plato, "Timaeus," in *Timaeus and Critias*, trans. R. Waterfield (Oxford: Oxford University Press, 2009).〔種山恭子／田之頭安彦訳「ティマイオス」『プラトン全集 12』岩波書店、1975 年〕
Plotinus, *The Six Enneads*, trans. S. MacKenna and B. S. Page (CreateSpace Independent Publishing Platform, 2017).〔水地宗明／田之頭安彦訳「エネアデス」『プロティノス全集 1 〜 4』中央公論社、1986〜1987 年〕
Priest, Graham, *Beyond the Limits of Thought* (Oxford: Oxford University Press,

R. Price (Cambridge: Polity, 2016).
Ladyman, James, and Don Ross (with David Spurrett and John Collier), *Every Thing Must Go: Metaphysics Naturalized* (Oxford: Oxford University Press, 2009).
Lakatos, Imre, *The Methodology of Scientific Research Programmes* (Cambridge: Cambridge University Press, 1980).〔村上陽一郎／井山弘幸／小林傳司／横山輝雄訳『方法の擁護——科学的研究プログラムの方法論』新曜社、1986 年〕
Laruelle, Francois, *Anti-Badiou: On the Introduction of Maoism into Philosophy*, trans. R. Mackay (London: Bloomsbury, 2013).
Laruelle, Francois, *Philosophies of Difference: A Critical Introduction to Non-Philosophy*, trans. R. Gangle (London: Bloomsbury, 2011).
Laruelle, Francois, *Philosophy and Non-Philosophy*, trans. T. Adkins (Minneapolis: Univocal, 2013).
Laruelle, Francois, *Principles of Non-Philosophy*, trans. N. Rubczak and A. P. Smith (London: Bloomsbury, 2013).
Latour, Bruno, *An Inquiry into Modes of Existence: An Anthropology of the Moderns*, trans. C. Porter (Cambridge, MA: Harvard University Press, 2013).
Latour, Bruno, "Irreductions," trans. J. Law, pp. 151–236 in *The Pasteurization of France: War and Peace of Microbes*, trans. A. Sheridan and J. Law (Cambridge, MA: Harvard University Press, 1988).
Latour, Bruno, "On the Partial Existence of Existing and Nonexisting Objects," pp. 247–69 in *Biographies of Scientific Objects*, ed. L. Daston (Chicago: University of Chicago Press, 2006).
Latour, Bruno, *Pandora's Hope: Essays on the Reality of Science Studies* (Cambridge, MA: Harvard University Press, 1999).〔川崎勝／平川秀幸訳『科学論の実在——パンドラの希望』産業図書、2007 年〕
Latour, Bruno, *We Have Never Been Modern*, trans. C. Porter (Cambridge, MA: Harvard University Press, 1993).〔川村久美子訳『虚構の「近代」——科学人類学は警告する』新評論、2008 年〕
Leibniz, G. W. von, "Monadology," pp. 213–25 in *Philosophical Essays*, trans. R. Ariew and D. Garber (Indianapolis: Hackett, 1989).〔谷川多佳子／岡部英男訳『モナドロジー　他二篇』岩波文庫、2019 年〕
Levinas, Emmanuel, *Existence and Existents*, trans. A. Lingis (Dordrecht: Kluwer, 1988).〔西谷修訳『実存から実存者へ』ちくま学芸文庫、2005 年〕
Ligotti, Thomas, *The Conspiracy Against the Human Race: A Contrivance of Horror*, with a foreword by Ray Brassier (New York: Hippocampus Press, 2010).
Locke, John, *An Essay Concerning Human Understanding*, 2 vols (New York: Dover, 1959).〔大槻春彦訳『人間知性論 1〜4』岩波文庫、1972／1974／1976／1977 年〕
Lovecraft, H. P., *Tales* (New York: Library of America, 2005).〔大西尹明ほか訳『ラブ

(Bloomington: Indiana University Press, 1962).〔門脇卓爾訳「カントと形而上学の問題」『ハイデッガー全集 3』創文社、2003 年〕

Heidegger, Martin, *Towards the Definition of Philosophy*, trans. T. Sadler (London: Continuum, 2008).〔北川東子／エルマー・ヴァインマイアー訳「哲学の使命について」『ハイデッガー全集 56・57』創文社、1993 年〕

Heidegger, Martin, *What is Called Thinking?*, trans. J. G. Gray (New York: Harper, 1968).〔四日谷敬子／ハルトムート・ブフナー訳「思惟とは何の謂いか」『ハイデッガー全集 8』創文社、2006 年〕

Heidegger, Martin, "What is Metaphysics?" and "On the Essence of Ground," pp. 82–135 in *Pathmarks*, ed. W. McNeill (Cambridge: Cambridge University Press, 1998).〔辻村公一／ハルムート・ブフナー訳「道標」『ハイデッガー全集 9』創文社、1985 年〕

Hibbs, Darren, "On the Possibility of Pre-Cartesian Idealism," *Dialogue* 48 (2009): 643–53.

Hilbert, David, "Uber das Unendliche," *Mathematische Annalen* 95/1 (1926): 161–90.

Husserl, Edmund, *Logical Investigations*, 2 vols, trans. J. N. Findlay (London: Routledge & Kegan Paul, 1970).〔立松弘孝訳『論理学研究 1～4　新装版』みすず書房、2015 年〕

Israel, Jonathan, *Radical Enlightenment: Philosophy and the Making of Modernity, 1650–1750* (Oxford: Oxford University Press, 2002).

Kant, Immanuel, *Critique of Judgment*, trans. W. Pluhar (Indianapolis: Hackett, 1987).〔牧野英二訳「判断力批判」『カント全集 8・9』岩波書店、1999 ／ 2000 年〕

Kant, Immanuel, *Critique of Practical Reason*, trans. M. Gregor and A. Reath (Cambridge: Cambridge University Press, 2015).〔坂部恵／伊古田理訳「実践理性批判」『カント全集 7』岩波書店、2000 年〕

Kant, Immanuel, *Critique of Pure Reason*, trans. N. K. Smith (New York: St Martin's Press, 1965).〔有福孝岳訳「純粋理性批判」『カント全集 4・5・6』岩波書店、2001／2003／2006 年〕

Kant, Immanuel, *Prolegomena to Any Future Metaphysics*, trans. J. Ellington (Indianapolis: Hackett, 2001).〔久呉高之訳「プロレゴメナ」『カント全集 6』岩波書店、2006 年〕

Kauffman, Stuart, *The Origins of Order: Self-Organization and Selection in Evolution* (Oxford: Oxford University Press, 2000).

Kierkegaard, Søren, *The Essential Kierkegaard*, ed. H. Hong and E. Hong (Princeton, NJ: Princeton University Press, 2000).

Kripke, Saul, *Naming and Necessity* (Cambridge, MA: Harvard University Press, 1996).〔八木沢敬／野家啓一訳『名指しと必然性』産業図書、1985 年〕

Lacan, Jacques, *The Sinthome: The Seminar of Jacques Lacan, Book XXIII*, trans. A.

新社、1972 年〕
Dupuy, Jean-Pierre, “Some Pitfalls in the Philosophical Foundations of Nanoethics,” *Journal of Medicine and Philosophy* 32 (2007): 237–61. Eddington, Arthur Stanley, *The Nature of the Physical World* (New York: Macmillan, 1929).
d’Espagnat, Bernard, *On Physics and Philosophy* (Princeton, NJ: Princeton University Press, 2006).
Eddington, A. S., *The Nature of the Physical World* (Whitefish, MT: Kessinger Publishing, 2005)
Fried, Michael, “Art and Objecthood,” pp. 148–72 in Fried, *Art and Objecthood: Essays and Reviews* (Chicago: University of Chicago Press, 1998).〔川田都樹子・藤枝晃雄訳「芸術と客体性」『批評空間』第二期臨時増刊号、太田書店、1995〕
Gabriel, Markus, *Fields of Sense: A New Realist Ontology* (Edinburgh: Edinburgh University Press, 2015).
Gratton, Peter, *Speculative Realism: Problems and Prospects* (London: Bloomsbury, 2014).
Hegel, G. W. F., *Phenomenology of Spirit*, trans. A. V. Miller (Oxford: Oxford University Press, 1977).〔長谷川宏訳『精神現象学』作品社、1998 年／熊野純彦訳『精神現象学』ちくま学芸文庫、2018 年、ほか〕
Heidegger, Martin, *Being and Time*, trans. J. Macquarrie and E. Robinson (New York: Harper, 2008).〔熊野純彦訳『存在と時間 1〜4』岩波文庫、2013 年、ほか〕
Heidegger, Martin, *Contributions to Philosophy: Of the Event*, trans. R. Rojcewicz and D. Vallega-Neu (Bloomington: Indiana University Press, 2012).〔大橋良介／秋富克哉訳「哲学への寄与論稿」『ハイデッガー全集 65』創文社、2013 年〕
Heidegger, Martin, *Der deutsche Idealismus (Fichte, Hegel, Schelling) und die philosophische Problemlage der Gegenwart* (2nd ed, Frankfurt: Vittorio Klostermann, 2011).
Heidegger, Martin, *Fundamental Concepts of Metaphysics: World–Finitude–Solitude*, trans. W. McNeill and N. Walker (Bloomington: Indiana University Press, 2001).〔川原栄峰／セヴェリン・ミュラー訳「形而上学の根本諸問題——世界 - 有限性 - 孤独」『ハイデッガー全集 29・30』創文社、1998 年〕
Heidegger, Martin, *History of the Concept of Time: Prolegomena*, trans. T. Kisiel (Bloomington: Indiana University Press, 2009).〔常俊宗三郎／嶺秀樹訳「時間概念の歴史への序説」『ハイデッガー全集 20』創文社、1988 年〕
Heidegger, Martin, “Insight into That Which Is,” pp. 3–76 in *Bremen and Freiburg Lectures*, trans. A. Mitchell (Bloomington: Indiana University Press, 2012).〔森一郎／ハルトムート・ブフナー訳「ブレーメン講演とフライブルク講演」『ハイデッガー全集 79』創文社、2003 年〕
Heidegger, Martin, *Kant and the Problem of Metaphysics*, trans. J. Churchill

Barad, Karen, *Meeting the Universe Halfway: Quantum Physics and the Entanglement of Matter and Meaning* (Durham, NC: Duke University Press, 2007).

Barbour, Julian, *The End of Time: The Next Revolution in Physics* (Oxford: Oxford University Press, 2001).

Baudrillard, Jean, *Symbolic Exchange and Death*, trans. I. H. Grant (London: Sage, 1993).〔今村仁司／塚原史訳『象徴交換と死』ちくま学芸文庫、1992 年〕

Bergson, Henri, *Matter and Memory*, trans. N. M. Paul (New York: Zone Books, 1990).〔熊野純彦訳『物質と記憶』岩波文庫、2015 年、ほか〕

Berkeley, George, *A Treatise Concerning the Principles of Human Knowledge* (Indianapolis: Hackett, 1992).〔宮武昭訳『人知原理論』ちくま学芸文庫、2018 年〕

Bhaskar, Roy, *A Realist Theory of Science* (London: Verso, 2008).〔式部信訳『科学と実在論――超越論的実在論と経験主義批判』法政大学出版局、2009 年〕

Bogost, Ian, *Unit Operations: An Approach to Videogame Criticism* (Cambridge, MA: MIT Press, 2008).

Bowie, Andrew, "Friedrich Wilhelm Joseph von Schelling," *The Stanford Encyclopedia of Philosophy*, ed. E. Zalta (Fall 2016 edn), https://plato.stanford.edu/archives/fall2016/entries/schelling/.

Bryant, Levi R., *The Democracy of Objects* (Ann Arbor, MI: Open Humanities Press, 2011).

Burnyeat, Myles, "Idealism and Greek Philosophy: What Descartes Saw and Berkeley Missed," *Philosophical Review* 91/1 (1982): 3–40.

Caputo, John D., "For Love of the Things Themselves: Derrida's Phenomenology of the Hyper-Real," pp. 37–59 in *Fenomenologia hoje: significado e linguagem*, ed. R. Timm de Souza and N. Fernandes de Oliveira (Porto Alegre, Brazil: EDIPUCRS, 2002).

Chalmers, David, *The Conscious Mind: In Search of a Fundamental Theory* (Oxford: Oxford University Press, 1997).〔林一訳『意識する心――脳と精神の根本理論を求めて』白揚社、2001 年〕

Cogburn, Jon, *Garcian Meditations: The Dialectics of Persistence in* Form and Object. (Edinburgh: Edinburgh University Press, 2017).

DeLanda, Manuel, *Intensive Science and Virtual Philosophy* (London: Continuum, 2002).

Deleuze, Gilles, *Bergsonism*, trans. H. Tomlinson and B. Habberjam (New York: Zone Books, 1990).〔檜垣立哉／小林卓也訳『ベルクソニズム』法政大学出版局、2017 年〕

Deleuze, Gilles, *Difference and Repetition*, trans. P. Patton (New York: Columbia University Press, 1995).〔財津理訳『差異と反復　上・下』河出文庫、2007 年〕

Derrida, Jacques, *Of Grammatology*, trans. G. Spivak (Baltimore: Johns Hopkins University Press, 1997).〔足立和浩『グラマトロジーについて　上・下』現代思潮

in *ADD Metaphysics*, ed. Jenna Sutela (Aalto, Finland: Aalto University Digital Design Laboratory, 2013).
Harman, Graham, *Weird Realism: Lovecraft and Philosophy* (Winchester: Zero Books, 2012).
Harman, Graham, "Whitehead and Schools X, Y, and Z," pp. 231–48 in *The Lure of Whitehead*, ed. Nicholas Gaskill and A. J. Nocek (Minneapolis: University of Minnesota Press, 2014).
Meillassoux, Quentin, *After Finitude: Essay on the Necessity of Contingency*, trans. R. Brassier (London: Continuum, 2008).〔千葉雅也／大橋完太郎／星野太訳『有限性の後で――偶然性の必然性についての試論』人文書院、2016 年〕
Meillassoux, Quentin, "Appendix: Excerpts from *L'Inexistence divine*," trans. Graham Harman, pp. 224–87 in Harman, *Quentin Meillassoux: Philosophy in the Making* (2nd edn, Edinburgh: Edinburgh University Press, 2015).
Meillassoux, Quentin, "Iteration, Reiteration, Repetition: A Speculative Analysis of the Meaningless Sign", unpubd version, trans. R. Mackay, 2012, https://cdn.shopify.com/s/files/1/0069/6232/files/Meillassoux_Workshop_Berlin.pdf ["The Berlin lecture"].〔立花史訳「反復・重複・再演――意味を欠いた記号の思弁的分析」『現代思想』青土社、2019 年 1 月号〕
Meillassoux, Quentin, *The Number and the Siren: A Decipherment of Mallarme's* Coup de Des, trans. R. Mackay (Falmouth: Urbanomic, 2012).
Meillassoux, Quentin, "Spectral Dilemma," *Collapse* IV (2008): 261–75.〔岡嶋隆佑／熊谷謙介／黒木萬代／神保夏子訳「亡霊のジレンマ――来るべき喪、来るべき神」『亡霊のジレンマ』青土社、2018 年〕

・その他の著作

Aristotle, *Metaphysics*, trans. J. Sachs (Santa Fe, NM: Green Lion Press, 1999).〔出隆訳「形而上学」『アリストテレス全集 12』岩波書店、1968 年〕
Aristotle, *Poetics*, trans. A. Kenny (Oxford: Oxford University Press, 2013).〔朴一功訳「詩学」『新版　アリストテレス全集 18』岩波書店、2017 年〕
Ayache, Elie, *The Blank Swan: The End of Probability* (Hoboken, NJ: Wiley, 2010).
Badiou, Alain, *Being and Event*, trans. O. Feltham (London: Continuum, 2007).〔藤本一勇訳『存在と出来事』藤原書店、二〇一九年〕
Badiou, Alain, *Deleuze: The Clamor of Being*, trans. L. Burchill (Minneapolis: University of Minnesota Press, 1999).〔鈴木創士訳『ドゥルーズ 存在の喧騒』河出書房新社、1998 年〕
Badiou, Alain, *Logics of Worlds: Being and Event II*, trans. A. Toscano (London: Continuum, 2009).

292–302.
Harman, Graham, "Francois Laruelle, *Philosophies of Difference: A Critical Introduction to Non-Philosophy*," *Notre Dame Philosophical Reviews*, August 11, 2011, http://ndpr.nd.edu/news/25437-philosophies-of-difference-a-critical-in tro duction-to-non-philosophy/.
Harman, Graham, "I Am Also of the Opinion that Materialism Must Be Destroyed," *Environment and Planning D: Society and Space* 28/5 (2010): 772–90.
Harman, Graham, *Immaterialism: Objects and Social Theory* (Cambridge: Polity, 2016).〔上野俊哉訳『非唯物論――オブジェクトと社会理論』河出書房新社、2019 年〕
Harman, Graham, "Meillassoux's Virtual Future," *continent* 1/2 (2011): 78–91.
Harman, Graham, *Object-Oriented Ontology: A New Theory of Everything* (London: Pelican, 2018).
Harman, Graham, *L'objet quadruple: une métaphysqiue des choses après Heidegger* (Paris: PUF, 2010).
Harman, Graham, "On the Horror of Phenomenology: Lovecraft and Husserl," *Collapse* IV (2008): 333–64.〔飯盛元章／小嶋恭道訳「現象学のホラーについて――ラヴクラフトとフッサール」『ユリイカ』青土社、2018 年 2 月号〕
Harman, Graham, "On Vicarious Causation," *Collapse* II (2007): 171–205.〔岡本源太訳「代替因果について」『現代思想』青土社、2014 年 1 月号〕
Harman, Graham, *Prince of Networks: Bruno Latour and Metaphysics* (Melbourne: re.press, 2009).
Harman, Graham, "The Problem with Metzinger," *Cosmos and History* 7/1 (2011): 7–36.
Harman, Graham, *The Quadruple Object* (Winchester: Zero Books, 2011).〔岡嶋隆佑監訳、山下智弘／鈴木優花／石井雅巳訳『四方対象――オブジェクト指向存在論入門』人文書院、2017 年〕
Harman, Graham, "Quentin Meillassoux: A New French Philosopher," *Philosophy Today* 51/1 (2007): 104–17.
Harman, Graham, *Quentin Meillassoux: Philosophy in the Making* (2nd ed, Edinburgh: Edinburgh University Press, 2015).
Harman, Graham, *The Third Table/Der dritte Tisch* (Ostfildern: Hatje Cantz, 2012).
Harman, Graham, "Time, Space, Essence, and Eidos: A New Theory of Causation," *Cosmos and History* 6/1 (2010): 1–17.
Harman, Graham, *Tool-Being: Heidegger and the Metaphysics of Objects* (Chicago: Open Court, 2002).
Harman, Graham, *Towards Speculative Realism: Essays and Lectures* (Winchester: Zero Books, 2010).
Harman, Graham, "Undermining, Overmining, and Duomining: A Critique," pp. 40–51

参考文献

・思弁的実在論オリジナルメンバーによる著作

Badiou, Alain, Robin Mackay, and Ray Brassier, "Philosophy, Sciences, Mathematics (Interview)," *Collapse* I, reissued edn (2012).

Brassier, Ray, "Concepts and Objects," pp. 47–65 in *The Speculative Turn: Continental Realism and Materialism*, ed. L. Bryant et al. (Melbourne: re.press, 2011).

Brassier, Ray, *Nihil Unbound: Enlightenment and Extinction* (London: Palgrave Macmillan, 2007).

Brassier, Ray, "Prometheanism and its Critics," pp. 467–87 in *#Accelerate: The Accelerationist Reader*, ed. R. Mackay and A. Avanessian (Falmouth: Urbanomic, 2014).

Brassier, Ray, Iain Hamilton Grant, Graham Harman, and Quentin Meillassoux, "Speculative Realism," *Collapse* III (2007): 306–449.

Bryant, Levi R., Nick Srnicek, and Graham Harman (eds), *The Speculative Turn: Continental Realism and Materialism* (Melbourne: re.press, 2011).

Bryant, Levi R., Nick Srnicek, and Graham Harman, "Towards a Speculative Philosophy," pp. 1–18 in *The Speculative Turn: Continental Realism and Materialism*, ed. Levi R. Bryant et al. (Melbourne: re.press, 2011).

DeLanda, Manuel, and Graham Harman, *The Rise of Realism* (Cambridge: Polity, 2017).

Dunham, Jeremy, Iain Hamilton Grant, and Sean Watson, *Idealism: The History of a Philosophy* (Montreal: McGill-Queen's University Press, 2011).

Grant, Iain Hamilton, *Philosophies of Nature After Schelling* (London: Continuum, 2006).

Harman, Graham, "Agential and Speculative Realism: Remarks on Barad's Ontology," *rhizomes* 30 (2017), www.rhizomes.net/issue30/harman.html.

Harman, Graham, "Aristotle with a Twist," pp. 227–53 in *Speculative Medievalisms: Discography*, ed. E. Joy et al. (Brooklyn, NY: Punctum Books, 2013).

Harman, Graham, *Bruno Latour: Reassembling the Political* (London: Pluto Press, 2014).

Harman, Graham, "The Current State of Speculative Realism," *Speculations* IV (2013): 22–8.

Harman, Graham, "Dwelling with the Fourfold," *Space and Culture* 12/3 (2009):

マ　行

ヤ　行

ラ　行

ワ　行

サ 行

タ 行

ナ 行

ハ 行

人名索引

ア 行

カ 行

著者略歴

グレアム・ハーマン（Graham Harman）

1968年アイオワ州生まれ。アメリカン大学カイロ校教授を経て、現在、南カリフォルニア建築大学特別教授(Distinguished Professor)。邦訳に、『四方対象　オブジェクト指向存在論入門』（岡嶋隆佑監訳、人文書院）、『非唯物論　オブジェクトと社会理論』（上野俊哉訳、河出書房新社）がある。

訳者略歴

上尾真道（うえお・まさみち）

1979年福岡県生まれ。京都大学大学院人間・環境学研究科博士後期課程修了。博士（人間・環境学）。現在、京都大学人文科学研究所非常勤研究員。著書に『ラカン 真理のパトス　一九六〇年代フランス思想と精神分析』（人文書院)、共訳書にランシエール『平等の方法』（航思社)、フーコー『悪をなし真実を言う　ルーヴァン講義1981』（河出書房新社)、フィンク『「エクリ」を読む』（人文書院）など。

森元斎（もり・もとなお）

1983年東京都生まれ。大阪大学大学院人間科学研究科修了。博士（人間科学)。現在、長崎大学多文化社会学部准教授。著書に『具体性の哲学　ホワイトヘッドの知恵・生命・社会への思考』（以文社)、『アナキズム入門』（ちくま新書)、共訳書にラパヴィツァス&フラスベック『ギリシア デフォルト宣言』（河出書房新社）など。

思弁的実在論入門

二〇二〇年七月二〇日　初版第一刷印刷
二〇二〇年七月三〇日　初版第一刷発行

著　者　グレアム・ハーマン
訳　者　上尾真道／森元斎
発行者　渡辺博史
発行所　人文書院
〒六一二‐八四四七
京都市伏見区竹田西内畑町九
電話〇七五・六〇三・一三四四
振替〇一〇〇〇‐八‐一一〇三
装　幀　村上真里奈
印刷所　モリモト印刷株式会社

落丁・乱丁本は小社送料負担にてお取り替えいたします

ISBN978-4-409-03109-4 C3010